高职高专经管专业十二五规划教材

市场营销基础理论与实训

- 主　编　李　毅　杨宗佩
- 副主编　张绪明　杜　青　黄守峰　杭霞丽
- 参　编　矫山红　陈锡萍　杭霞丽　秦丽莎

WUHAN UNIVERSITY PRESS
武汉大学出版社

图书在版编目(CIP)数据

市场营销基础理论与实训/李毅,杨宗佩主编.—武汉：武汉大学出版社,2011.8(2024.8 重印)
高职高专经管专业十二五规划教材
ISBN 978-7-307-09043-9

Ⅰ.市… Ⅱ.①李… ②杨… Ⅲ.市场营销学—高等职业教育—教材 Ⅳ.F713.50

中国版本图书馆 CIP 数据核字(2011)第 153136 号

责任编辑:张 欣　　责任校对:王 建　　版式设计:马 佳

出版发行：**武汉大学出版社**　(430072 武昌 珞珈山)
(电子邮箱：cbs22@ whu.edu.cn　网址：www.wdp. com.cn)
印刷:湖北云景数字印刷有限公司
开本:720×1000　1/16　印张:19　字数:379 千字　插页:1
版次:2011 年 8 月第 1 版　2024 年 8 月第 5 次印刷
ISBN 978-7-307-09043-9/F · 1563　定价:58.00 元

目　录

学习情境一

营销的基本认识

工作任务

任务一　“市场营销”概念初探

任务二　设计以“顾客”为导向的营销战略

任务三　了解市场营销过程

知识与技能目标

1. 掌握市场和市场营销的概念以及市场营销的核心概念，能够把握市场营销的基本内涵。

2. 了解市场营销观念的演进，能够正确辨别各种营销观念。

3. 了解市场营销的基本过程，能够描述市场营销的基本过程。

任务一　初识市场营销和市场营销管理

【任务引入】

经过长达 24 年的协调和谈判，日本政府终于准许美国苹果于 1995 年 1 月在日本销售。美国苹果进入日本市场面临着两项挑战：日本苹果种植主的抵制和日本消费者的接受。为了成功地打入日本市场，美国苹果种植主协会仔细分析了日本苹果市场竞争因素，深入研究日本人的苹果消费习惯后发现，日本人吃苹果的方式和美国人大不一样，大多数美国人把苹果当做午餐或零食，咬着吃不削皮，然而在日本，苹果大多用做饭后甜食，削了皮切成小块再吃。此外，日本苹果一般要比美国苹果个儿大得多，针对这些市场特点，美国苹果种植主协会为苹果的定位是“有益于健康的方便零食”，制定出一套有效的销售计划，并策划了一系列促销策略和各种特色活动，结果一炮打响。

◎**分析**：美国苹果是凭借何种原因成功进入日本苹果市场的？

【任务分析】

改变消费习惯，创造市场需求，避免与日本已有苹果市场的直接竞争，从而制定出一套有效的销售计划，成功地打开了美国苹果在日本的销售渠道。

【知识准备】

市场营销是指个人和集体通过创造并同别人交换产品和价值以获得其所需所欲之物的一种社会过程。

1.1 市场营销的基本内涵

美国市场营销协会（AMA）定义委员会于1960年曾提出一个定义：“市场营销是引导货物和服务从生产者流向消费者或用户所进行的一切商务活动。”但是，此后20多年间，西方学者们对这一定义提出了许多不同意见，认为这个定义缩小了市场营销的含义，也不符合现代企业市场营销的实际。实际上，市场营销不是始于产品生产出来之后，也不是终于产品售出之时，而是包括了产前与售后的一系列经营活动；市场营销活动不仅局限于生产与消费之间的流通领域，而且是渗透到生产领域和消费领域之中。上述定义也没有表达出市场营销同市场、同生产的紧密关系，它是以假定企业的产品全部适销，没有销路问题为前提的，而没有涉及如何按市场需求进行生产，以及如何开拓市场和占领市场等问题。

经过多年的探讨，1985年美国市场营销协会又提出了一个新的定义：

“市场营销是关于构思、货物和服务的设计、定价、促销和分销的规划与实施过程，目的是创造能实现符合个人和组织目标的交换。”

菲利普·科特勒教授的定义：市场营销是个人和群体通过创造并同他人交换产品和价值以满足需求和欲望的一种社会和管理过程。

这一定义涉及如下核心概念：需要、欲望和需求；产品、效用和价值；交换和市场。

1.2 市场营销的核心概念

（1）需要、欲望和需求

营销的基石是人类的需要和欲望。所谓需要（Needs）是指没有得到某些基本满足的感受状态，包括：对食物、衣服、保暖和安全的基本物质需要；对归属感和情感的社会需要；对知识和自我实现的个人需要等。这些需要不是营销人员创造的，而是人类固有的。

所谓欲望（Wants）是指想得到基本需要的具体满足物的愿望，是由需要派生出的一种形式，它受社会文化和人们个性的限制。当考虑到支付能力时，欲望就转化为需求。所谓需求（Demands）是指对于有能力购买并且愿意购买的某个具体产品的欲望。人类为了生存，需要食品、衣服、住所、安全、归属、受人尊重等。这些需要可用不同方式来满足。将需要、欲望和需求加以区分，其重要意义就在于阐明这样一个事实，即：市场营销者并不创造需要；需要早就存在于市场营销活动出现之前；市场营销者，连同社会上的其他因素，只是影响了人们的欲望，并试图向人们指出何种特定产品可以满足其特定需要，进而通过使产品富有吸引力，适应消费者的支付能力且使之容易得到，来影响需求。

（2）产品、效用和价值

人类靠产品来满足自己的各种需要和欲望。因此，可将产品（Products）表述为能够用以满足人类某种需要或欲望的任何东西。人们通常用产品和服务这两个词来区分实体产品和无形产品。实体产品的重要性不仅在于拥有它们，更在于使用它们来满足我们的欲望。人们购买小汽车不是为了观赏，而是因为它可以提供一种叫做交通的服务。所以，实体产品实际上是向我们传送服务的工具。如果生产者关心产品甚于关心产品所提供的服务，那就会陷入困境。过分钟爱自己的产品，往往导致忽略顾客购买产品是为了满足某种需要这样一个事实。人们不是为了产品的实体而买产品，而是因为产品实体是服务的外壳，即通过购买某种产品实体能够获得自己所需要的服务。市场营销者的任务，是向市场展示产品实体中所包含的利益或服务，而不能仅限于描述产品的形貌。否则，企业将导致“市场营销近视”，即在市场营销管理中缺乏远见，只看见自己的产品质量好，看不见市场需求在变化，最终使企业经营陷入困境。

在对能够满足某一特定需要的一组产品进行选择时，人们所依据的标准是各种产品的效用和价值。所谓效用是指产品满足人们欲望的能力。效用实际上是一个人的自我心理感受，它来自人的主观评价。价值是一个很复杂的概念，也是一个在经济思想中有着很长历史的概念。马克思认为，价值是人类劳动当做商品共有的社会实体的结晶，商品价值量的多少由社会必要劳动时间来决定，而“社会必要劳动时间是在现有的社会正常的生产条件下，在社会平均的劳动熟练程度和劳动强度下制造某种使用价值所需要的劳动时间。”而边际效用学派则认为，消费者根据不同产品满足其需要的能力，来决定这些产品的价值，并据此选择购买效用最大的产品。他所愿支付的价格（即需求价格）取决于产品的边际效用。这一论点最先由19世纪后期奥地利学派代表人物庞巴维克提出。庞巴维克为了反对马克思的劳动价值论，系统地发挥了门格尔和维塞尔提出的边际效用价值论。按照他的理论，所谓边际效用就是指最后增加的那个产品所具有的效用，产品的价值取决于其边际效用。由于消费者收入是有限的，为了从有限的花费中取得最大的效用，消费者必须使其花费在每一种物品上的最后一个单位货币所产生的效用相等。这一理论叫做戈森第二定律。戈森是法国经济学家，边际效用价值论的先驱者之一，他曾对边际效用理论的基本原理进行了数学探讨，从而推动了数理经济学的发展。

(3) 交换和市场

当人们决定以交换方式来满足需要或欲望时，就存在市场营销了。一个人可以通过四种方式获得自己所需要的产品，交换是其中之一。第一种方式是自行生产。一个饿汉可以通过打猎、捕鱼或采集野果来充饥。这个人不必与其他任何人发生联系。在这种情况下，既没有市场，更无所谓市场营销。第二种方式是强制取得。一个饿汉可以从另一个人那里夺取或偷得食物。对另一个人而言，除了可能未被伤害之外，毫无益处。第三种方式是乞讨。一个饿汉可以向别人乞讨食物。除了一声谢谢之外，乞讨者没有拿出任何有形的东西作出回报。第四种方式是交换。一个饿汉可以用自己的钱、其他物品或服务与拥有食物的人进行交换。市场营销活动产生于第四种获得产品的方式。

所谓交换是指通过提供某种东西作为回报，从别人那里取得所需物的行为。交换的发生，必须具备五个条件：

①至少有两方。

②每一方都有被对方认为有价值的东西。

③每一方都能沟通信息和传送物品。

④每一方都可以自由接受或拒绝对方的产品。

⑤每一方都认为与另一方进行交换是适当的或称心如意的。

具备了上述条件，就有可能发生交换行为。但交换能否真正发生，取决于双方能否找到交换条件，即交换以后双方都比交换以前好（至少不比以前差）。

交换应看做是一个过程而不是一个事件。如果双方正在进行谈判，并趋于达成协议，这就意味着他们正在进行交换。一旦达成协议，我们就说发生了交易行为。交易是交换活动的基本单元，是由双方之间的价值交换所构成的行为。一次交易包括三个可以量度的实质内容：

①至少有两个有价值的事物。

②买卖双方所同意的条件。

③协议时间和地点。

市场是指某种产品的现实购买者与潜在购买者的集合。销售者构成产业，购买者形成市场。市场包含三个主要因素，即：有某种需要的人、为满足这种需要的购买能力和购买欲望。

所谓市场营销者，是指希望从别人那里取得资源并愿意以某种有价之物作为交换的人。如果买卖双方都在积极寻求交换，那么，我们就把双方都称为市场营销者，并把这种情况称为相互市场营销。

【案例分析与讨论】

门外车谭：市场策略是企业的生命

有道是，全世界轿车生产大同小异，市场销售战略各不相同。近期几款新车上市，且不说车的性能好坏，光是上市策略就不乏可以圈点之处。就时下竞争激烈的轿车市场而言，市场策略是企业的生命。

即使在中国车市摸爬滚打十多年，几乎是推出一款新车就火一把的江湖老手上海大众，也有偶然失手的时候。月初，上海大众推出小型轿车 GOL，国内首款激情“两门车”本是投放亮点。不曾想，销售策略出现了一个小闪失：一款 7.5 万元的低端导入型产品“省略了”空调，被众网民一片声讨，就差没有被指责为一种欺诈。

其实，这场风波源自一个新品上市策略的失误，GOL 源自巴西，曾是汽车史上卖得最成功的经济车型之一，创造过年销量 36.1 万辆的吉尼斯世界纪录。上海大众把 GOL 拿到中国也是经过千挑万选。今天的 GOL 已经是第三代，经过岁月的扬弃，技术稳定，车型成熟。GOL 在中国安装桑塔纳 1.6 发动机，生产和维修成本低，服务网点可以和桑塔纳共用，是一款地道的“小康”社会物美价廉的家庭车，也是大众集团在中国推出的唯一一款 10 万元以下的车型。

但是，就是为了压低成本，打出名牌轿车里第一款 7 万多元轿车的最低价位，GOL 的导入型拿掉了空调。我总猜想，大概这一低端配置的安排是一位刚刚来中国、不大了解中国的国情的德国先生确定的。美国通用汽车公司副董事长，有“产品凯萨”之称的鲍伯·鲁兹上个月来中国对市场作了一番考察后，曾经深有感触地说：中国人今天对轿车制造工艺和配置的挑剔，甚至超过日本人。这话倒真是说得有点儿一针见血。

好在上海大众这款车型及时作出调整，宣布用一款安装了空调的车型取代了前者，并且坚持了推出一款 8 万元以下大众轿车的初衷，价格仅 7.9 万元。上汽大众销售公司总经理吴诗仲说：上海大众将尽力满足不同消费层次的用户，会让更多老百姓开上价格便宜，质量上乘的大众轿车。应该说，上海大众的应对策略非常明智，因为它顺应了一条市场法则：消费者总是对的。

市场策略有时候真的关乎企业的命运，它的制定并不在危机的时刻，而需要独具眼光的未雨绸缪。

上汽奇瑞汽车公司 3 月 22 日在京宣布，现有轿车产品将整合为奇瑞“风云”系列轿车，以给年内推出的新车腾出品牌空间。同时，“风云”系列产品全面下调价格，降价幅度平均为 15%左右。其中降价幅度最大的超过 1.7 万元。

时下车市火爆，几乎是辆车就好卖。一些“聪明”的引进新车型，不求上规模、拿技术，却抱着在中国捞一把是一把的心态，靠公关和广告造势，拔高定价，牟取暴利，糊弄消费者。而奇瑞似乎有些傻，本来产品就是我国 A 级轿车市场价格最低的，却突然打破一年来不参与降价的成例，做了这么大幅度的自行降价，让许多人感到费解。

奇瑞是一个羽翼尚未丰满的自主品牌。但是凭一股拼搏精神，不但创造了上市第二年就达到5万辆的销售奇迹，而且走出国门，成批出口，并在海外建厂CKD组装奇瑞轿车，开中国轿车海外生产的先河。做到了许多老大哥们不曾做到的事情。由于奇瑞已进入中国轿车八强，销量今年将接近10万辆，此次大幅度降价将给一批新近入市、价格虚高的车型以有力的冲击。

其实冷眼看来，奇瑞的这一大幅降价的举措，是其决策层在“保持单车高额利润，辅以适当扩大规模”的维持策略和“牺牲高利润，尽快扩张市场占有率”的进取策略的取舍之间，明智地选择了后者。尽管道路艰难，却不失是一种在全球化竞争中能够生存、成长，并按照国际化模式发展的新探索。奇瑞销售公司新任总经理孙勇说，奇瑞作为一个自主品牌，把产品与国际市场同质、同价作为长期追求的目标。只有做到这一点，奇瑞轿车才能在品质与价格上都具备国际竞争力。

如此看来，市场策略的制定与变幻，对投身全球化的中国汽车企业来说，真是“动静皆风云”。

◎**思考**：什么是潜在产品，潜在产品对企业有什么作用？

（案例来源：新华网 http：//news. xinhuanet. com）

任务二　设计以“顾客”为导向的营销战略

【任务引入】

有一家办公用公文柜的生产商，过分迷恋自己的产品质量与追求精美。生产经理认为，他们生产的公文柜是全世界质量最好的，从四楼扔下来都不会损坏。但当产品拿到展销会上推销时却遇到了强大的销售阻力，这使得生产经理难以理解，他觉得产品质量好的公文柜理应获得顾客的青睐。我们该如何理解生产经理遇到的强大的销售阻力？

【任务分析】

企业在开拓市场、实现营销目标的过程中需要有一定的指导思想和理念来指导企业开展生产经营活动。而这种指导思想和理念就称为营销观念。销售经理认为，顾客需要适合他们工作环境和条件的产品，没有哪一位顾客打算把它的公文柜从四楼扔下来。

【知识准备】

所谓市场营销管理哲学，也就是企业在开展市场营销管理的过程中，在处理企业、顾客、社会及其他利益相关者所持的态度、思想和观念。

现代企业的市场营销管理哲学可归纳为六种，即生产观念、产品观念、推销观念、市场营销观念、客户观念和社会市场营销观念。

1. 生产观念

生产观念是指导企业营销行为的最古老的观念之一。生产观念是一种重生产、轻营销的商业哲学。

2. 产品观念

产品观念认为，消费者喜欢高质量、多功能和具有某种特色的产品，企业应致力于生产高价值产品，并不断加以改进。企业最容易导致“市场营销近视”，即不适当地把注意力放在产品上，而不是放在市场需要上，在市场营销管理中缺乏远见，只看到自己的产品质量好，看不到市场需求的变化，致使企业经营陷入困境。

3. 推销观念

推销观念（或称销售观念）是为许多企业所采用的另一种观念。推销观念在现代市场经济条件下被大量应用于推销那些非渴求物品，即购买者一般不会想到要去购买的产品或服务。

推销观念产生于资本主义国家由“卖方市场”向“买方市场”的过渡阶段。

4. 市场营销观念

市场营销观念是作为对上述观念的挑战而出现的一种新型的企业经营哲学。西奥多·莱维特曾对推销观念和市场营销观念作出过深刻的比较，并指出：推销观念注重卖方需要；市场营销观念则注重买方需要。推销观念以卖主需要为出发点，考虑如何把产品变成现金；而市场营销观念则考虑如何通过制造、传送产品以及与最终消费产品有关的所有事务，来满足顾客的需要。从本质上说，市场营销观念是一种以顾客需要和欲望为导向的哲学，是消费者主权论在企业营销管理中的体现。

5. 客户观念

所谓客户观念，是指企业注重收集每一个客户以往的交易信息、人口统计信息、心理活动信息、媒体习惯信息以及分销偏好信息等，根据由此确认的不同客户终生价值，分别为每一个客户提供各自不同的产品或服务，传播不同的信息，通过提高客户忠诚度，增加每一个客户的购买量，从而确保企业的利润增长。市场营销观念与之不同，它强调的是满足每一个子市场的需求，而客户观念则强调满足每一个客户的特殊需求。

需要注意的是，客户观念并不适用于所有企业。一对一营销需要以工厂定制化、运营电脑化、沟通网络化为前提条件。客户观念适用于那些善于收集单个客户信息的企业，这些企业所经营的产品能够借助客户数据库的运用实现交叉销售，或产品需要周期性地重购或升级，或产品价值很高。客户观念往往会给这类企业带来异乎寻常的效益。

6. 社会市场营销观念

社会市场营销观念是对市场营销观念的补充和完善。它产生于20世纪70年代西方资本主义出现能源短缺、通货膨胀、失业增加、环境污染严重、消费者保护运动盛行的新形势下。社会市场营销观念认为，企业的任务是确定各个目标市场的需要、欲望和利益，并以保护或提高消费者和社会福利的方式，比竞争者更有效、更有利地向目标市场提供能够满足其需要、欲望和利益的物品或服务。社会市场营销观念要求市场营销者在制定市场营销政策时，要统筹兼顾三个方面的利益，即企业利润、消费者需要的满足和社会利益。

【案例分析与讨论】

真诚的微笑不但可以使人们和睦相处，也给人带来极大的成功。

旅馆大王康拉德·希尔顿就是善于利用微笑获得成功的典型。希尔顿独霸“皇后、皇帝”两座大饭店，当之无愧地享用了美国“旅馆大王”的称号。美国“旅馆大王”希尔顿于1919年把父亲留给他的12000美元连同自己挣来的几千美元投资出去。开始了他雄心勃勃的经营旅馆生涯。当他的资产从15000美元奇迹般地增值到几千万美元的时候，他欣喜而自豪地把这一成就告诉母亲，想不到，母亲却淡然地说：“依我看，你与以前根本没有什么两样……事实上你必须把握比5100万美元更值钱的东西：除了对顾客诚实之外，还要想办法使来希尔顿旅馆的人住过了还想再来住，你要想出这样一种简单、容易、不花本钱而行之久远的办法去吸引顾客，这样你的旅馆才有前途。”

母亲的忠告使希尔顿陷入迷惘：究竟什么办法才具备母亲指出的“简单、容易、不花本钱而行之久远”这四大条件呢？他冥思苦想，不得其解。于是他逛商店、串旅店，以自己作为一个顾客的亲身感受，得出了准确的答案：“微笑服务。”只有它才实实在在地同时具备母亲提出的四大条件。从此，希尔顿实行了微笑服务这一独创的经营策略。每天他对服务员的第一句话是“你对顾客微笑了没有”？他要求每个员工不论如何辛苦，都要对顾客投以微笑，即使在旅店业务受到经济萧条的严重影响的时候，他也经常提醒职工记住：“万万不可把我们的心里的愁云摆在脸上，无论旅馆本身遭受的困难如何，希尔顿旅馆服务员脸上的微笑永远是属于旅客的阳光。”因此，经济危机中纷纷倒闭后幸存的20%旅馆中，只有希尔顿旅馆服务员的脸上带着微笑。结果，经济萧条刚过，希尔顿旅馆就率先进入新的繁荣时期，跨入了黄金时代。

◎**思考**：微笑服务体现了什么？留住顾客仅仅是靠微笑服务吗？

任务三　熟悉市场营销过程

【任务引入】

法国露华浓是一家世界著名的香水生产企业，它按人们的年龄与生产方式的不同把化妆品市场划分为七个细分市场，为每一个细分市场开发一类香水。例如，古典露华浓是针对那些生活严肃、崇尚规范的女士们开发的；查理露华浓是对那些自信、有抱负而外出工作以实现自身价值与生活追求的女士们开发的；而公主型露华浓香水是专门为那些注重时髦、容貌、等级地位并已获得舒适生活的女士们生产的。

◎**分析**：为什么露华浓要采用如此的设计生产研发方式呢？

【任务分析】

露华浓公司用生活方式的不同来细分香水市场的模式很新颖，从市场细分中发现了新的市场机会，并且针对不同的细分市场生产满足消费者需要的产品，获得了成功。

【知识准备】

所谓市场营销过程，就是企业为实现其任务和目标而发现、分析、选择和利用市场机会的过程。

3.1　分析市场机会

所谓市场机会，指的就是市场上存在的尚未满足或尚未完全满足的显性或隐性的需求。市场机会存在于社会生活的各个方面，是多种多样的。但对某一个企业来说，众多的市场机会中仅有很少一部分才具有实际意义。

企业应如何寻找和发现市场机会？企业寻找和发现市场机会的根本措施，是建立完善的市场营销信息系统，开展经常性的调查研究工作。

第一，企业的市场营销人员，可以通过阅读报刊资料、市场现场观察、召开各种类型的调查会议、征集有关方面的意见和建议、分析竞争者的产品等形式，寻找和发现市场机会。

第二，企业的市场营销人员，也可以以产品或业务的战略规划中所使用的分析评价方法为工具，或以发展新业务的战略方法为思路，结合实际寻找和发现产品或业务增长与发展的机会。

第三，企业的市场营销人员，还可以利用市场细分的方法，建筑和发现未满足的需要与有利的市场机会。

通过上述工作，企业往往可以寻找到许多市场机会。但是，并非每一种市场机会都能够成为一个企业可以利用的有利可图的机会，因此必须在对发现的市场机会进行认真分析与评价的基础上决定舍取。这项工作相当重要，正确地分析、评价、选择和利用市场机会，可以使一个企业走向繁荣，反之使企业坐失良机，甚至招致企业营销的失败。

3.2　选择目标市场

市场细分、选择目标市场、市场定位构成了目标市场营销的全过程。

1. 市场集中化。

2. 选择专业化。

3. 产品专业化。产品专业化指企业同时向几个子市场销售一种产品。

4. 市场专业化。市场专业化指企业集中力量满足某一特定顾客群的各种需要。

5. 市场全面化。

3.3 设计市场营销组合

市场营销组合是企业市场营销战略的一个重要组成部分。企业的市场营销战略包括两个不同的而又互相关联的部分。

所谓市场营销战略，就是企业根据可能的机会，选择一个目标市场，并试图为目标市场提供一个有吸引力的市场营销组合。市场营销组合中所包含的可控制的变量很多，可以概括为四个基本变量，即产品（Product）、价格（Price）、地点（Place）和促销（Promotion），由于这四个名词的英文字头都是“P”，所以市场营销组合又称为4P组合。

1. 市场营销组合的构成

包括产品质量、外观、式样、品牌名称、包装、尺码或型号、服务、保证、退货等。

2. 市场营销组合的特点

（1）市场营销组合因素对企业来说都是“可控因素”。

（2）市场营销组合是一个复合结构。四个“P”之中又各自包含若干小的因素，形成各个“P”的亚组合，因此，市场营销组合是至少包括两个层次的复合结构。

（3）市场营销组合又是一个动态组合。

（4）市场营销组合要受企业市场定位战略的制约，即根据市场定位战略设计、安排相应的市场营销组合。

3. 大市场营销的内涵与特点

菲利普·科特勒在1984年提出了一个新的理论，他认为企业能够影响自己所处的市场营销环境，而不应该单纯地顺从和适应环境。因此，市场营销组合的“4P”之外，还应该再加上两个“P”，即权力（Power）与公共关系（Public Relations），成为“6P”。

（1）大市场营销的目的是打开市场之门，进入市场。

（2）大市场营销的涉及面比较广泛。

（3）大市场营销的手段较为复杂。

（4）大市场营销采用积极的诱导方式。

（5）大市场营销投入的资本、人力、时间较多。

（6）管理市场营销活动，包括市场营销计划、组织、执行和控制。

【案例分析与讨论】

美国某公司在伏特加酒的销售市场上属于营销出色的企业，其生产的伏特加酒的市场占有率为28%。20世纪70年代，另一家公司推出了一种新型伏特加酒，不但质量好，而且每瓶酒的价格可降低一美元。

按照惯例，该公司有三条对策：

(1) 降低一美元，以保住市场占有率。

(2) 维持原价，通过增加广告费用和推销支出与竞争对手竞争。

(3) 维持原价，任凭市场占有率降低。

但是，不论采取上述哪种策略都很被动。该公司的市场销售人员经过深思熟虑后采取了令人想不到的第四条策略，那就是将酒的价格再提高一美元，同时推出一种与竞争对手的新伏特加酒价格一样的酒和另一种价格更低的酒。

这一做法堪称市场营销策略中的“绝活”，它的妙处就体现在以下几个方面：其一，它使酒从单产品演变成了系列产品，大大提高了产品的声望与地位。实际上，这3种酒的成本制作工艺和味道都差不多，但在消费者心目中留下的印象却不一样。其二，它使另一家公司推出的新型伏特加酒在价格上处于该公司产品的“夹击”之中，消费者无论是想喝好一点的伏特加酒还是想喝便宜一点的伏特加酒，或者喝原先水平的伏特加酒，都有可能选购该公司产品，况且该公司的品牌已在消费者心目中有一定的印象。其三，该公司这一做法从无差异性目标市场策略转向了差异性目标市场策略，这对于更为广泛地占领市场奠定了坚实的基础。

◎思考：

1. 面对另一公司的新型伏特加酒，该公司主要采用了哪两种市场营销组合策略？

2. 面对竞争对手的价格优势，该公司怎样变不利为有利从而瓦解竞争对手的价格优势？

3. 该公司怎样实现了无差异性目标市场策略向差异性目标市场策略的转变？

（案例来源：吴国洪：《市场营销师培训教程》，化学工业出版社2008年版）

【本学习情境小结】

通过本情境学习，我们掌握了有关市场营销的最基本的概念和观念，主要包括以下内容：

市场营销是指个人和集体通过创造并同别人交换产品和价值以获得其所需所欲之物的一种社会过程。

现代企业的市场营销管理哲学可归纳为六种，即生产观念、产品观念、推销观念、市场营销观念、客户观念和社会市场营销观念。

市场营销管理过程，就是企业为实现其任务和目标而发现、分析、选择和利用市场机会的管理过程。

市场营销战略，就是企业根据可能机会，选择一个目标市场，并试图为目标市场提供一个有吸引力的市场营销组合。市场营销组合中所包含的可控制的变量很多，可以概括为四个基本变量，即产品（Product）、价格（Price）、地点（Place）和促销（Promotion），由于这四个名词的英文字头都是“P”，所以市场营销组合又称为 4P 组合。

【情境思考】

市场营销观念的历史演变中经历了哪几个阶段？请举例说明。

学习情境二　市场营销环境分析

工作任务

任务一　认识市场营销环境

任务二　分析市场营销宏观环境

任务三　分析市场营销微观环境

任务四　运用 SWOT 法分析市场环境

知识与技能目标

1. 理解企业市场营销的环境因素构成，能够区分市场营销的宏观环境和微观环境。

2. 认识市场营销环境的影响，能够对市场营销宏观、微观环境进行分析。

3. 掌握营销因素分析方法，能够运用 SWOT 分析法分析市场营销环境。

任务一　认识市场营销环境

【任务引入】

一家美国制鞋公司派它的财务职员到一个非洲国家了解鞋子是否能找到销路。一个星期后他回电：这里的人不穿鞋，因而没有市场。

一个星期后公司老总决定派最好的推销员去再进行仔细的调查。推销员回电：这里的人不穿鞋，因此是一个巨大的市场。

老总为了进一步弄清情况，再派他的营销副总经理去。两星期后他回电：这里的人不穿鞋，但他们有脚病，穿鞋对他们有好处。我们必须重新设计鞋子，因为他们的脚太小。教育他们穿鞋要花一笔费用。在开始之前必须获得部落首领的合作。这里的人没有钱，但有我从来未曾尝过的最甜的菠萝，我估计鞋的潜在销售需要三年以上的时间。我们的一切成本将包括把菠萝推销给一家欧洲连锁超市的费用。结论是：我们可获得投资报酬的30%，我认为，我们应该去开拓。

◎**分析**：

1. 这三个职员为何会得出反差如此大的结论？
2. 从这个案例中，你获得了哪些启示？

【任务分析】

三位营销员对市场环境的不同态度和行为将会导致不同的结果。

（资料来源：胡德华：《市场营销理论与实务（第2版）》，电子工业出版社2009年版）

【知识准备】

营销企业必须适应营销环境，如同任何生物都必须适应其生存环境一样。任何企业的营销活动都是在一定的环境下进行的，企业的营销行为既要受到自身条件的制约，又要受到外部条件的限制。企业只有主动、充分地使营销活动与营销环境相适应，才能使营销活动产生最好的效果，从而实现企业的营销目标。

1.1 市场营销环境的概念及构成

市场营销环境是企业营销职能外部的不可控制的因素和力量，是影响企业生存和发展的外部条件。

环境是企业不可控制的因素，营销活动要以环境为依据，企业要主动地适应环境，而且要通过营销努力去影响外部环境，使环境有利于企业的生存和发展，有利于提高企业营销活动的有效性。其示意图如图2-1所示。

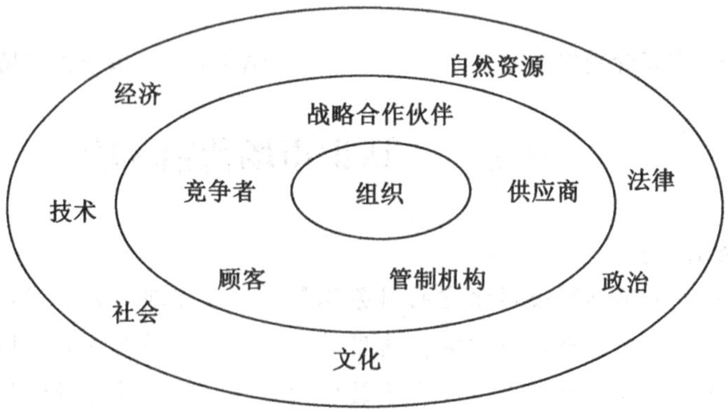

图2-1　企业市场营销环境示意图

市场营销环境包括微观环境和宏观环境。微观环境指与企业紧密相联，直接影响企业营销能力的各种参与者，包括企业本身、市场营销渠道企业、顾客、竞争者以及社会公众等。宏观环境指影响微观环境的一系列巨大的社会力量，也称作间接营销环境，主要是：人口、经济、政治法律、科学技术、社会文化及自然生态等因素。微观环境直接影响与制约企业的营销活动，也称直接营销环境。宏观环境一般以微观环境为媒介去影响和制约企业的营销活动，在特定场合，也可直接影响企业的营销活动。

1.2　市场营销环境的特点

美国著名市场营销专家菲利普·科特勒教授将市场营销环境定义为：市场营销环境是由企业营销管理职能外部的因素和力量所组成，这些因素和力量影响营销管理者成功地保持和发展同其目标市场顾客交换的能力。企业营销管理职能外部的因素和力量的内容广泛，是一个多因素、多层次且不断变化的综合体。一般说来，企业市场营销环境具有以下特点：

1. 客观性

市场营销环境作为一种客观存在，是不以企业的意志为转移的，有着自己的运行规律和发展趋势，对营销环境变化的主观臆断必然会导致营销决策的盲目与失误。营销管理者的任务在于适当安排营销组合，使之与客观存在的外部环境相适应。

2. 关联性

构成营销环境的各种因素和力量是相互联系、相互依赖的。如经济因素不能脱离政治因素而单独存在；同样，政治因素也要通过经济因素来体现。

3. 层次性

从空间上看，营销环境因素是个多层次的集合。第一层次是企业所在的地区环境，例如当地的市场条件和地理位置。第二层次是整个国家的政策法规、社会经济因素，包括国情特点、全国性市场条件等。第三层次是国际环境因素。这几个层次的外界环境因素与企业发生联系的紧密程度是不相同的。

4. 差异性

营销环境的差异主要因为企业所处的地理环境、生产经营的性质、政府管理制度等方面存在差异，不仅表现在不同企业受不同环境的影响，而且同样一种环境对不同企业的影响也不尽相同。

5. 动态性

外界环境随着时间的推移经常处于变化之中。例如，外界环境利益主体的行为变化和人均收入的提高均会引起购买行为的变化，影响企业营销活动的内容；外部环境各种因素结合方式的不同也会影响和制约企业营销活动的内容和形式。

6. 不可控性

影响市场营销环境的因素是多方面的，也是复杂的，并表现出企业不可控性。

例如，一个国家的政治法律制度、人口增长及一些社会文化习俗等，企业不可能随意改变。

1.3 市场营销环境对企业的影响

市场营销环境对企业的生存和发展至关重要，其重要性在于该环境是企业赖以生存和发展的空间，市场营销环境对企业的影响是双重的。

一方面，市场营销环境中会出现许多不利于企业营销活动的因素，对企业的生存和发展构成威胁，形成挑战。这时候，就需要企业在逆境中，充分发挥主动能动性，冲破市场营销环境的某些制约，以求生存。

另一方面，市场营销环境也会滋生出对企业具有吸引力的领域，带来营销机会。此时企业应抓住机遇，做出积极反应，结果不仅求得了生存，而且使企业有了更好的发展。

同时，市场营销环境是企业营销活动的资源基础，是企业制定营销策略的依据。菲利普·科特勒在20世纪80年代提出的“大市场营销”策略，就是指导企业以正确的策略去影响营销环境，争取主动权。“大市场营销”观念认为，企业针对贸易保护主义，为了进入特定的市场，必须协调地运用心理的、政治的、经济的和公关的手段，以取得进口国或地区有关方面的支持、合作，使企业能顺利进入壁垒很高或很严的市场。

【案例分析与讨论】

雅芳转型：安装最具竞争优势直销模式

如今，雅芳（AVON）公司有机会在中国市场重塑颜面：一个个青春阳光、装扮得体的雅芳小姐笑容可掬地向顾客呼唤，或上门推销，或在各种聚会场合中介绍雅芳产品。与此同时，分散部署在中国市场上传统的装修精致、形象统一的专卖店、卖场里的开放架、商厦中的专柜、社区里的服务店，可能逐渐被改革。

这家有着117年历史的化妆品公司是现代直销业的“鼻祖”，然而笑容可掬的“雅芳小姐”在中国市场却一度无法现身。

转型之痒

雅芳的直销制度中，只有SM—FD两个层级，所有的收入都必须建立在销售的基础之上，雅芳一直不使用“上、下线”这样的词汇，而实际的利益纽带中也并没有类似的概念。因此，所有的“雅芳小姐”只会向顾客推销产品，而不会拉顾客加盟其中。这种制度本身与依靠下线的销售方式，以及金字塔上部收益的传销有着本质的不同。

1998年4月，中国政府颁布的《国务院关于禁止传销经营活动的通知》，规定所有从事直销业的公司必须开设店铺。这项规定使雅芳公司最具竞争优势的直销模式无法进入，六年来雅芳在中国市场采取了传统的渠道方式，构建了其相应的经营网络和策略。不久前，中国主管机构宣称雅芳作为首家直销试点企业，这给了雅芳公司将其竞争模式引入中国的机会，问题是它如何把它最具竞争优势的直销模式，安装到它在中国市场按传统方式构建的系统中去。

1998 年，雅芳公司在中国市场开始转型，放弃了最具竞争力的直销模式，当年其业绩迅速下降 70%。次年，钟彬娴临危上任，当时的背景是公司销售和盈利急剧下滑，致使公司在美国的股票价格猛跌 50%。巨大的业绩下滑与雅芳公司沿用了一百多年的传统直销模式在美国受到新经济冲击不无关系。而此时的中国市场，直销已成为影响社会安定的“老鼠会”，并且很快被中国政府明令禁止。

被禁止直销以后，雅芳公司开始尝试新的零售模式。随后的三年间，雅芳在中国大陆 74 个大中城市开设了分公司，并依据“6 万非农业人口一个点”的原则，设立了 6000 多家专卖店和近 1700 多家专柜。在雅芳原有的销售链条中，SM 更像是雅芳的一个小经销商，只是当时没有店铺。雅芳公司转型为传统销售模式以后，开出了一家又一家专卖店，顾客资源则是现成积累。基于这种考虑，雅芳当时选择转型也避免了更大的风险。

转型以后，雅芳依靠其数量众多的专卖店、专柜实现了对包括大中城市商场、二三级市场甚至一些乡镇市场的渠道渗透。在钟彬娴看来，雅芳在中国结了一张网，通过这张网，其产品如血液一样在销售渠道里流淌。“在一个以提供服务赢得市场的时代，谁在未来能够向消费者提供最快捷、最方便接触产品的机会，尽量缩短产品与消费者的距离，减少附加成本，谁就是最后的赢家。”雅芳公司在中国市场同样遵照了钟彬娴的经营理念。

随后，雅芳在中国市场每年业绩增长近 40%，2001 年实现了盈利，到 2002 年销售额（净值）超过 10 亿元人民币，其中 80%来自专卖店，20%来自专柜。雅芳的这种彻底转型的做法，赢得了中国政府的赞赏。然而，转为传统批发零售的雅芳，必须在一个陌生的领域重新修炼其控制能力，临街小店对品牌价值影响的争论以及渠道中低价竞争的局部混乱，都是它所要解决的新问题。

2003 年以后，中国化妆品行业进入多事之秋，宝洁、欧莱雅和雅芳同时卷入了一场品牌收购的争夺战。随着宝洁公司成功地收购了妮维雅，欧莱雅也迅速地收购了低端品牌小护士和中端品牌羽西，此时的雅芳公司似乎被节节逼退，陷入了众多直销公司和众多传统日化公司激烈竞争的夹缝之中。

当时，转型后的雅芳是以“6 万非农业人口一个点”的原则把中国市场细分为 5000 个区域，而没有从女性的个性需求进行市场细分。或许，雅芳公司强调自己的顾客为“非农业人口”，是企图尽可能地做大市场。然而，这种通吃市场的想法并不能总是如愿以偿。

正是由于在网点布置上没有强调合理的销售半径，盲目地以“500米之内不允许有两家店”的扩张策略，导致了专卖店的过分密集，如此庞杂的销售网络不仅给经营和管理工作带来超额的成本，同时也让其化妆品失去了特色与品牌个性，降低了品牌形象。

“化妆品不同于普通快速消费品，并不需要像小卖部、快餐店一样遍布街头。女性通常会把逛商场、专卖店、专柜购买化妆品，看成是休闲娱乐的一种方式，而且大多数女性都认为大卖场、大超市、专卖店的化妆品质量更可靠，他们因此往往乐此不疲。”雅芳公司的一位销售经理说，雅芳公司由于采用了阶梯性返利的销售模式，即根据销售量对经销商返利，销售越多返利就越高，这种做法促使经销商为提升销售业绩换取更多的折扣，就会引发专卖店私自打折、违规操作，同时区域经销商会接纳更多的专卖店加盟，导致过分密集的专卖店。

如此一来，雅芳产品的终端价格非常混乱：大中型商场专柜一般原价销售，而专卖店则七折到九折不等，另外每月还有促销活动的特价产品，有时甚至降低到三折，顾客从“雅芳小姐”手中购买产品的价格浮动余地往往更大。这些窘境都与雅芳作为国际知名化妆品公司的形象极不相符，而终端价格的混乱和游移使消费者对雅芳产品的质量产生怀疑，动摇了消费者的消费信心，逐渐流失掉那些消费能力强又偏爱品牌的女性消费者。

如何提升在专柜渠道和大卖场渠道的开发力度，并且根本上改善雅芳的品牌下滑窘境，成为雅芳需要直面的难题。从2003年下半年开始，宝洁公司的玉兰油和欧莱雅公司的各个品牌，都在百货商店和大卖场进行了疯狂的柜台争夺和扩柜行动(扩大柜台面积)，在提升专柜形象上也取得了非常显著的效果。然而，雅芳在百货商店专柜、大卖场专柜的表现依然相当幼稚，其专柜形象也远远落后于对手。

“这让雅芳的品牌逐渐低档化，但是我们的价格却是高档次的，其结果自然就会流失顾客。”雅芳公司的一位销售经理认为，事实上雅芳的专卖店比直营专柜更有灵活性，导致了雅芳专卖店单一的强势渠道，目前中国市场90%的销售业绩来自雅芳专卖店。这意味着，雅芳公司在中国市场的专柜销售渠道，至今还缺乏一套完整的策略。

在这种环境下，雅芳公司的经典广告语“比女人更了解女人”显得空泛而找不到任何利益支撑，而雅芳产品的消费对象是所有20—40岁的女人，产品线覆盖也非常广泛。事实上，正是由于雅芳公司一直过于专注销售渠道，而忽略了市场经营。因此，与宝洁、安利等公司在中国市场上百亿元的销售业绩相比，雅芳20多亿元的销售额显得有点凄凉。

但是，直销立法或许能够给雅芳再次提供一次自救的契机。今年4月19日，在雅芳的生产基地从化太平工业区，雅芳称将两千万元人民币保证金存入中国商务部指定的中国民生银行账号，进而拉开了直销试点工作的序幕。接下来，原计划每年在中国开500家专卖店的雅芳公司随即改变了原来的发展方案。雅芳负责人称，今后将不会在北京、天津、广东等地区开设新店。在上述三个直销试点区域，不久将会出现3000名雅芳直销员。由于直销模式的市场开拓成本远低于传统经营，雅芳中国区副总裁陈志新曾坦言："将来如果政府对直销立法，只要有法可依，雅芳不否认会进入新的直销市场。"

但是，既成的事实是雅芳在中国市场建成了数量庞大的专卖店，由此成功地在三、四级市场制造了一个能抵御假货而又能顺利地做深度分销的专卖店渠道，这也是几年前雅芳转型的最大收获。那么，如何能够平衡地两者兼顾呢？"不论是店铺销售还是推销员销售，都是商品到达顾客的渠道，他们面对着同一个消费群体，生存在同一个竞争激烈的化妆品市场。"业内人士分析说，同时实施店铺销售与直销员销售的经营模式会让他们互相竞争，如果控制不好，就会导致内部的恶性竞争。同时，高密度的专卖店也会限制直销所能覆盖的消费群。

但是，中国的社群文化和很高的人际依赖性，似乎又是一个非常适合直销业发展的市场，这也正是安利在中国直销成功的重要原因。如果雅芳再次转型走上"店铺加直销"的模式，那么店铺与直销需要完全不同的销售服务方式，比如专卖店增加美容、美甲等服务项目，使用的是雅芳的美容、美甲产品，而这些服务就是直销模式所无法提供的。同时，直销的产品线必须定位在不同于目前渠道的产品线，或者两种渠道模式重新分割产品销售权限。但是，业内人士对雅芳公司面临的改革并不乐观，认为数量庞大的专卖店与将来数量更庞大的直销队伍，其融合成本将难以控制。

◎**思考**：雅芳公司的营销模式经历了哪几个阶段的变化？它们是在怎样的营销环境下进行的改变？

（案例来源：http：//www. chinavalue. net 价值中国案例摘编）

任务二　市场营销宏观环境分析

【任务引入】

中盐总公司回应食盐抢购现象：确保市场稳定供应

2011 年 3 月 17 日，中国盐业总公司成立了以总经理茆庆国为组长、副总经理董永胜为副组长的应急工作领导小组，启动应急工作机制，要求各地盐业公司确保食盐市场安全供应。

受日本大地震影响，中国部分地区 3 月 16 日开始发生食盐抢购现象。为确保食盐市场稳定供应，中国盐业总公司向全国各省、自治区、直辖市及计划单列市发出紧急通知。

通知称，各级盐业公司对此要高度重视，密切关注市场动态，立即启动市场应急工作机制，直至市场恢复平稳。

同时，加强生产组织管理，立即部署各食盐定点生产企业及配送中心加紧生产，提高成品食盐产区库存，并做好销区紧急调拨准备。

加强销区市场管理，加大成品盐调拨力度，充实各级库存。抢购期间，盐业公司要实行24小时配送服务，保证市场供应。已经发生抢购的地区，盐业公司要及时向当地政府汇报，争取支持，配合政府物价部门打击哄抬盐价、囤积居奇的行为，并通过媒体加强宣传引导，确保食盐市场稳定。

实行日报制度。发生食盐抢购的省级盐业公司，每日中午12点前将前日市场动态报告中盐总公司，直至当地市场恢复平稳。

据了解，广东、浙江、江苏、安徽多地出现抢购食盐现象，一些商家趁机提价，各地盐务局迅即启动应急预案。有关业内专家称，中国食盐大部分是矿盐，矿盐资源充裕，供应不成问题。即使是海盐，亦远离日本，被污染的可能性很小。

◎**讨论**：食盐为何出现抢购现象，决定食盐市场销售情况的因素有哪些？

（案例来源：新华网 http：//news. xinhuanet. com）

【任务分析】

地震影响对食盐销售产生了重要影响，表明食盐的价格除受到本身产量影响外，还会受到其他外界环境的影响。

【知识准备】

企业宏观环境主要是指那些给企业造成市场机会或环境威胁的主要社会力量，它们直接或间接地影响企业的经营管理，其中主要因素有：人口统计环境、经济环境、政治法律环境、技术环境、社会文化环境以及自然环境等。

2.1 人口统计环境

人口是市场营销环境中最重要的因素，因为市场需求是由具有购买欲望，并有货币支付能力的消费者所组成。对人口环境的分析，概括起来讲主要包括人口数量及其增长趋势、人口的地理分布及地理迁移、人口结构三个方面。

人口是一国经济中最基本的要素，因为市场是由人口构成的。在其他条件相同的情况下，一国的人口越多，潜在的市场就越大。尤其是对于那些与人口有关的食品、服装、体育用品等消费品市场关系最为密切。

人口自然增长率是预测市场前景的一个重要指标。人口的增长意味着市场的扩大，但是如果人口的自然增长率超过国民收入的增长速度，会造成经济恶化，市场缩小。因此出生率直接关系到购买力。出生率过低，有的行业就会萎缩，产科病房空，有的行业兴盛，如妇女就业率提高，相关产品需求旺盛；出生率过高，但又会使一些行业兴旺，如婴儿用品行业。

人口构成：性别对市场营销也有影响。因为男女对消费品的需求不同，其消费行为、购物习惯也有明显的差别。

人口年龄结构的变化会导致市场需求的改变。不同年龄消费特点。比如当前发达国家的出生率下降，儿童减少，许多国家人口趋于老龄化。儿童出生率下降，一方面会导致对儿童用品需求量的减少，对生产儿童用品的行业造成威胁。另一方面，由于儿童的减少，许多夫妇有更多的闲暇时间和收入接受文化教育、旅游和从事体育运动等，从而为第三产业的发展提供有利机会。人口老龄化导致市场对青少年用品的需求减少，同时会增加对老年人保健用品的需求。此外人口流动倾向、不同种族消费特点也会对消费需求产生不同程度的影响。

2.2　经济环境

市场营销的经济环境主要是指企业市场营销活动所面临的外部社会经济条件及其运行状况和发展趋势，包括那些能够影响客户购买力和消费方式的因素，如消费者收入、消费者支出、消费信贷及居民储蓄、币值等因素，其中，消费者的收入水平是影响企业市场营销的最重要的因素。

市场是由那些想购买东西同时又有购买力的人构成的，购买力又直接或间接受消费者收入、价格水平、储蓄、信贷等经济因素的影响。

（1）消费者收入变化

消费者的收入分为可支配的个人收入和可随意支配的个人收入。前者是扣除税款后可用于个人消费和储蓄的那部分收入，是影响消费者购买力和消费者支出的决定性因素；可随意支配的个人收入，是可支配的个人收入减去消费者用于购买生活必需品的支出和固定支出所剩下的部分，一般用于购买奢侈品、汽车、度假等。这种收入是影响上述商品销售的主要因素。

货币收入不等于实际收入。其中受物价因素、通货膨胀的影响。当通货膨胀率超过了货币收入增长率，消费者的购买力就受到影响，而便宜商品就会畅销，有些消费者还会延期购买耐用消费品。各地区人均收入的不同也影响销售。

（2）消费者支出模式的变化

德国统计学家恩格尔提出一个定律：家庭收入增加，用于购买食品的比重就下降，用于住宅建筑和家务经营的开支不变，用于服装、娱乐、教育的支出和储蓄上升。这就是西方经济学中有名的恩格尔定律。

2000 年，城镇与农村居民恩格尔系数分别为 40%左右和 50%左右，2000 年，中国城镇居民人均可支配收入 6280 元人民币，农村居民人均纯收入 2253 元，中国居民的消费结构趋于优化，衣、食和基本生活用品支出的比重大幅下降，住房、交通通信、医疗保健、文教娱乐等发展与享受需求的支出比重迅速上升。1999 年，城乡居民衣食住用以外的消费支出占消费总支出的比重为 29.3%和 21.6%，在食品构成中，粮食消费量有所减少，水产品、肉、禽、蛋、牛奶等动物性食品的消费量大幅度增加。

消费者支出模式的变化，还受家庭生命周期的阶段影响，没孩子的支出情况和有孩子的支出情况有所不同；也受居住地点的影响，大城市和小城市，城市与农村，如交通、住房等。人口的地理分布也是一个重要因素。人们居住在气候不同的地区，对消费品的需求有重大的差别。居住在农村和居住在城市，对产品的需求和消费行为也不相同。

(3) 消费者储蓄和信贷的变化

收入不变，储蓄增加，购买力和消费支出便减少；信用卡和分期付款的使用也影响支出，它们实际上是一种长期储蓄。

对于待就业的个人和家庭来说，收入已经远不是下降的概念，而是面临危机的心态。当他的实际收入下降/感到不稳定时，储蓄就会上升，储蓄中的相当一部分不再是消费后的盈余，而是一种防范于将来的滞后消费。即将现在的消费延期到将来。而且这一心理的辐射面相当宽，几乎涉及大部分担心会下岗的效益不佳的企业职工、家庭。

2.3 政治法律环境

政治法律环境是指在特定社会中影响和制约各种组织及个人的法律、政府机构和压力集团。政治因素调节着企业营销活动的方向，法律因素则为企业规定商贸活动行为准则。政治与法律相互联系，共同对企业的市场营销活动产生影响和作用。

1. 政治环境分析

政治环境是指企业市场营销活动的外部政治形势。一个国家的政局稳定与否，会给企业营销活动带来重大的影响。如果政局稳定，人民安居乐业，就会给企业营销造成良好的环境。相反，政局不稳，社会矛盾尖锐，秩序混乱，就会影响经济发展和市场的稳定。企业在市场营销中，特别是在对外贸易活动中，一定要考虑东道国政局变动和社会稳定情况可能造成的影响。

政治环境分析主要分析国内的政治环境和国际的政治环境。国内政治环境主要包括政治制度、政党和政党制度、政治性团体、党和国家的方针政策、政治气氛等；国际政治环境主要包括国际政治局势、国际关系、目标国的国内政治环境等。政治环境对企业营销活动的影响主要表现为国家政府所制定的方针政策，如人口政策、能源政策、物价政策、财政政策、货币政策等，都会对企业营销活动带来影响。例如，国家通过降低利率来刺激消费的增长；通过征收个人收入所得税调节消费者收入的差异，从而影响人们的购买：通过增加产品税，对香烟、酒等商品的增税来抑制人们的消费需求。在国际贸易中，不同的国家也会制定一些相应的政策来干预外国企业在本国的营销活动。如：进口限制、税收政策、价格管制、外汇管制、国有化政策等。

2. 法律环境分析

法律环境是指国家或地方政府所颁布的各项法规、法令和条例等，它是企业营销活动的准则，企业只有依法进行各种营销活动，才能受到国家法律的有效保护。近年来，为适应经济体制改革和对外开放的需要，我国陆续制定和颁布了一系列法律法规，例如《中华人民共和国产品质量法》、《合同法》、《商标法》、《专利法》、《广告法》、《食品卫生法》、《环境保护法》、《反不正当竞争法》、《消费者权益保护法》、《进出口商品检验条例》等。企业的营销管理者必须熟知有关的法律条文，才能保证企业经营的合法性，运用法律武器来保护企业与消费者的合法权益。

2.4　技术环境

伴随着科学技术的进步，新兴产业大量出现、传统产业被改造和落后产业被淘汰。科学技术的发展和应用影响企业的营销决策。新技术的发明和应用可以创造出新的市场，也会对现有行业造成冲击。科学技术的进步，将会使人们的生活方式、消费模式和消费需求结构发生深刻的变化。

2.5　社会文化环境

社会文化环境主要是指一个国家、地区或民族的传统文化，如风俗习惯、伦理道德观念、价值观念等。社会文化因素通过影响消费者的思想和行为来影响企业的市场营销活动。对文化环境的研究，一般应从民族特征、教育状况、宗教信仰、风俗习惯、审美观念、价值观念、伦理道德等几个方面入手。

2.6　自然环境

自然环境包括自然资源和地理分布两方面。一方面，自然资源是从事经济活动的基础，与企业的生产经营活动紧密相关。如果自然资源短缺，就会使企业的生产难以为继，生产成本大幅度上升。另一方面，由于自然资源的地理分布不均匀，企业进行跨区域投资或从事营销活动就必须有不同的战略。

一个国家的自然环境是指自然界的实际情况和潜在财富，如矿藏、水利资源等，以及土地面积、地形和气候等。这些自然条件对市场营销活动会产生直接或间接的影响。

世界各国的自然资源分布极不平衡，这是国际贸易往来的一个重要原因。某些重要自然资源供求关系的变化对不同待业的企业发展，会造成极不相同的机会或威胁。比如，石油短缺会引起石油价格的上涨，对开采、加工石油的企业有利，还会引起其他能源产品价格的上涨，对生产这些产品的企业带来新的机会，而对需要较多能源为原料和辅助材料的制造加工业是一种威胁。

地理因素对市场营销活动的影响直接、明显。在地势平坦的国家，公路或铁路的运费较低，而高山运输成本增加，如南美的一些国家由于地形复杂，高山多，形成了对经济、贸易和交通发展的天然障碍。

地理条件差别过大，甚至可使一个国家被分割为极不相同的人口居住区，形成具有明显差异的市场。

世界上许多国家的气候差别极大。一个国家的海拔高度、温度和湿度变化，都可能影响产品和设备的使用性能。在温带地区或寒带地区运转良好的产品，到了热带就可能发生故障。通用汽车公司曾向伊拉克出售一批汽车，因这些汽车机械性能不适应伊拉克的高温、尘土气候，汽车的空气滤清器很快被灰尘堵塞，在高温行驶中变速器又失灵。

【案例分析与讨论】

哥本哈根会议：倡导“绿色低碳”生活

进入20世纪80年代后，全球气温明显上升。1981—1990年全球平均气温比100年前上升了0.48℃。根据IPCC（联合国政府间气候变化专门委员会）的气候模型预测，到2100年为止，全球气温估计将上升大约1.4~5.8℃。

科学界的主流观点认为，由于人类活动大量排放二氧化碳等多种温室气体，导致了常说的“温室效应”的加剧，引起了全球气候变暖。

2009年12月7日至18日在丹麦首都哥本哈根BELLA会议中心召开了《联合国气候变化框架公约》缔约方第15次会议暨《京都议定书》签字国第五次会议，也称为哥本哈根世界气候大会。此次会议的主要目的为商讨《京都议定书》一期承诺到期后的后续方案，就未来应对气候变化的全球行动签署新的协议。到目前为止已有192个国家批准了《联合国气候变化框架公约》。

会议达成不具法律约束力的《哥本哈根协议》。

哥本哈根协议的内容如下：

（1）协议重申全球气温上升幅度不得多于摄氏2度的目标。

（2）要求各国在一年之内，签署有法律约束力的文件，在2012年后取代《京都议定书》。

（3）发达国家同意在2020年以前，每年集资1000亿美元，协助穷国适应气候变化，而在未来三年，发达国家将先提供300亿美元，其中欧盟出资106亿美元，日本出资110亿美元，美国出资36亿美元。

（4）各国要在明年1月前，各自提出其减排计划，美国表明其减排计划还在考虑之中，欧盟则补充其减排计划需经议会通过。

（5）协议花了很长篇幅论述发展中国家汇报减排进展的责任，其中包括每两年向联合国提交报告，需要接受国际监督，但不会损害国家主权。

在《哥本哈根协议》中各主要国家承诺的减排目标为：

美国：承诺2020年温室气体比2005年减排17%，仅相当于在1990年基础上减排温室气体4%左右。

欧盟：将在2050年前削减高达95%的温室气体排放，在2020年前较1990年减少30%。

日本：到2020年在1990年的基础上减排25%。

澳大利亚：比2000年减排25%。

加拿大：比2006年减排20%。

俄罗斯：到2020年在1990年的基础上减排15%~25%。

挪威：承诺到2020年要减少温室气体排放量至该国1990年排放量水平的40%，成为发达国家里首个承诺减排数字到达这一标准的国家。

中国：到2020年单位国内生产总值二氧化碳排放比2005年下降40%~45%。

印度：承诺比2005年减排20%~25%。

巴西：环境部提案在2020年时，在不影响年均国内生产总值保持4%的增长率的情况下，使温室气体排放达到2005年的水平，即每年排放22亿吨二氧化碳；到2020年，巴西森林砍伐量减少80%。

（案例来源：http：//wenku. baidu. com/view/337ece18964bcf84b9d57b36. html）

◎**思考**：

1. 自然资源对企业市场营销的影响主要表现在哪些方面？

2. 此次会议的召开将对未来的营销发展点有哪些启示？

任务三 市场营销微观分析

【任务引入】

某公司发明了一种类似凝固成大理石的新产品，营销部门认为可用来生产雅洁好看的浴盆。于是他们生产了几种浴盆模型，在浴具展销会上展出，并想方设法说服浴盆生产商用此材料来生产浴盆。尽管这几种浴盆卖价将高达2000美元，而在这个价格上，消费者可买到真正大理石或玛瑙做的浴盆；其次，这种浴盆很重，浴室的地板必须加固，从而增加费用；最后，多数普通浴盆的售价只卖500美元左右，很少有人愿意花2000美元来购买这种浴盆。

◎**分析**：具有吸引力的新产品为什么没有人签合同？怎样才能改变这种局面？

【任务分析】

产品虽然具有吸引力，但由于事前没有做深入的市场环境分析，没有很好地调研目标市场的需求，不了解顾客的消费心理，一厢情愿，必然要失败。

（案例来源：彭石普编著：《市场营销——理论、实务、案例、实训》，东北财经大学出版社2010年版）

【知识准备】

市场营销的微观环境是指构成企业营销系统的各个组成部分，包括企业、供应商、营销中介、顾客、竞争者和社会公众等因素，它们与企业形成了协作、服务、竞争与监督的关系，直接制约着企业为目标市场服务的能力。

3.1 企业

企业本身包括市场营销管理部门、其他职能部门和最高管理层。营销部门在制定和执行市场营销计划时，必须获得企业最高管理层的批准和支持，并与其他部门搞好分工协作。

首先，要考虑最高管理层的意图。

其次，营销部门要考虑其他业务部门（如生产部门、采购部门、研究与开发部门、财务部门等）的情况，并与之密切协作，共同研究制定年度计划和长期计划。

3.2 供应商

1. 定义：供应商是指向企业和其他竞争者提供生产与经营所必需资源的单位和个人。包括提供能源、原材料、设备、配件、劳务和资金等。

2. 对企业营销的影响：供应品的数量是否充足，影响着企业生产和经营能否正常进行；供应品的价格是否合理决定着企业产品的成本与价格的高低。

企业应选择与那些信誉良好、货源充足、价格合理、交货及时的供应商合作。同时还应分头从多家供应商采购，避免对某一供应商的过分依赖。

3.3 营销中介

营销中介是企业市场营销不可缺少的中间环节，包括协助企业进行分销和促销的中间商，帮助企业实现产品实体分配的仓储、运输部门，提供各种营销服务的广告、调研、咨询公司，以及提供融资、保险等服务的银行、信托、保险公司等。

企业应在动态变化中与这些营销中介建立起相对稳定的协作关系，以提高企业的营销能力。

3.4 顾客

顾客在这里是指企业的目标市场，即企业服务的对象。按顾客的需求和购买目的的不同，可将市场分为五种类型：

第一，消费者市场，即为了个人消费而购买的个人和家庭所构成的市场；

第二，生产者市场，即为了生产、取得利润而购买的个人和企业所构成的市场；

第三，中间商市场，即为了转卖、取得利润而购买的批发商和零售商所构成的市场；

第四，政府市场，即为了履行职责而购买的政府机构所构成的市场；

第五，国际市场，即由国外的消费者、生产者、中间商、政府机构等所构成的市场。

3.5 竞争者

从消费需求的角度划分，可把竞争者分为以下几种类型：

第一，愿望竞争者，即提供不同产品、满足不同需求的竞争者。

第二，平行竞争者，即满足同一种需要的不同产品的生产厂商之间的竞争。

第三，产品形式竞争者，即满足同种需要的产品各种形式之间的竞争。

第四，品牌竞争者，即满足同一种需要的同种形式产品的不同品牌之间的竞争。

3.6 社会公众

社会公众是指对企业的生存和发展具有实际的或潜在的利害关系或影响力的一切团体或个人。主要包括：

第一，政府公众，即负责管理企业业务经营活动的有关政府机构。

第二，媒介公众，即报纸、杂志、广播、电视等具有广泛影响的大众媒体。

第三，金融公众，即影响企业取得资金能力的任何集团，如银行、投资公司等。

第四，市民行动公众，即各种消费者权益保护组织、环境保护组织、少数民族组织等。

第五，地方公众，即企业附近的居民群众、地方官员等。

第六，一般群众。

【案例分析与讨论】

海尔沙尘暴里寻商机

沙尘暴里“雪中送炭”

自1999年春天以来，我国北方绝大部分地区都受到了沙尘暴或沙尘天气的影响，沙尘所到之处天空昏暗、空气混浊，居民即使紧闭门户，在粉尘飞扬的室内也很难舒畅呼吸。沙尘暴已不折不扣地成为北方越来越频繁的“城市灾难”。但中国著名的家电品牌海尔集团却在此次沙尘暴中独具慧眼，在灾难中发现了巨大商机。

海尔“防沙尘暴Ⅰ代”商用空调，正值沙尘暴肆虐北方大地、人们生活饱受沙尘之扰苦不堪言之时推出，可谓“雪中送炭”，使产品的使用者在有限的空间之内，有效地将沙尘暴的危害降低到最小限度，筑起一道健康的防护墙。

据悉，在海尔“防沙尘暴Ⅰ代”商用空调推向市场的两周时间内，仅在北京、西安、银川、太原、天津、济南等十几个城市就卖出去了3700多套，部分城市甚至出现了产品供不应求、人们争购的局面。

海尔沙里淘金

当多数人都看到沙尘暴的危害时，海尔却看出了商机，根据市场的变化、人们的个性化需求，迅速推出了最受北方地区欢迎的产品——防沙尘暴Ⅰ代商用空调。目前国内生产空调的企业已达多家，家电企业更是多不胜数，为什么仅海尔能做到这一点呢？不难看出海尔在反应速度、市场应变能力、个性化产品开发、技术力量的转化方面所具有的强大优势实力。这大概也是海尔今天能发展成为知名的国际化大企业，而其他企业所难以企及的原因所在了。

据环境监测专家称，近年我国北方地区沙尘暴形势比较严峻，而且是频繁发生，自1999年起，我国进入新一轮沙尘天气的频发期，这也是继五六十年代以来我国所遭受的最严重的沙尘暴侵袭。据悉，仅在2001年，我国监测网络就观测到多次沙尘暴现象，虽然我国已启动一系列重大环保工程来恢复沙尘暴源区和附近地区的植被和生态环境，力图从源头控制沙尘暴的暴发，但这也并不能在短期内解决我国北方地区的沙尘暴问题，据专家估计，即使国家环保措施得力，最快也要15—20年才能从根本上解决沙尘暴问题，在这期间沙尘暴仍将频频发生。

沙尘暴给人们带来的种种危害，使人们“谈沙色变”。它使沙尘漫天，空气中弥漫着一股土腥味，外出不便，车辆、楼窗、街道乃至整个城市都蒙上了层层灰尘。但由此也引发了一股“沙尘暴经济潮”，精明的商家看出了其中蕴含的无限商机，采取了相应的策略，从而带动了车辆洗刷、家政服务、环卫清扫、吸尘器、空调、墨镜、口罩等行业的兴旺。如海尔集团便在沙尘暴再现之际迅速开发推出了“防沙尘暴Ⅰ代”商用空调，受到我国北方地区人们的欢迎，其销售业绩在短期内便得到了大幅度提高。

应该说有了市场需求才有相应的产品产生，既然在短期内我国北方地区无法从根本上解决沙尘暴的问题，只有采取种种防御措施，尽可能将沙尘暴给日常生活所带来的负面影响降低到最小程度。海尔“防沙尘暴Ⅰ代”商用空调的应运而生，给处于沙尘之中的人们带来了重新享受清新生活的希望。这种采用多层HAF过滤网技术、独特的除尘功能、离子集尘技术的海尔“防沙尘暴Ⅰ代”商用空调，可以清除房间内因沙尘暴带来的灰尘、土腥味及各种细菌微粒，经过滤后的空气犹如森林中的一般清新，从而在人们日常生活中为抵御沙尘暴的侵袭筑起了一道道绿色的防护城。

（案例来源：何毓颖：《市场营销基础》，电子科技大学出版社2009年版）

◎思考：

1. 海尔“防尘暴Ⅰ代”商用空调的营销人员是如何利用分析环境，从而很好地把握营销机会的？

2. 该案例给我们哪些启发？

任务四　运用SWOT法分析市场营销环境

【任务引入】

某家生产日化用品的公司看到了汽车清洁保养用品有巨大的市场发展空间，试图开发新产品，进军这一市场，为了进一步确定公司是否有能力和有必要将生产经营领域扩大至汽车清洁保养用品，请通过市场环境分析，了解未来发展趋势，更深入地发现机会和威胁，为公司作出决策并制定市场营销战略和具体策略提供参考依据。

【任务分析】

根据该项目，为了进一步识别市场机会，分析与评估企业的市场机会，确定市场营销战略，需要进行SWOT分析。

【知识准备】

4.1　SWOT分析法的基本原理

所谓SWOT分析法，就是将与研究对象密切相关的各种主要内部优势、劣势、机会和威胁等，通过调查列举出来，并依照矩阵形式排列，然后运用系统分析的思想，把各种因素相互匹配起来加以分析，从中得出一系列相应的结论，而结论通常带有一定的决策性。

这种研究方法，最早是由美国旧金山大学的管理学教授在20世纪80年代初提出来的。在此之前，早在60年代，就有人提出过SWOT分析中涉及的内部优势、弱点、外部机会、威胁这些变化因素，但只是孤立地对它们加以分析，而SWOT分析法用系统的思想将这些似乎独立的因素相互匹配起来进行综合分析。

SWOT是由“S”、“W”、“O”、“T”四个英文字母组成的，它们分别代表着一个单词，也就是说SWOT实际上是由四个观点组成的。

S：Strength，优势，是在竞争中拥有明显优势的方面。

W：Weakness，弱势，是指在竞争中相对处于弱势的方面。

O：Opportunity，机会，即外部环境提供的比竞争对手更容易获得的机会，而这种机会往往可以比较轻松地带来收益。

T：Threat，威胁，主要指一些不利的趋势和发展带来的挑战。

4.2 SWOT 分析法的应用

运用这种方法，有利于对研究对象所处的情景进行全面、系统、准确的研究，从而根据研究结果制定相应的发展战略、计划以及对策等。

SWOT 分析法是依据企业的目标，列出对企业生产经营活动及发展有重大影响的内外部因素，并且根据所确定的标准，对这些因素进行评价，从中判断出企业的优势与劣势、机会和威胁。常用的方法是对所列出的因素进行逐项打分，然后按照因素的重要程度加权，求它的代数和，以判断其中的内部优势与劣势以及外部机会和威胁。

图 4-1 是 SWOT 分析图。

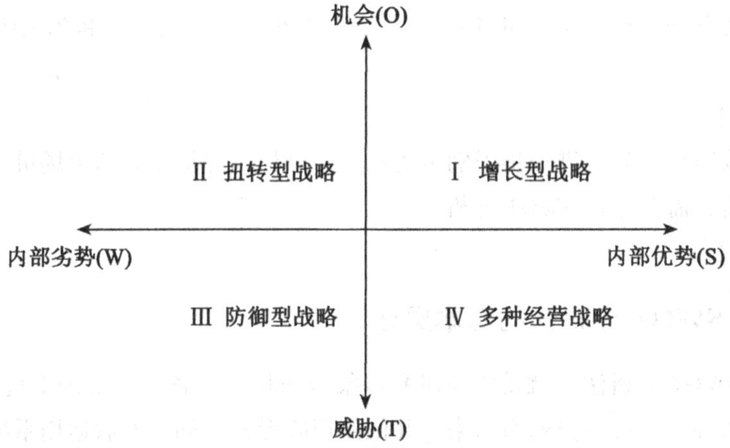

图 4-1 SWOT 分析图

SWOT 分析法常常被用于制定企业发展战略和分析竞争对手情况，在战略分析中，它是最常用的方法之一。进行 SWOT 分析时，需要经过以下步骤：

1. 分析环境因素

运用各种调查研究方法，分析出公司所处的各种环境因素，即外部环境因素和内部能力因素。外部环境因素包括机会因素和威胁因素，它们是外部环境对公司的发展直接有影响的有利因素和不利因素，属于客观因素，一般归属为经济的、政治的、社会的、人口的、产品和服务的、技术的、市场的、竞争的等不同范畴；内部环境因素包括优势因素和弱点因素，它们是公司在其发展中自身存在的积极和消极因素，属主动因素，一般归类为管理的、组织的、经营的、财务的、销售的、人力资源的等不同范畴。在调查分析这些因素时，不仅要考虑到公司的历史与现状，而且更要考虑公司的未来发展。

2. 构造 SWOT 矩阵

将调查得出的各种因素根据轻重缓急或影响程度等排序方式，构造 SWOT 矩阵。在此过程中，将那些对公司发展有直接的、重要的、大量的、迫切的、久远的影响因素优先排列出来，而将那些间接的、次要的、少许的、不急的、短暂的影响因素排列在后面。

3. 制定行动计划

在完成环境因素分析和 SWOT 矩阵的构造后，便可以制定出相应的行动计划。制定计划的基本思路是：发挥优势因素，克服弱点因素，利用机会因素，化解威胁因素；考虑过去，立足当前，着眼未来。运用系统分析的综合分析方法，将排列与考虑的各种环境因素相互匹配起来加以组合，得出一系列公司未来发展的可选择对策。这些对策包括：

WT（劣势—威胁）战略（最小与最小对策），即考虑弱点因素和威胁因素，目的是努力使这些因素都趋于最小。

WO（劣势—机会）战略（最小与最大对策），即考虑弱点因素和机会因素，目的是努力使弱点趋于最小，使机会趋于最大。

ST（优势—威胁）战略（最小与最大对策），即着重考虑优势因素和威胁因素，目的是努力使优势因素趋于最大，使威胁因素趋于最小。

SO（优势—机会）战略（最大与最大对策），即着重考虑优势因素和机会因素，目的在于努力使这两种因素都趋于最大。

可见，WT 对策是一种最为悲观的对策，是处在最困难的情况下不得不采取的对策；WO 对策和 ST 对策是一种苦乐参半的对策，是处在一般情况下采取的对策；SO 对策是一种最理想的对策，是处在最为顺畅的情况下十分乐于采取的对策。

SWOT 分析的结果视不同的研究对象和研究目的有不同的称谓。在战略研究中称做战略计划；在发展研究中称做发展对策；在市场研究中称做市场对策；在管理咨询中称做管理对策等。

由于具体情况所包含的各种因素及其分析结果所形成的对策都与时间范畴有着直接的关系，所以在进行 SWOT 分析时，可以先划分一定的时间段分别进行 SWOT 分析，最后对各个阶段的分析结果进行综合汇总，并进行整个时间段的 SWOT 矩阵分析。这样，有助于分析的结果更加精确。

【案例分析与讨论】

柯达会被数码技术淘汰吗？

摘要：一场传统影像技术向数码影像技术变革的战争中，百年企业柯达由于反应迟钝，已从一个市场领先者落为市场追随者。在几经改革失败后，柯达终于大动手笔，对业务单元和管理团队进行了新一轮的大重组，市场策略也从“传统与数码两线并重”向“数码”严重倾斜，而且对传统业务进行了大裁员。其战略是否在逼迫无奈之下过于激进？柯达能否夺回市场，大象还能跳起探戈吗？本文将对此进行分析。

关键词：数码技术，战略转型，冲印连锁

传统的照相技术基于光化学过程，感光材料从最初的蜡板发展到彩卷经历了一百多年的历史。一个产业的兴衰沉浮，最大的现实依据是社会的需求结构与消费结构。20世纪90年代数码技术的迅猛发展，使电子成像的大规模应用成为可能，照相正经历着从化学成像向电子成像的转变。就像电灯的普及淘汰了煤油灯一样，电子成像技术也将把化学成像技术（传统相机、冲晒机械等）变成古董，赶进博物馆。

随着信息时代的来临和新技术的不断推出，历经几十年的传统技术面临淘汰，数码成像的时代即将到来。面对技术环境的巨大变迁，传统化学感光企业有的六神无主、手足无措，有的未雨绸缪、成竹在胸。

一、辉煌的发展史

在中国的化学成像市场上，美国企业似乎是真正的主角：柯达始终处于霸主地位，富士、爱克发、柯尼卡等在其强大攻势下始终没有良好表现。乐凯，几乎是中国唯一可以在这个市场上分一杯羹的企业，尽管用自己的低价牵制着霸主柯达，但因代价过高，其经营可以说是举步维艰。

不可否认的事实是，在过去的几年中，柯达在中国市场的营销是非常成功的。从20世纪80年代到90年代中期，中国的彩卷市场基本都是富士的天下，柯达在与富士的角逐中由于更擅长于营销，最终取得了胜利。它成功的经验是：①营销技术。富士不肯向中国转让先进技术，只提供产品，给柯达留下了市场空缺。为了打开中国市场，柯达愿意提供先进技术，并救活了几个濒临倒闭的合资企业，柯达得到了进攻中国内地市场的机会。②营销政府。在营销技术的基础上，柯达全球副总裁叶莺女士开始营销政府，就是与中国政府签订排他性协议，规定从1998年以后的三年内中国政府不得引进其他外资（主要指富士）和建立合资企业。这保证了柯达在中国市场的垄断地位。

二、面临的困境

美国影像市场协会（PMA）统计显示，2003年美国数码相机的销量首次超过了传统相机，传统相机在2000年创出的销售高点已经成为历史“绝唱”。对于主营传统影像业的柯达而言，虽然还是市场老大，但今后的日子可能会越来越难过了。目前，柯达收入的70%来自传统的胶卷和摄影产品，公司全部营运收益也来源于此。该公司2003年7月23日公布的第二季度财务报告显示，利润约为1.12亿美元，比去年同期锐减60%。

来自中国信息产业部的一份市场调研报告显示：2000年第一季度，全国家庭数码照相机的拥有率仅为3%，而2002年全国将卖出80万台数码照相机，而且这一数字今后将以年均35%的速度增长。在这样的市场背景下，一直占据中国胶卷市场绝对领先地位的柯达当然不甘落后，宣布要将70%的研发费用投入到数码领域，并立志要在中国达到平均每一万人拥有一家柯达快速彩色冲印店的目标。柯达的战略无疑是希望通过这些举措能保住自己在行业内的霸主地位。然而，时代不同了，老对手富士开始改变在中国相对冷漠的态度，并凭借其先进的数码冲印技术攻城略地，暂时处于领跑地位，其他如IT相关企业由于数码技术的连带性也进入了该行业，柯达确实面临着威胁。

柯达正在全球范围内进行一项涉及2.5万人的裁员，这其中包括因缩减中国厦门工厂的民用胶卷、相纸和一次性相机产量，而将在中国裁员数百人。这也是凭借"98协议"大规模进入中国市场并迅速取得绝对龙头地位后，柯达首次对中国工厂进行产能缩减和裁员调整。究其原因，"全球市场传统民用胶卷和相纸需求急剧下滑的速度远远超过此间业界专家的预估，我们也没有料到。柯达的传统业务大幅收缩，要求在商业模式上有大的改变，要完成柯达向数码影像巨头的成功转型，我们必须裁减员工。这是一个痛苦但不可避免的决定"。

虽然其位于厦门的工厂仍将生产胶卷、相纸和一次性相机，但供应范围从全球缩减到亚太地区，产量也将因此缩减。需要指出来的是，厦门曾是柯达全球最大规模的胶卷、相纸及一次性相机生产基地。

柯达在数码技术时代来临之时准备不足，发生了多处失误：首先，柯达在数码相机这个拍摄照片的终端产品上节节败退，价格上也没有明显优势，市场占有率同佳能、奥林巴斯、索尼等有很大差距，而且单镜头反光相机这一高端市场基本上是柯达的市场真空。其次，柯达在数码照片冲印机器生产能力上的缺陷，影响了下游厂商的跟进和市场同盟力量的开发。有人说："柯达虽然最早开发了数字相机，但是它对数字技术和数字影像产品的冲击反应是相当迟钝的，这是柯达越走越难的根本原因。"

当然，对传统影像市场的萎缩，柯达已经公开承认："我们已认识到人们对传统产品的需求在逐渐减少，特别是在发达市场。正是考虑到这个现实，柯达开始加速应对来自数码市场的需求，转变业务范围，将重点放在数码市场。"

三、启动战略转型

2003年9月，已有122年传统胶片生产历史的柯达在其美国总部宣布，公司业务重心向增长迅速的数码业务转型。这次转型是柯达成立120多年来面临的第二次激烈变革，其意义不亚于柯达的创始人乔治·伊士曼发明摄影胶卷，果断淘汰自己发明的玻璃干版，并带领柯达进入胶卷生产领域的历史性转型。

虽然从表面上看，这项全力以数码为导向的战略调整计划旨在以消费者、医疗和专业胶片影像产品和服务为根本，利用数码技术的力量将公司业务扩展到一系列商业领域，形成一个多元化的公司业务范围，并成为数码市场上的领导者，但投资者都明白，这其实是柯达的“无奈之举”。

早在2001年，柯达就宣布，战略重点转向数码影像，并明确提出发展“新三件”——芯片、软件和打印设备，逐步替代“老三件”——胶卷、相纸和冲洗药水。当然，柯达的芯片主要是用来存储图像信息的，它的软件主要是用来处理图像信息的，而它的打印技术从功能上说，则类似于化学成像中的冲晒。柯达的三大主打产品全变了，虽然其企业结构没变，核心业务及业务定位都没变，“新三件”与“老三件”之间也有明显的继承关系，但未来照相技术及应用功能不再是建立在光化学基础上，而是建立在微电子与数码技术基础上。这次行动收效甚微，在2002年柯达全年132亿美元的销售额中，来自数码市场的只有38亿美元，大部分还是传统影像业务的贡献。

柯达向数码市场进军的号角已经吹响了，它斥资8亿美元与日本三洋合作，开始自主研发有机发光显示器产品；在中国，柯达在数码冲印领域重点发力，正加快步伐把8500家传统冲印店升级为数码冲印店，并与三星、诺基亚、联想建立了战略联盟，希望借助这些IT厂商的力量尽快完成升级换代，柯达在密布中国的近2000家数码网络连锁冲印店中向消费者提供彩信输出（冲印或光盘刻录）业务；同时柯达也全力进军打印机市场，推出了一款喷墨打印机，甚至还计划利用现有的一家合资企业，拓展其在高端数码打印市场的产品线，向业内领军企业施乐和惠普发起挑战扩展数码相机领域，其加快了推出新产品的步伐，2004年四五月间，柯达公司已连续发布了3款新的数码相机。

在数码影像市场越来越诱人的商机面前，柯达“传统与数码两线并重”的市场策略必须要向“数码”严重倾斜。2003年8月开始，柯达宣布了新一轮业务和管理团队的重组计划。其中，商业冲印、显示屏及元器件、数字及胶片影像系统、医疗影像和商业影像5大业务部门，替代了原来的民用摄影、专业市场、娱乐影像、医疗影像、数码影像和商业系统6大部门，成为柯达在未来市场的主要业务领域。宣布解体的公司原有的事业部——民用摄影部和专业市场部，其成立不过才一个月时间；而新成立的显示屏及元器件部，原来不过是属于民用摄影部的一个小单位，现在却随着业务调整被赋予了重要责任，独立成为一个新的部门。

更值得关注的是，公司中的“数码派”也由此跃升为“实力人物”。重组后的柯达公司5大主要业务部门，目前已全部由熟悉数码市场的人士管理。在大幅度扩充数码影像机构和人员的同时，柯达也把传统影像部门列入了缩减成本的计划中。继年初裁员2200人后，柯达在9月份宣布数码转型战略，计划再次裁员6000人，这些被裁人员主要集中在公司美国总部的传统影像部门。

柯达希望，通过裁员为下一个财政年度节约3亿美元左右的开支，为下一个财政年度打赢数码影像市场的“大战”积累更多“弹药”和资本。2003年9月柯达已宣布，大幅减少派息，斥资30亿美元为公司在数码彩色打印机、相机和医疗成像设备业务领域的扩张提供资金。这一激进的计划曾令惊讶不已的投资者纷纷抛售柯达的股票，致使柯达股价跌到了15年来的最低点。但这依然没有动摇柯达总裁邓凯达的决心，他认为“全力以数码为导向”的战略的前景是无比光明的，可能使公司2006年的年收入达到160亿美元，2010年的年收入达到200亿美元（目前公司年收入约为130亿美元）。相比之下，现在所有的投入和付出只不过是“毛毛雨”，当然也都是值得的。

柯达向数码转型，能否达到预期却是难料。因为数码市场已经是一个很大的战场，不仅强手如云，而且面孔不断翻新。柯达不仅要面对老对手富士的强大进攻，而且必须硬着头皮去跟普生惠普、佳能等各路成名高手竞争。究竟有几成胜算？恐怕谁也说不准。

四、向服务企业转变

柯达快速彩扩店是柯达在全球推行的连锁店计划的核心，于1986年在英国推出，旨在通过柯达的指导和支援，协助独立投资经营的店家建立标准化管理与统一形象，为消费者提供专业而统一的影像产品和服务。

柯达在中国实施的“轻松当老板”创业计划包含三种方案，分别是初级创业、高级创业和数码创业计划。三个创业计划针对不同投资者的需要，投资费用从9.9万元到70万元不等。

初级创业计划面向小本创业人士，投资者仅需9.9万元（包括购置一台索维尼955E彩扩设备、所需耗材及店铺装修），便可以购置彩扩设备，具备开彩扩店的基本条件。在柯达提供技术、培训和零售管理等综合支援和市场推广攻势的配合下，普通老百姓也可以轻松入门开店。

高级创业计划针对资金较充裕及对服务多元化与店面装修要求更高的投资者，投入约25万元至30万元，便可以在传统彩扩基础上添加数码影像速印系统，提供证件快照、无底片复印等需求庞大的数码影像服务。

数码创业计划适合锐意拓展业务规模的人士，投资金额70万元或70万元以上，可以配置全能的数码彩扩系统，一次性投资便可以扩大业务收入来源，提高工作效率与竞争优势。

这一连锁计划1994年在中国开始实施，先由北京、上海、广州等大城市向周边辐射。6年内就在全国迅速铺开，7000家快速彩扩店的从业人员超过了50000人，已成为中国最大的零售连锁网络。柯达快速彩扩连锁店全线采用柯达相纸、冲印套药及彩扩工艺，推动了其感光产品在中国的深入推广。已有统计表明：柯达产品目前在中国的市场占有率已达到53%，稳居中国感光市场品牌第一位。

要在中国广阔的土地上构建一个服务和销售网络需要投入巨额资金。对于一个市值139亿美元的公司来说这并非易事，柯达很巧妙地利用了老百姓手中的资金，而且为他们提供了创业和就业的机会。从1994年至今，柯达快速彩扩店在中国已经吸引了25亿元民间资本。

2002年柯达大力发展数码网络冲印系统二数码冲印店由于投入较大，因此短期内不可能在市场上遍地开花，这些因素客观上造成了数码照片冲印的不便与冲印成本的昂贵。因此，柯达发挥了原有冲印网络的优势，使传统影像店与数码冲印店结成数码冲印网络，在短短半年的时间里，数码冲印网络在北京、上海、广州等地广泛延伸，2002年加盟店达到800家，2003年更是达到1800家。这一举措不仅让消费者享受到快捷的数码冲印服务，更让柯达数码冲印在市场占有率及消费者的认知度方面大大提高。

2002年1月，柯达与中国银行合作推出助业贷款，为加盟柯达快速彩扩店的经营者提供贷款购买彩扩设备。借款人可以用购买的设备作抵押，贷款金额最高可达到机器价格的50%，还款期最长为三年。助业贷款项目解决了投资彩扩店的资金瓶颈问题，特别是数码冲印店，成为当年柯达数码彩扩设备销售超过竞争对手的重要环节。

2002年9月，柯达与联想合作，联想全国300家“1+1”专卖店加入柯达数码冲印系统，进一步扩大数码冲印网络，同时有效地结合了IT的零售渠道。

2002年9月，柯达与三星合作，首次在柯达快速彩扩店推出手机影像下载服务，为日后推出手机数码影像输出解决方案打下了坚实的基础。

2003年，柯达又推出网上冲印，消费者安坐家中就可以把数码影像传送到附近的柯达数码冲印店冲印。

2004年，柯达（中国）明确提出“传统与数码并重”的发展战略，在数码方面推出全新的网上冲印，并且联手行业顶级合作伙伴IBM、诺基亚共同拓展数码冲印网络，使中国市场的影像服务数字化进程再上一层楼。同时，柯达与中国工商银行达成了更广泛的信贷合作，为投资者提供更多的信贷选择。

（资料来源：任薇君：《柯达中国的发展》，载《中外管理》2001年第4期）

◎**思考：**

1. 柯达在新的环境下遇到了哪些威胁和机会？
2. 试利用SWOT法为柯达制定未来的营销战略。

【本学习情境小结】

通过本情境学习，我们掌握了有关市场营销环境分析的基本理论与方法，主要包括以下内容：

市场营销环境是企业营销职能外部的不可控制的因素和力量，是影响企业生存和发展的外部条件。

市场营销环境包括微观环境和宏观环境。微观环境是指与企业紧密相联，直接影响企业营销能力的各种参与者，包括企业本身、市场营销渠道企业、顾客、竞争者以及社会公众等。宏观环境是指影响微观环境的一系列巨大的社会力量，也称做间接营销环境，主要是：人口、经济、政治法律、科学技术、社会文化及自然生态等因素。微观环境直接影响与制约企业的营销活动，也称直接营销环境。宏观环境一般以微观环境为媒介去影响和制约企业的营销活动，在特定场合，也可直接影响企业的营销活动。

SWOT 分析方法是一种企业内部分析方法，即根据企业自身的既定内在条件进行分析，找出企业的优势、劣势及核心竞争力之所在。其中，S 代表 strength（优势），W 代表 weakness（弱势），O 代表 opportunity（机会），T 代表 threat（威胁），其中，S、W 是内部因素，O、T 是外部因素。按照企业竞争战略的完整概念，战略应是一个企业“能够做的”（即组织的强项和弱项）和“可能做的”（即环境的机会和威胁）之间的有机组合。

【情境思考】

经济环境是如何影响市场营销活动的？举例说明如何应用。

学习情境三 市场营销调研

工作任务

任务一　确定市场调研目标

任务二　制定市场调研方案

任务三　组织实施市场调研

任务四　调研结果的处理

知识与技能目标

1. 能进行营销问题的背景分析，科学确定市场调研目标；
2. 识记市场调研方案的内容和结构，学会制定市场调研方案；
3. 体会选择调研人员的意义，识记培训市场调研人员的要点；
4. 能够整理市场调研资料，提出市场调研报告。

任务一　确定市场调研目标

【任务引入】

一个棉纺织企业有着提高企业利润率的强烈欲望，又受到国际服装节流行趋势的启示，想大踏步进入休闲服饰市场，但面对各大流行主题不知所措的时候，它想到了必须进行科学的、具有一定规模的市场调研。如果你是这家公司的一名市场调研员，当遇到这样的问题时，应该怎么办呢？

【任务分析】

在现代市场营销活动中，重视市场调研，认识和掌握市场信息，是管理现代化的重要标志，市场调研是认识市场、取得市场信息的最基本方法，也是市场预测和营销决策的前提和基础。

【知识准备】

1.1　市场调研的含义

市场调研，就是指运用科学的方法收集、整理、分析商品或服务在从生产者到消费者的过程中所发生的有关市场营销情况的资料，从而掌握市场现状及其发展趋势，为企业进行决策提供依据的信息管理活动。

1.2　市场调研的作用

1. 通过市场调研，了解市场总的供求情况，据以调整、确定企业的发展方向；

2. 通过市场调研，企业可以进行准确的市场定位并按照消费者的需要组织生产和销售；

3. 通过市场调研，可以发现市场机会并促进企业开发新产品。

1.3　市场调研的类型

在现实经济生活中，市场调研的范围非常广泛，加之调研的目的和出发点不同，使得市场调研呈现出多样化。

1. 按调研内容不同划分

按照调研内容的不同，可分为市场营销环境调研、市场需求调研、市场供给调研、市场行情调研和市场营销活动调研等。

2. 按照调研方法划分

按照调研采用方法的不同，可分为文案调研和实地调研，实地调研又可分为询问调查、观察调查和试验调查。

3. 按照调研对象划分

按照调研对象的不同，可以分为全面调查和非全面调查，非全面调查又包括典型调查、重点调查、抽样调查。

4. 按照研究深度的不同划分

按照研究深度的划分不同可以分为探索性调查、描述性调查、因果性调查和预测性调查。

1.4　确定市场调研目标

1. 调研前应该明确的问题

在开始进行市场调研以前，要明确调研的目标，在调研前应该明确以下三个问题：

（1）为什么进行调研？即调研的意义。

（2）想通过调研获得什么信息？即调研的内容。

（3）利用已经获得的信息做什么？即通过调研所获得的信息能否解决所面临的问题。

（4）谁想知道调研的结果？

2. 确定目标过程中的调研

为了更科学、准确地确定市场调研目标，先期的调研或交流工作是需要的。这包括与决策者交流、与有关专家交流、二手资料的分析、必要的定性调研。

3. 明确市场调研目标

经过上述一系列的步骤，市场调研人员应该对经营管理的决策问题有比较清楚的了解，并在此基础上，将经营管理的决策问题转化为市场调研问题。调研目标确定后，下一步是设计市场调研的方案。

【案例分析与讨论】

某公司发现其销售量已经连续10个月持续下降，管理者想查明原因究竟是什么？假如你是调查人员，你将怎样进行操作？

提示：销售量下降原因可能因素有：经济衰退、广告支出减少、消费者偏好发生转变、代理商推销不力、产品设计落伍等，你可以通过上述的提示进行思考。

任务二　制定市场调研方案

【任务引入】

根据任务一中的任务，作为这家棉纺织企业公司的一名市场调研员，当你确定市场营销调研目标以后，接下来应该做什么呢？

【任务分析】

任何正式的市场调研活动都是一项系统工程，为了在调研过程中统一认识、统一内容、统一方法、统一步调，圆满完成调研任务，在具体开展调研工作以前，应该根据调研的目标，事先对调研工作的各个阶段进行通盘考虑和安排，制定合理的工作程序。

【知识准备】

2.1　市场调研方案的含义

市场调研方案设计是指在实际调研之前，根据调研研究的目的和调研对象的实际情况，对调研工作总任务的各个方面和全部过程进行通盘考虑和安排，以提出相应的调研实施方案，制定合理的工作程序。

2.2　调研方案的内容

1. 确定调研目标

调研目标是调研所要达到的具体目的，即通过调研要解决什么问题，解决到什么程度。在任务一里我们已经详细地做了介绍，在这里就不作过多的讲解。

2. 确定调研项目

在调研目标确定的基础上，接下来就要明确调研项目。在确定调研项目时，要注意以下几个方面的问题：

（1）所确定的调研项目应该都是围绕调研目标进行的，为实现调研目标服务的。否则，多余的项目调研就是无用的调研，浪费人力、财力。

（2）调研项目的表达应该是清楚的，通过调研，答案是能够获取的。必要时可以附上对调研项目的详细解释，以确保调研项目的明确性。

（3）调研项目之间一般是相互联系的。有时可能存在着内在逻辑关系或相互的因果关系。所以，在调研项目中，一些假设会先被提出，并希望在今后的调研中得到进一步的验证。

3. 确定调研对象和调研单位

调研对象是根据调研目的确定的调研研究总体或调研范围。

调研单位是构成调研对象的每一个单位，它是调研项目和指标的承担者或载体。调研对象和调研单位所解决的是向谁调查，由谁来提供所需数据的问题。

4. 确定调查时间和拟定调研活动进度表

确定调查的时间就是规定调查工作的开始时间和结束时间。拟定调研活动进度表主要考虑两个方面的问题：一方面是考虑客户的时间要求，即信息的时效性；另一方面是考虑调研的难易程度，在调研过程中可能出现的问题。

5. 确定调查方法和抽样方法

调查方法有定量方法，如观察法、实验法、访谈法（包括入户访谈、电话访谈、邮寄调查、留置调查、网上调查等）和定性调查方法，如集体座谈访问法和个别深度访谈法等。至于具体采用什么方法，往往取决于调查任务和所要解决的问题。选取样本的方法也很多，比如按是否为概率抽样可以分为随即抽样和非随即抽样。在随即抽样中又有简单随即抽样、系统抽样、分层抽样、分群抽样等方法可以选择；在非随即抽样中有判断抽样、方便抽样、配额抽样、滚雪球抽样等常用方法可供选择。选择不同的调查方式和抽样方法，调查结果会有所不同，有时会产生很大差异。

（1）观察法

观察法是通过观看、跟踪和记录调查对象言行来汇集信息资料的调查方法。可以依靠人员在现场直接观看、跟踪和记录，也可以利用相机、摄像、录音等手段间接地从侧面观看、跟踪和记录。

(2) 实验法

实验法是将调查对象置于一定条件下，进行小规模试验，通过观察分析，了解其发展趋势的一种调查方法。

实验法的应用范围很广。凡是某种产品在改变它的质量、包装、设计、价格、广告宣传、陈列方法等因素时，都可以使用实验法进行调查。如在其他因素不变的情况下，要测定某一商品的价格变化对销售量的影响，可先进行小范围试验，通过价格调整观察消费者的反映和销售量的变化，然后根据试验结果判定价格调整的可行性。

(3) 电话访谈法

电话访谈法是由调查员通过电话与被调查者交谈，获取资料的一种方法。

电话访谈法的优点是可以迅速获取当时的情报，对于一些急需的资料，电话访问最及时，另外电话访问容易被人接受，有些家庭不愿意陌生人进入，电话访问可消除心理上的恐慌，能畅所欲言，同时电话访问较节省成本。但是电话访问不易深入探讨，也会受到电话普及率的影响。

(4) 邮寄调查法

邮寄调查法是由调查员将设计好的问卷，通过邮寄的方式送达被调查者手中，请他们填好答案后寄回，以获取信息资料的方法。

(5) 留置调查法

留置调查法是由调查者将调查表或问卷当面交给被调查者，并说明答卷要求，留给被调查者自行填写，然后由调查者定期收回的一种调查方法。

(6) 网上调查法

网络调查法是指在因特网上针对特定营销环境进行简单调查设计、收集资料和初步分析的活动。

(7) 个别深度访谈法

此方法灵活方便，彼此可以沟通思想，便于调查者说明调查目的和要求，消除被调查者可能产生的思想顾虑，鼓励他们积极回答问题和发表意见。

(8) 集体座谈访问法

就是开会调查法，即调查者通过召开会议等形式，向被调查者了解实际情况的调查方法。

(9) 抽样调查法

抽样调查法是市场调查中使用频率最高的一种调查方式。它是指按照某种原则和程序，从总体中抽取一部分单位，通过对这一部分单位进行调查得到的信息，达到对总体情况的了解，或者对总体的有关参数进行估计。抽样调查方法很多，主要分为随机抽样和非随机抽样。

在随机抽样中又有简单随即抽样、系统抽样、分层抽样、分群抽样等方法可以选择；在非随机抽样中有判断抽样、方便抽样、配额抽样、滚雪球抽样等常用方法可供选择。

6. 调研费用预算

市场调研费用根据调研目标和调研内容的不同而不同。在美国，单项小规模的调查要花费约 5000 美元，大规模调查的花费超过 10 万美元。在我国，小规模的调查一般花费几千元至上万元，大规模的调查可能需要几十万元人民币。由此看出，在我国市场调研的受重视程度还不够。一般来说，市场调研所需的费用包括以下几个方面：

（1）方案策划费；

（2）抽样设计费；

（3）问卷设计费；

（4）印刷费；

（5）邮寄费；

（6）访问员劳务费；

（7）差旅费；

（8）被调查者的礼品；

（9）统计处理费；

（10）报告撰写制作费；

（11）电话费；

（12）交通费；

（13）税收；

（14）鉴定费、新闻发布会及出版印刷费用等。

在进行预算时，要将可能需要的费用尽可能考虑全面，以免将来出现一些不必要的麻烦而影响调研的进度。例如，预算中没有鉴定费，但是调研结束后需要对成果作出科学鉴定，否则无法发布或报奖。在这种情况下，调查公司将面临十分被动的局面。当然，没有必要的费用就不要列上，必要的费用也应该认真核算作出一个合理的估计，切不可随意多报、乱报。不合实际的预算将不利于调研方案的审批或竞争。

考虑费用的同时还必须考虑时间。一个调研项目有时需要六个月或者更长的时间才能完成。调研时间过长有可能导致决策的延迟从而失去进入市场最有利的时机。

因此，费用—效益分析的结果或是得出设计方案在经费预算上是合算的，或是认为不合算而应当中止调研项目。通常情况下并不中止调查，而是修改设计方案以减少费用，比如改用较小的样本，或者用邮寄调查代替面访调查等。

7. 确定资料整理分析方法

采用实地调查方法收集的原始资料大多是零散的、不系统的，只能反映事物的表象，无法深入研究事物的本质和规律，这就要求对大量原始资料进行加工汇总，使之系统化、条理化。目前这种资料处理工作一般由计算机进行，这在设计中也应予以考虑，包括采用何种操作程序以保证必要的运算速度、计算精度。随着经济理论的发展和计算机的广泛运用，越来越多的现代统计分析手段可供我们在分析时选择，如回归分析、相关分析、聚类分析等。每种分析技术都有其自身的特点和适用性，因此，应根据调查的要求，选择最佳的分析方法并在方案中加以确定。

8. 确定提交报告的方式

确定提交报告的方式包括报告书的形式和份数、报告书的基本内容、报告书中图表量的多少等。

2.3 设计市场调研问卷

问卷是收集一手资料的工具，它由一系列问题组成，目的是通过征求被调查者的回答获得所需信息。设计问卷是，调查员必须精心挑选问题，精心组织问题的形式和顺序。好的问卷应该做到：能正确反映调研目标，问卷问题具体，重点突出；能激发被调查者兴趣；能正确记录和反映被调查者回答的事实，提供准确的情报；便于事后的统计和整理。

问卷设计是市场营销的重要环节。问卷设计的好坏对调研结果影响很大。要设计一份好的问卷，调研人员应该事先做一些访问，拟定一个初稿，经过调研实验，再修改成正式问卷。设计问卷时要注意以下事项：

1. 问卷上所列的问题应该都是必要的，可要可不要的问题不要列入；

2. 问题是被调研者有能力回答的，力求避免被调研者不了解或难以回答的问题，注意问题的数量，回答全部问题所用时间最好控制在20分钟以内；

3. 问卷上所拟答案要有穷尽性，避免重复和相互交叉。问卷上拟定的答案要编号；

4. 注意询问语气和措辞，问题要提得清楚、明确、具体；

5. 要明确问题的界限和范围，问句的词义要清楚，避免文字理解上的误差，影响调研结果；

6. 避免使用引导性的问题或暗示性的问题；

7. 注意问题排列顺序。首先在问卷上应有说明词，说明调研人员代表的单位，调研的目的或意图，问卷的填写、回收方法，以及感谢合作等内容。主要调研的问题可安排在问卷中间部分，这是调研的核心。

任务三　组织实施市场调研

【任务引入】

根据任务一中的任务，作为这家棉纺企业公司的一名市场调研员，已经制定好市场调研方案，选定了市场调研方法，设计好了市场调查问卷，即将开始市场调研的资料收集工作。这时，人就成了主要因素。这里的人，当然指的是你即将组建的市场调研工作小组。接来下，你该如何组织实施你的市场调研呢？

【任务分析】

人员的组成、专业技能、职业道德等因素将决定资料收集工作的质量。

【知识准备】

3.1　调查实施队伍的组织

不同的市场调查机构，其组织结构的形式可能不同，对于一般规模不大的市场调查机构，市场调研的实施主管往往就是项目负责人，其职责主要是负责管理控制项目的实施和一系列培训，管理和质量控制等。甄选市场调研员的程序因企业而异，较复杂的甄选程序一般包括九个步骤：

1. 先行接见；
2. 填申请表；
3. 面谈；
4. 测验；
5. 调查；
6. 体格检查；
7. 调查部门初步决定；
8. 高层主管最后决定；
9. 正式录用。

每个步骤合格后才能进入下一步骤，以确保选出优秀的市场调查人才，把好第一道关。

3.2　市场调查人员的素质要求

市场调查活动是一项科学细致的工作，作为一个优秀的调查人员，必须具有相应的知识和技能。

1. 知识要求

无论做什么工作，都需要具备一定的专业知识，这就好比是工具，有了它，做起工作来才会得心应手。市场调查人员要掌握从事市场调研工作的基本知识，这些内容涉及各个学科领域，主要包括市场学、经济学、社会学、统计学、管理学、心理学等。为了适应某些技术性较强的市场调研项目的需要，调查人员还要掌握某些专门的技巧，如工程技术知识、调查商品专业知识。随着计算机的普及，市场调研员还应该掌握运用电子计算机进行调研和资料处理的知识。从事国际市场调研的人员还要具备国际贸易理论、世界地理和历史知识，并且具有熟练的外语水平。

2. 思想品德和素质要求

思想品德和素质是决定调研人员成长方向的关键性因素，也是影响市场调研效果的一个重要因素；一个具有良好的思想品德和素质的调研人员，应该能够做到以下几点：

（1）政治素质。熟悉国家现行有关的方针、政策、法规。具有强烈的社会责任感和事业心。

（2）道德修养。具有较高的职业道德修养，表现在调研工作中能够实事求是、公正无私，绝不能满足于完成任务而敷衍塞责，也不能迫于压力屈从或迎合委托单位和委托单位决策层的意志。

（3）敬业精神。要热爱市场调研工作，在调研工作中认真、细致，具有敏锐的观察力，不放过任何有价值的资料数据，也不错拿一些虚假的资料。

（4）谦虚谨慎、平易近人。调研人员最主要的工作是与人打交道。一些谦虚平和、时刻为对方着想的调研人员，往往容易得到被调查对象的配合，从而能够获得真实的信息。

3. 业务素质要求

业务素质的高低是衡量市场调研人员的首要条件之一。市场调查工作不仅需要一定的理论基础，还需要具备较强的实际经验。

（1）具有市场调查的一些基础知识。

由于访问者不是专业的研究人员，所以不要求他们具有很高深的专业知识，但至少他们应该做到：了解调查工作及调查人员的作用和他们对整个市场调查工作成效的影响；在访问中保持中立；了解调查计划的有关信息；掌握访谈过程中的技巧；熟知询问问题的正确顺序；熟悉记录答案的方法。

（2）具有一定的业务素质。

调查人员的业务能力包括阅读能力、表达能力、观察能力、书写能力、独立访问能力、随机应变能力、分析能力、自我管理能力、交际能力等。

（3）身体素质。

身体素质包括两个基本素质：体力和性格。市场调研的工作要求调研员不仅具有专业的知识和技巧，更需要调研员有强健的体魄。因为很多情况下，调研工作是非常复杂的，有时会要求走街串巷地进行入户调研，因此一天内走遍整个城市的情况时有发生。如果没有好的身体，就会难以满足高强度的工作要求。因此，调研人员只有具备良好的身体素质，才能保证顺利完成调研任务。

3.3　市场调研人员的培训

1. 调查人员的培训方法

有远见的企业在招聘之后，都要进行几周乃至数月的专业培训。在调查员进行实地访问之前，应该对其进行必要的培训。对调查员进行培训，目的在于提高访问的技能、处理问题的能力以及端正调查的态度。培训的方法：

常用的培训方法主要有课堂培训法、会议培训法、模拟培训法和实地培训法四种。

（1）课堂培训法

这是一种正规的课堂教学培训方法。一般由市场调查专家或是有丰富调查经验的市场人员采取集中授课的方式将知识传授给受训人员，训练内容包括市场调查的基本原理和知识，市场调查的经验和方法以及介绍相关的背景资料。课堂培训主要学习如何与被调查者建立良好的关系。这是一种应用最为广泛的培训方法。

（2）会议培训法

这种方法一般是组织市场调查人员就某一专题进行讨论，会议由主讲老师或销售专家组织。此法为双向沟通，受训人有表示意见及交换思想、学识、经验的机会。

（3）模拟培训法

这是一种由受训人员亲自参与并具有一定实战感的培训方法，为越来越多的企业所采用。其具体做法又可分为实例研究法、角色扮演法、专业模拟法等。模拟访问市场调查工作看似简单，其实不然。许多不可预知的状况，往往让调查人员不知所措。因此，调查经验的有无，其结果差别很大。所以在培训课程中，应模拟各种状况，要求调查人员作反应训练，以增加调查人员的应对技巧，使被调查者愿意配合并吐露心声。

（4）实地培训法

这是一种在工作岗位上练兵的培训方法。新来的推销人员接受一定的课堂培训后即可安排在工作岗位上，由有经验的市场调查人员带几周。然后逐渐放手，使其独立工作。

既可以让新聘的调查人员当有经验的老资格调查员的助手，也可以让新聘调查员担当访问主角，有经验的调查员在旁辅导。采用这种训练方式，目的是使调查员从实践中提高技能，掌握技巧。这种训练方法能够激发调查员的学习兴趣。这种方法有利于受训者较快地熟悉业务，效果很好。

2. 调查人员的培训内容

培训内容因访问项目要求、访问人员的知识和经验等的不同，培训的内容也需要做适当的调整。一般的培训内容包括基本项目培训和专门培训。下面主要介绍基本项目培训，专门培训略。

基本项目培训，主要是对调查员进行例行常规培训。内容包括：

（1）访问态度的培训。

态度培训是让调查员明确访问工作对市场调查客观性、科学性的重要作用。通过培训，促使他们在今后的访问实践中做到认真、细致、一丝不苟地按要求完成所有任务。

（2）访问技能的培训。

这是很关键的培训项目，即如何能够得到被调查者愉快的合作，如何与陌生人打交道，以有效地完成调查任务。

【案例分析与讨论】

热茶、冰红茶与中国人

1999 年，北京一家生产饮料的企业曾组织过这样一场市场调查活动：在一间宽大的单边镜访谈室（也称深度访谈室，里面的人看不到外面，外面的人可以观察到里面被访者的一举一动，以便得到被访者更真实的反应）里，桌子上摆满了没有任何标签的杯子，有几个被访者被请了进去，逐一品尝着不知名的饮料，并且把口感描述出来写在面前的卡片上……这场调查的目的是：公司试图推出的新口味饮料能不能被消费者认同。

在这之前，大量的二手资料中相关调查显示：中国人历来有喝热茶的习惯，超过 60%的被访问者认为不能接受“凉茶”，他们认为中国人忌讳喝隔夜茶，冰茶更是不能被接受。该企业调查项目小组认为，只有进行了实际的口味测试才能判别这种新产品的可能性。

通过现场测试，终于拿到调查的结论。经过分析后，产品研发部门的信心被彻底动摇了，被测试的消费者表现出对冰茶的抵抗，一致否定了装有冰茶的测试标本。就这样刚刚试制出来的新产品在调研中被否定了。

2000—2001 年，以旭日升为代表的冰茶在中国全面旺销，这家饮料饮业再想迎头赶上为时已晚，一个明星产品就这样穿过详尽的市场调查与市场擦肩而过。说起当年的教训，该企业的一位当时市场调查的负责人还满是惋惜：“我们举行口味测试的时候是在冬天，被访问者从寒冷的室外来到现场，没等取暖就进入测试，寒冷的状态、匆忙的进程都影响了访问者对味觉的反应。测试者对口感温和浓烈的口味表现出了更多的认同，而对清凉淡爽的冰茶则表示排斥。测试状态与实际消费状态的偏差让结果走向了反面。”

“驾驭数据需要系统谋划。”好在这家企业并没有从此怀疑市场调查本身的价值，“去年，我们成功组织了对饮料包装瓶的改革，通过测试，我们发现如果在塑料瓶的外形上增加弧形的凹凸不仅可以改善瓶子的表面应力，增加硬度，更重要的是可以强化消费者对饮料功能性的心理认同”。

北京一家知名调研公司副总经理说：“调研失败如同天气预报给渔民带来的灾难，无论多么惨痛，你总还是要在每次出海之前，听预报、观天气、看海水。”

根据上述材料，回答以下问题。

1. 你认为公司的调查组织存在什么问题？

2. 从该案例中我们可以得出哪些启示？

（资料来源：赵铁编著：《市场调查与分析》，北京交通大学出版社 2008 年版）

任务四　调研结果的处理

【任务引入】

根据任务一中的任务，作为这家棉纺企业公司的一名市场调研员，已经制定好市场调研方案，选定了市场调研方法，完成了市场调研资料收集的工作。对于收回的问卷，在进行资料录入之前，要进行数据资料的确认，再对这些资料进行整理加工、分析。这是保证市场调研工作质量的关键。同时，我们要将这些资料简洁、明了地呈报给使用者，这就需要我们编制市场调研报告。接下来我们将进入市场调研资料结果处理阶段。

【任务分析】

原始资料并不能提供有关市场调查目标的清晰的面目，市场调查的下一步工作是对这些资料进行必要的筛选、审核、分类、汇总，使调查资料条理化，为进一步进行市场情况的分析、预测和最后阶段市场调查报告的撰写做好系统的资料准备。

【知识准备】

4.1　整理分析资料

1. 市场调研资料的筛选

对市场调研资料筛选的过程，实际上是对大量的原始资料或数据的去粗取精的过程。在市场资料的搜集过程中，无论是二手资料，还是一手资料，都可能存在一定的无重要参考价值的资料。所以，在资料整理过程中，市场调查人员的首要任务，就是要按照市场调研主题的要求，加以删除。在资料筛选的过程中，鉴别一份资料是否存在价值，主要取决于其与调研主题的相关性，相关性越大，其价值就越高。所以，筛选后市场调研资料的理想状态，应该是按照调研资料的重要性和按照市场调研提纲的要求，对调查资料进行顺序编辑。

2. 调查资料的审核与订正

资料审核就是对调查取得的原始资料进行审查和核实以发现资料中是否存在重大问题，从而决定是否采纳该份资料的过程。

资料的审核必须遵守资料整理的一般要求，注重资料的真实性、准确性、完整性。

(1) 资料的真实性

调查资料来源的客观性问题，来源必须是客观的。调查资料本身的真实性问题，要辨别出资料的真伪，把那些违背常理的、前后矛盾的资料舍去。

(2) 资料的准确性。

准确的审核要着重检查那些含糊不清的、笼笼统统的以及互相矛盾的资料。

(3) 资料的完整性

调查资料总体的完整性和每份调查资料的完整性。

3. 资料的分组、汇总

统计分组，是指根据社会调查的目的和要求，按照一定标志，将所研究的事物或现象区分为不同的类型或组的一种整理资料的方法。

4. 资料的显示

对调研的资料进行统计计算，绘制统计图、表，并加以系统分析，再此基础上，找出原因，得出调研结论，提出改进建议或措施供决策者参考。

4.2 编制市场调研报告

编写市场调研报告时，应该注意报告内容要紧扣调研主题，突出重点，并力求客观扼要；文字要简练，观点明确，分析透彻，尽可能使用图表说明，便于企业决策者在最短时间内能对整个报告有一个概括的了解。

市场调研报告一般格式是：

第一部分：介绍市场调研项目的基本情况，主要是对调研目的和意义进行简单说明。

第二部分：是市场调研报告的主体，包括概括性地说明市场调研的问题，调研采用的方法，调研结果以及调研结果对企业经营活动影响的分析。

第三部分：是附件部分，提供与市场调研结果有关的资料供决策者参考，如资料汇总统计表、原始资料来源等。

市场调研报告要简洁明确，有针对性和说服力，重点突出信息资料的分析结果，避免罗列事实，空洞无力。

4.3 跟踪市场调研报告

提出市场调研报告后，调研人员还应该追踪了解市场调研报告是否已经被采纳、采纳的程度和实际效果如何，以便总结市场调研工作和经验教训，进一步提高市场调研的水平。

【案例分析与讨论】

某公司以生产某种新型功能饮料的新产品供应市场。由于产品新颖受到消费者的欢迎，供不应求，因此该公司考虑建新厂增加供应能力。但是，对于这个计划是否恰当，公司管理当局面临以下几个问题。

1. 因为是新产品，企业的内部资料搜集不够，无法提供分析；

2. 若借消费者调查以确定该产品是处于“成长期”或进入“成熟期”，则又将以何种指标来判断呢？可能的指标有以下几种。

本产品的消费者有多少？

购买者比例有多少？

购买者满意度如何？

重复购买率如何？

消费者的年龄层、性别？

对功能的选择有何特性？

新产品扩散途径有哪些？

市场调研与产品行销负责人对这些指标进行沟通后，他们决定靠消费者购买调查，以正确理解消费者购买需求动向，进而决定是否增设新厂，或者保持现状。

根据上述资料，请帮助公司制定一份市场调研方案。

【本学习情境小结】

通过本情境的学习，我们了解到了市场营销调研，主要分为四个任务，即确定市场调研目标、制定市场调研方案、组织实施市场调研、调研结果的处理。

市场调研，就是指运用科学的方法收集、整理、分析商品或服务在从生产者到消费者的过程中所发生的有关市场营销情况的资料，从而掌握市场现状及其发展趋势，为企业进行决策提供依据的信息管理活动。在开始进行市场调研以前，要明确调研的目标。其次，为了更科学、准确地确定市场调研目标，先期的调研或交流工作是需要的。这包括与决策者交流、与有关专家交流、二手资料的分析、必要的定性调研。经过上述一系列的步骤，市场调研人员应该对经营管理的决策问题有比较清楚的了解，并在此基础上，将经营管理的决策问题转化为市场调研问题。调研目标确定后，下一步是设计市场调研的方案设计调查问卷、组织实施市场调研，然后对调研结果进行整理、处理和分析。

【情境思考】

通过对学习情境三的学习，你认为进行市场调研工作过程中要注意哪些事项？

学习情境四

消费市场与消费者行为分析

工作任务

任务一　掌握消费者市场特点与分析购买对象

任务二　充分了解消费者行为过程

任务三　能理解并分析影响消费者购买行为的因素

知识与技能目标

1. 了解消费者市场的概念，掌握消费者市场的特点。

2. 熟悉消费者市场的购买对象，能够判断消费者市场的购买对象的类别。

3. 了解消费者购买行为，能理解并分析影响消费者购买行为的因素。

任务一　掌握消费者市场特点与分析购买对象

【任务引入】

贵州某食品股份有限公司是一家生产方便米饭的专业厂家，于2009年3月接待了一位身穿白袍的东南亚客户，该客户一开口就要订每个月两个40英尺的货柜的货，但前提条件是所订购的方便米饭必须可以自带加热功能，并且该股份有限公司原有的六个口味（包括鸡肉味、海鲜味、猪肉味、牛肉味、青椒味、蔬菜味）的方便米饭他只要其中的五种口味（去掉猪肉味），并要求印刷清真标示。该企业外贸人员在进一步的交谈中得知，每年的朝圣季节东南亚的穆斯林们在前往麦加朝圣的路上都会在沿途的旅店稍事休息，但为了赶路，他们停顿的时间不会太长，能吃上美味的自动加热的快餐式米饭是他们对于饮食需要的不错选择。请分析在这个案例中，根据购买对象的需求说明这一消费者市场有什么特点。

【任务分析】

消费者由于其年龄、性别、职业、收入、风俗习惯、价值观念、国籍及地理位置的不同，其消费需求也千差万别。要求市场营销人员认真研究不同消费群体的行为，有效地满足消费者的要求，更好地完成企业的既定目标。

【知识准备】

1.1　消费者市场的概念

消费者市场又称最终消费者市场、消费品市场或生活资料市场，是指个人和家庭为了生活需要而购买产品和劳务的市场。所有类型的企业，包括生产制造企业、商业企业、服务业企业都必须研究消费者市场，因为只有消费者市场才是产品的最终归宿，从这个意义上讲，消费者市场是一切市场的基础，是最终起决定作用的市场。成功的市场营销者是那些能够有效地生产对消费者有价值的产品，并运用富有吸引力和说服力的方法将产品有效地呈现给消费者的企业和个人。

1.2　消费者市场的特点

（一）广泛性。我国消费者市场人数众多，而且在地理位置上分布广泛。对多数商品来说，由于消费者在年龄、性别、收入、受教育程度、居住地区、民族、宗教等方面的差异，会有不同的需求、欲望、兴趣、爱好和习惯，同时，随着经济的发展和生活水平的提高，消费者的需求总量、结构和层次也不断变化。

（二）分散性。消费者是以个人家庭为基本单位的，由于家庭受储存场所、财力、商品的特点等因素的制约，他们的购买是小批量的。这就使消费者对许多商品的购买次数比较频繁，购买场所分散，尤其是对日用品的购买更为明显。

（三）可诱导性。多数消费者对商品缺乏一定的专门知识，他们购买时往往凭个人的感情和印象。因此，这种购买是属于感性购买，受广告和其他促销手段的影响较大。许多消费者原来并不打算购买某一商品，但当他在市场上受到某一刺激后就会采取购买行为。

（四）流动性。由于各地的经济发展水平不同，市场上各种商品的质量、价格、品种等供需状况有较大的差异，同时，各地居民的购买力水平也不一样，这就使消费者的购买力在地区间发生流动，给消费者市场容量的估测增加了困难。尤其是近几年来我国的流动人口不断增加，旅游业蓬勃发展，这就进一步提高了消费者购买力的流动性。

（五）发展性。消费者的需求是在一定支付能力和其他客观条件的基础上形成的。如收入较低的人，只能在低层次上满足其基本生活需要，随着人们收入水平的提高，其需求层次也逐渐提高，人们不仅要满足生理需要，还要满足安全需要以及实现自身价值的需要。

（六）伸缩性。消费者购买商品，在数量、品级、式样、价格等方面会随着购买能力的变化而变化，随着商品价格的高低而转移。这反映了消费者在收入和价格的作用下需求弹性的变化。其中日用生活必需品需求弹性较小，但其他大多数选择性较强的商品则需求弹性较大，如服装等。

（七）替代性。消费品种类繁多，不同品牌甚至不同品种之间往往可以互相替代。如“中华”牌牙膏和“高露洁”牌牙膏可以相互替代，T 恤和衬衣虽属不同种类也可相互替代。消费者会在有限购买力约束下对满足需要的品类和品牌进行选择，从而导致购买力在不同产品、品牌和企业之间流动。

（八）周期性。从人们的商品消费情况看，有些商品是常年均衡消费，需要经常购买；有些商品则属于季节性或节日消费；有些耐用消费品，消费者一般要在其使用价值基本消费完毕，或有更好的新产品替代时，才会重新购买。这样消费者需求就表现为一定的周期性。

对于企业或营销人员来讲，认真研究、分析消费者市场的特点，根据消费者市场的需求状况，并结合自身特点，来规划好企业生产经营活动，以便为消费者提供满意的商品和服务。

1.3 消费者市场的购买对象

消费者进入市场后，其购买对象是多种多样的，按照不同的标准可以将消费者的购买对象分为不同的类型。

（一）便利品、选购品、特殊品和非寻觅品

按消费者的购买习惯，分为便利品、选购品、特殊品和非寻觅品。

1. 便利品（convenience goods）：又称日用品，是指消费者日常生活所需，需重复购买的商品，诸如粮食、饮料、肥皂、洗衣粉等。消费者在购买这类商品时，一般不愿花很多的时间比较价格和质量，愿意接受其他任何代用品。因此，便利品的生产者，应注意分销的广泛性和经销网点的合理分布，以便消费者能及时就近购买。

2. 选购品（shopping goods）：指价格比便利品要贵，消费者购买时愿花较多时间对许多家商店进行比较之后才决定购买的商品，如服装、家电等。消费者在购买前，对这类商品了解不多，因而在决定购买前总是要对同一类型的产品的价格、款式、质量等方面进行比较。选购品的生产者应将销售网点设在商业网点较多的商业区，并将同类产品销售点相对集中，以便顾客进行比较和选择。

3. 特殊品（specialty goods）：指消费者对其有特殊偏好并愿意花较多时间去购

买的商品，如电视机、电冰箱、化妆品等。消费者在购买前对这些商品有了一定的认识，偏爱特定的厂牌和商标，不愿接受代用品。为此，企业应注意争创名牌产品，加强广告宣传，扩大本企业产品的知名度，同时要切实做好售后服务和维修工作，以赢得消费者的青睐。

4. 非寻觅品（unsought goods）：指消费者不知道的，或虽然知道但一般情况下不想购买的物品，如上市不久的新产品、各种保险、百科全书等。这类产品的特点决定了它们的营销要在广告和人员推销方面花费很大力量。

（二）耐用品、非耐用品和劳务

按商品的有形性、耐用程度和使用频率，分为耐用品、非耐用品和劳务。

1. 耐用品（durable goods）：指能多次使用、寿命较长的商品，如电视机、电冰箱、音响、计算机等。消费者购买这类商品时，决策较为慎重。生产这类商品的企业，要注重技术创新，提高产品质量，同时要做好售后服务，满足消费者的购后需求。

2. 非耐用品（nondurable goods）：指使用次数较少、消费者需经常购买的商品，如食品、文化娱乐品等。生产这类产品的企业，除应保证产品质量外，要特别注意销售点的设置，以方便消费者的购买。

3. 劳务（services）：指提供出售的活动、利益或享受，如理发、美容、修理、文艺演出、娱乐活动等服务行业的产品。劳务是无形的非耐用品。其就地销售和就地消费的特点决定了企业要特别强调质量管理和注重信誉。

【案例分析与讨论】

对外经济贸易大学祺祥奢侈品研究中心主任朱明侠在研究中发现目前中国的奢侈品消费相对于西方国家呈现出低龄化的现象。

在西方发达国家，奢侈品的消费者通常是白领中产阶级以上的消费群体。中国奢侈品消费者的年龄大大低于西方国家。

首先就是消费者的年龄比较轻，我们国家的奢侈品消费者大约在25—40岁，西方国家的奢侈品消费者应该在40—70岁。

中国奢侈品消费占收入的比重和西方也不一样，根据我们的调查，中国的奢侈品消费通常占收入的比重达到20%，但对西方人来讲，通常奢侈品消费占消费者的收入最多不超过4%。

另一方面，西方的奢侈品的销售重心也正转向中国。一些西方奢侈品已经开始按照中国人的文化、消费品位进行款式设计。因此，中国要研究如何从国情出发，结合海内外，特别是结合欧美国家的奢侈品市场的发展以及他们的技术资源，通过塑造中国的品牌形象、创新设计理念、开拓营销传播渠道来培育有中国特色的奢侈品市场。

（资料来源：新华网　新华社记者陈欣、左江北京报道，2010-12-19）

◎**分析**：中国奢侈品消费低龄化的原因和奢侈品经销企业该如何通过分析购买对象以采用相应的市场推广策略来应对该现象？

任务二　充分了解消费者行为过程

【任务引入】

一天早上，你看到了你的同学手里拿着一款新型的“彩屏手机”，刚好正是你喜欢的那种，你会即时产生许多不同的念头，以下的几种想法，你是哪种呢？

为她感到高兴，她的表情使你感到高兴；

很想下午就去购买这款手机；

因为她在炫耀，而产生一种厌恶的感觉；

决心不买这款手机，因为你不想与她相同；

有点自卑，因为自己还没有能力购买；

……

人类的行为可以简单归纳为刺激与反应的过程，作为最高等生物的人类，具有最复杂的刺激与反应系统。由于复杂而且动态，人类的行为学很早就成为一门正式的科学。

作为营销者，你的使命就是改变消费者的行为，上面描述的心理反应与过程发生的时间仅为0.2~1秒。不同的个体可能产生完全不同的反应，每天每一个消费者要处理数以万计的各种信息，并作出相应的反应。

如果你面对的是一个果汁的市场，那么你的目标消费群是以亿计算的。这样庞大数量的心理过程，一个营销人员怎样才能把握主流，从而应用适当的方法去改变人们的行为呢？答案只有一个：消费者行为学。

消费行为在许多情况下是非理性的。例如，如果问你为什么会去购买一瓶娃哈哈纯净水，你能作出一个合理的解释吗？大部分人可以讲出原因，但并不一定符合逻辑。营销最让人着迷而又感到困惑的就是——消费者不可捉摸的心思。

那么，你的产品是什么呢？

是金龙鱼食用油还是一种智能管理软件？是一种配电系统还是一种洗衣粉呢？也许是一间餐馆，一家立体影院。无论你的产品是什么，行为学都可以成为开启你营销心灵的钥匙。

也许你现在正是一位啤酒公司的市场总监，每天都要与竞争对手展开着艰苦卓绝的价格战，你的专业知识告诉你啤酒都是一样的，闭着眼睛喝基本没有什么差别。你甚至正在怀疑广告要不要做。

让我从行为学的角度与你讨论一下，首先一个基本的问题：人为什么要喝啤酒呢？因为它比水解渴？因为它比牛奶有营养？因为它比果汁更健康？好像都不是，从行为学的角度来说，这是一种需求在起作用，一位经常喝啤酒的朋友告诉我，“因为喝啤酒感到舒服，每次只尝一口冰凉的青岛纯生，感觉自己就进入了一种轻松的环境”。他的需求是改变态度，进入轻松的环境。而另外一位朋友说，“我和朋友在一起一定要喝啤酒，因为不喝酒显得关系较为陌生”。他的需求是表示亲近的一种信号。还有一位朋友告诉我，“在卡拉OK我会喝很多啤酒，因为在那种场合一定要这样”。

他要的是融入环境！

你也许会问：“你与我谈这些有什么用呢？”

如果我是你，我会开发一种新的啤酒，名字叫做“青岛纯熟”，口号是“老朋友专用啤酒”。他是针对我第二位朋友的。

当然，这只是一种想法，不过你应该可以感受到，当我们从行为学的角度去看我们的产品，许许多多无法解决、没有思路的事情，会变得有趣而富有新意。消费者行为是一个复杂的过程，想一想在我们的生活中涉及某一个具体的消费者行为过程，你会怎么去分析它呢？

（资料来源：http：//wenku. baidu. com/view/537b193b87c24028905fc305. html）

【任务分析】

随着计划经济体制向市场经济体制的转变，企业的运作方式有了明显的变化，企业从只管生产、不管市场和销售，到开始关心消费者对自己产品的看法、关心自己产品的销售、关心市场的动态。随着现代市场营销理论的发展和传播，对消费者行为的分析研究日益受到重视，营销人员已经认识到，自己能否有效满足消费者需要将直接影响自身的利润，对影响消费者行为的因素理解越深，就越能够开发出有效的营销策略以满足消费者需要。因此，了解消费者的需求、购买动机和购买行为的特点，掌握消费者行为分析的科学方法，也已成为企业管理者必备的基本素质。

消费者行为的复杂性、多变性、发展性和层次性大大增加了企业市场营销管理的难度，成为企业管理者必须研究的一个重要领域，也成为消费者行为分析的主要研究课题。因此，市场营销人员要专门针对消费者消费什么、为何消费和如何消费等具体消费行为来分析消费者的购买行为。

【知识准备】

2.1　消费者购买行为的类型

在购买不同商品时，消费者决策过程的复杂程度有很大区别。一些商品的购买过程很简单，另一些则比较复杂，需要深入研究的是比较复杂的购买决策过程。因此，在考察购买决策过程的步骤之前，需要对购买行为进行分类。

（一）划分消费者购买行为的标准

划分消费者购买行为的标准主要有以下两则：

1. 购买者卷入购买的程度。具体包括两层含义：①消费者购买的谨慎程度以及在购买过程中花费的时间和精力的多少。如消费者对耐用消费品的购买、对以前不具有购买经验的产品或服务的购买，参与程度高，选择谨慎，决策过程较慢，购买时格外小心。②参与购买过程的人数多少。有些商品的购买过程通常由一人完成，而另一些商品的购买过程则由发起者、影响者、决定者、购买者和使用者等各种不同角色的家庭成员、朋友等多人组成的决策单元完成。根据消费者卷入购买的程度，可以把消费者的购买行为分为高卷入的行为和低卷入的行为。

2. 所购商品不同品牌之间的差异程度。品牌差别小的商品大多是同质或相似的商品，而品牌差别大的商品大多是在花色、品种、式样、型号等方面差异较大的异质商品。根据品牌差别的程度，可以把消费者的购买行为分为品牌差别大的购买行为和品牌差别小的购买行为。

（二）消费者购买行为的类型

根据以上分类标准，我们把消费者购买行为划分为：

1. 复杂购买行为

对于购买风险较大的非日常性购买，如果商品很昂贵，品牌差异明显，如个人计算机、轿车等，消费者往往会全身心地投入购买活动当中，通过广泛深入地了解、比较各品牌商品的性能和特点等，最后作出慎重的购买决定。一种高度介入的复杂购买行为，要经历一个学习过程，即首先产生对某一品牌产品的信念，逐步形成稳定的偏爱态度并作出购买抉择。营销者应以强大的广告运动和终端市场人员推介活动帮助消费者了解产品，认识品牌购买利益，从而影响消费者的购买决策。

2. 寻求多样化购买行为

消费者介入购买活动的程度低，同时品牌间的差异很大，导致消费者经常改变对品牌的选择。例如，购买饼干时，消费者有某种信念，但未加思索地选择了某种品牌的饼干，在吃的时候才加以评价。再次购买时，由于厌倦了原有口味或想尝新而转向另一品牌。在品牌间的转换是为了寻求变化，而不是对产品不满意。营销者可采用多种促销手段和占据有利货位等，刺激、鼓励消费者购买自己品牌的产品。

3. 化解不协调购买行为

消费者在购买那些价格昂贵、平时很少购买，经多处观察比较后发现品牌间差别不明显的产品时，如耐用家电产品，主要关心的可能是合适的价格或购买的便利性，一般作出决定较为迅速。但购买过程中或购买后常常会有心理不平衡的感觉，患得患失，为说服自己会设法了解更多的信息，寻求种种理由来减轻和化解内心的不平衡状态，以证明自己的购买决定是正确的。为此，营销者应主动向消费者提供有关产品评价的信息和有利于自己品牌的购买信念，同时运用价格策略，为消费者提供便利的购物环境等使消费者相信自己作出了正确的决定。

4. 习惯性购买行为

对于价格低廉、经常性购买、品牌差异小的产品，消费者不需要花费时间进行选择，也不需要经过收集信息、评价产品特点等复杂过程，因而，其购买行为最简单。消费者只是被动地接受信息，出于熟悉而购买，如食盐与饮料等。营销者可以通过优惠的价格、频繁的广告、独特的包装、便利的售点等营销策略鼓励消费者试用和重复购买。

2.2　消费者购买决策的过程

每一消费者在购买某一商品时，均会有一个决策过程，只是因所购产品类型、购买者类型的不同而使购买决策过程有所区别，但典型的购买决策过程一般包括以下几个方面：

（一）唤起需要

唤起需要是消费者购买决策过程的起点。当消费者在现实生活中感觉到或意识到实际与其要求之间有一定差距、并产生了要解决这一问题的要求时，购买过程便开始了消费者的这种需要的产生，既可以是购买决策过程体内机能的感受所引发的，如因饥饿而引发购买食品、因口渴而引发购买饮料；又可以是由外部条件刺激所诱生的，如看见电视中的西服广告而打算自己买一套、路过水果店看到新鲜的水果而决定购买等。当然，有时候消费者的某种需求可能是内、外原因同时作用的结果。

在这一阶段，企业必须研究消费者的驱使力，使自己的产品适应驱使力的需要；同时企业应当开展广告宣传活动，以加深消费者对企业产品的印象。这样，可以通过合理、巧妙、恰当的诱因，在适当的时间、地点，以适当的方式唤起需要。

（二）收集信息

当消费者产生了购买动机之后，便会开始进行与购买动机相关联的活动。如果他所欲购买的物品就在附近，他便会实施购买活动，从而满足需要。但是当所需购买的物品不易购到，或者说需求不能马上得到满足时，他就要收集情报资料，寻找商品信息，进行比较选择。消费者信息的来源主要有四个方面：

（1）个人来源。包括从家庭、亲友、邻居、同事等个人交往中获得信息。

（2）市场来源。这是消费者获取信息的主要来源，其中包括广告、推销人员、经销商、商品包装、产品说明书等提供的信息。这一信息源是企业可以控制的。

（3）社会来源。包括消费者从电视、广播、报刊、杂志等大众传播媒体所获得的信息及消费者评估组织等宣传、介绍的各种信息资料。

(4) 经验来源。消费者从自己亲自接触、使用商品的过程中得到的信息。在这个阶段，消费者的主要目标是寻找信息资料，因此，企业的营销者一方面应该告知消费者“我有你要的产品”，并针对购买者寻找信息的渠道，做好商品的广告宣传；另一方面，应当搞好商品陈列，主动介绍商品，讲究商品包装，把消费者的注意力吸引到所需商品上来，促使购买行为的发生。

(三) 判断选择

当消费者从不同的渠道获取到有关信息后，便对可供选择的商品进行分析和比较，包括商品的品质、质量、性能、式样、品牌、价格等方面，并对各个方面作出评价，最后决定购买。这个阶段是消费者决定购买的前奏，对买卖双方交易能否成功具有决定意义。因此，企业在这一阶段应当尽力为消费者提供方便条件，帮助消费者了解商品的性质、特点、价格、产地、保养和使用方法，销售人员应当热情介绍商品，当好顾客的参谋，帮助他们作出购买决定。

(四) 购买决策

在对 100 名声称年内要购买 A 牌家用电器的消费者进行追踪研究以后发现，只有 44 名实际购买了该种产品，而真正购买 A 牌家用电器的消费者只有 30 名。因此，只让消费者对某一品牌产生好感和购买意向是不够的，真正将购买意向转为购买行动，其间还会受到两个方面的影响。

1. 他人的态度。消费者的购买意图，会因他人的态度而增强或减弱。他人态度对消费意图影响力的强度，取决于他人态度的强弱及他与消费者的关系。一般说来，他人的态度越强、与消费者的关系越密切，其影响就越大。例如，丈夫想买一台大屏幕的彩色电视机，而妻子坚决反对，丈夫就极有可能改变或放弃购买意图。

2. 意外的情况。消费者购买意向的形成，总是与预期收入、预期价格和期望从产品中得到的好处等因素密切相关的。但是当他欲采取购买行动时，发生了一些意外的情况，诸如因失业而减少收入，因产品涨价而无力购买，或者有其他更需要购买的东西等，这一切都将会使他改变或放弃原有的购买意图。

(五) 购后感受

消费者购买商品以后，通过使用，对自己的购买选择进行检查和反省，看其是否满足自己预期的需要。消费者的购后感受通常会有三种：满意、基本满意、不满意。消费者的购后感受将直接影响消费者作出是否继续或重复购买的决策。购后感到满意，消费者就会继续购买或扩大购买，并可能向其他人宣传该产品的优点；反之，则不再购买，甚至有可能退货、劝阻他人购买这种产品，企业就会失去顾客。

因此，企业在这一阶段除了完善自己的产品、提高产品质量和性能外，还要加强售后服务，如提供配件供应、保证维修、允许次品调换、召回存在质量问题的产品等，努力培养企业的忠诚顾客群。事实上，那些有保留地宣传其产品优点的企业，反倒使消费者产生了高于期望的满意感，并树立起良好的产品形象和企业形象。

研究和了解消费者的需要及其购买过程，是市场营销成功的基础。市场营销人员通过了解购买者如何经历引起需要、寻找信息、评价行为、决定购买和买后行为的全过程，就可以获得许多有助于满足消费者需要的有用线索，通过了解购买过程的各种参与者及其对购买行为的影响，就可以为其目标市场设计有效的市场营销计划。

2.3　消费者购买决策的内容

消费者在占有一定信息的基础上，从能够实现购买目的的若干购买方案中选择一种最优的方案，并据以作出的决定就是消费者的购买决策。消费者购买决策的内容主要有以下六个方面，可以简单地概括为“5W1H”。

（一）购买什么（what）

购买什么即确定购买对象。这是购买决策的核心问题和基本任务。如果买什么都不能决定，那就不会有任何购买活动的产生。对于消费者来说，决定买什么不能只停留在一般产品上，必须要有明确具体的指向对象，包括产品的名称、品牌、规格、价格等。

（二）为何购买（why）

为何购买即对于购买动机的权衡。消费者的购买动机是推动消费者实现某种购买行为的愿望。消费者的购买动机具有多样性，首先要在诸多动机中进行权衡选择。比如有一消费者既想买计算机又想买空调，而实际的货币支付能力要求只能选择其中一种。在这种情况下，消费者就需要对购买两者的各种动机进行比较选择。

（三）何时购买（when）

何时购买即确定购买时间。对于不同的商品，消费者进行购买的时间常常是不同的。这主要取决于消费者对某种商品需求的迫切程度、存货情况、营业时间、交通情况和消费者自己可控制的空闲时间等。如在美国，很多消费者因为汽油涨价就减少了开车去超市购物的次数，而改为把所需商品一次性买全。因此，企业在市场营销活动中应注意了解消费者购买商品的时间习惯和规律。

（四）何地购买（where）

何地购买即确定购买地点。消费者对购买地点的选择，往往与商品经销企业的信誉、路途远近、价格、所购商品类型等因素密切相关。市场竞争日益激烈，企业生存与发展的关键是吸引尽可能多的消费者，这就要求企业要以各种方式争取消费者，满足消费者需要。

（五）如何购买（how）

如何购买即确定购买方式。购买方式主要是指消费者购买商品时的货款支付方式和获得产品所有权的方式及途径，如现金支付、分期付款、除销、邮购、网上订购等。选择何种购买方式，取决于购买目的、购买对象、购买时间等因素。企业应以多种服务项目和销售方式适应消费者的多种购买方式。

（六）谁来购买（who）

谁来购买即确定购买的主体。家庭是社会的细胞，家庭成员在购买决策中通常扮演着不同的角色，主要包括：

1. 发起者，即首先提出或有意向购买某一产品或服务的人。
2. 影响者，即其看法或建议对最终决策具有一定影响的人。
3. 决策者，即对是否购买、为何购买、如何购买、何处购买等购买决策作出完全或部分最后决定的人。
4. 购买者，即实际购买的人。
5. 使用者，即实际消费或使用产品或服务的人。

【案例分析与讨论】

张小姐会选择哪种化妆品？

张小姐打算选购一款化妆品。现在她已经有了四个可选择的品牌：A、B、C和D。她选择化妆品时主要对四种属性感兴趣：美白程度、价格、广告投放力度、朋友评价。下表所示为她根据这四种属性评价每个品牌化妆品所得出的结论。假定张小姐赋予四种属性的重要性分别是：美白程度40%、价格30%、广告投放程度20%、朋友评价10%。那么我们如何来预测她的选择呢？

化妆品 \ 属性	美白程度	价格	广告投放力度	朋友评价
A	10	8	6	4
B	8	9	8	3
C	6	8	10	5
D	4	3	7	8

分析提示：

如果某个产品的所有属性都优于其它产品，我们知道消费者肯定会选择这个产品。如果消费者只根据一个属性进行决定，我们也很容易预测他们的选择。当然每个产品都有很多属性，而且大多数消费者都会同时考虑多个属性，并赋予这些属性不同的权值，以确定不同产品的价值。各品牌的价值计算如下：

A 品牌=0.4×10+0.3×8+0.2×6+0.1×4=8.0

B 品牌=0.4×8+0.3×9+0.2×8+0.1×3=7.8

C 品牌=0.4×6+0.3×8+0.2×10+0.1×5=7.3

D 品牌=0.4×4+0.3×3+0.2×7+0.1×8=4.7

由此可以预测张小姐应该选择什么化妆品？

任务三　理解并分析影响消费者购买行为的因素

【任务引入】

3G 时代，硝烟四起，请就 3G 业务进行消费者行为分析：经营并竞争了数年之后，电信业重组的方案终于落了地。随着一系列的重组的结束，3G 牌照的发放，通讯行业变成了“三国时代”：中国电信获得 CDMA 网络之后将大力争取和扩充用户规模，联通得以集中精力发展 GSM 业务，而中国移动则要千方百计保住既有优势，移动市场的竞争将空前加剧。

在新一轮 3G 竞争中取得优势，谁将把握未来通讯行业的主动权。如何从 3G 业务中突破重围？

（资料来源：http：//www.chinavalue.net/Wiki/ShowContent.aspx？titleid=273723）

请对影响消费者购买行为的因素进行分析，为电信业 3G 业务的竞争提供市场走向预测和对三家电信经营者提供有价值的营销建议。

【任务分析】

由于消费者行为研究的对象是千变万化的人的行为，不可能有通用的最佳模式，所以市场营销人员应根据不同的情景采取不同的对策。消费者某一具体的购买决策模式是否能在所有情况下都行之有效？其实，购买决策是一个动态过程，而且购买决策的有效行为会随着消费者的特点和环境的变化而变化。因为消费者是在一定的环境条件下，通过与营销人员、产品的交互作用去完成某一特定目标的消费行为的。这一行为可用公式表示：$B=f(P, E)$，其中，B 为消费者行为，P 为个人因素，E 为环境因素（个人以外的社会、文化环境等因素）

消费者行为是因变量，个人因素和环境因素是自变量，即 B 是 P、E 的函数。这说明，消费者行为既受到个人需要、认知、学习、态度等心理因素和年龄、生活方式、自我形象、个性等个人因素的影响，也会受到家庭、参照群体、社会阶层和文化因素等影响。参照以上因素的综合影响，我们就不难为开展3G业务的三家电信公司提供有价值的建议了。

【知识准备】

消费者的购买行为受到心理因素、个人因素、经济因素、社会文化因素等的影响。

3.1 影响消费者行为的心理因素

（一）动机。心理学家认为，人的行为是由动机引起的，购买行为也不例外。购买动机是指推动人们进行各种活动的愿望与理想，能激励人们以行动达到一定的目的，是消费者购买行为的基础。关于动机对人们消费需求的影响，用得最多的是马斯洛的需要层次理论。该理论认为：人的需要从低到高分为生存的需要、安全的需要、社会的需要、尊重的需要和自我实现的需要几个层次，只有未满足的需要才会形成动机。一般来说，只有低一级的需要得到相对满足，高一级的需要才会起主导作用，成为支配人们行为的动机。不同的消费动机与商品或服务之间具有一定的对应关系，企业营销者应学会判断何种商品和服务能最好的满足处于不同需要层次的顾客的口味。

1. 消费者购买动机按其特点不同分为：

（1）感情动机。感情动机是指由于各种情绪或者人际交往中的各种情感而产生的行为活动的欲望。情绪如欢乐、好奇、好胜、激动、兴奋等，情感如亲情、友情、爱情以及社会公共意识和个人爱美之心等。此类动机一般是冲动的不稳定的，随情景而变化。感情动机表现的消费行为往往是对消费品的新、美、奇的要求，即注重商品的款式新颖、造型独特、包装美观、构造奇特，追求商品的欣赏价值和艺术价值。

（2）理智动机。理智动机是指人们意志活动占主导地位，经过对商品及自己需求的分析、比较后产生的行为动机，此类行为动机的消费者注重商品的实际效用、质优价廉、安全性高、售后服务周到等。因此，理智动机支配的消费行为往往比较客观、周密、理智。

（3）惠顾动机。惠顾动机是一种兼具感情和理智的行为动机。感情是指对某些企业及产品的信任和偏爱。理智是指辨别是非、利害关系以及控制自己感情和行为的能力。

2. 按内容不同，划分为求实动机、求安全动机、求廉动机、求新动机、求美动机和求名动机六种。

（1）求实动机：它是指消费者以追求商品或服务的使用价值为主导倾向的购买动机。在这种动机支配下，消费者在选购商品时，特别重视商品的质量、功效，要求一分钱一分货，相对而言，对商品的象征意义，所显示的“个性”，商品的造型与款式等不是特别强调。比如，在选择布料的过程中，当几种布料价格接近时，消费者宁愿选择布幅较宽、质地厚实的布料，而对色彩、是否流行等给予的关注相对较少。

（2）求安全动机：它是指消费者对其购买的商品要求符合人体生理健康、心理健康的需求，不会给消费者带来身体和心理的伤害。

（3）求廉动机：它是指消费者以追求商品、服务的价格低廉为主导倾向的购买动机。在求廉动机的驱使下，消费者选择商品以价格为第一考虑因素。他们宁可多花体力和精力，多方面了解、比较产品价格差异，选择价格便宜的产品。相对而言，持求廉动机的消费者对商品质量、花色、款式、包装、品牌等不是十分挑剔，而对降价、折让等促销活动怀有较大兴趣。

（4）求新动机：它是指消费者以追求商品、服务的时尚、新颖、奇特为主导倾向的购买动机。在这种动机支配下，消费者选择产品时，特别注重商品的款式、色泽、流行性、独特性与新颖性，相对而言，产品的耐用性、价格等成为次要的考虑因素。一般而言，在收入水平比较高的人群以及青年群体中，求新的购买动机比较常见。改革开放初期，我国上海等地生产的雨伞虽然做工考究、经久耐用，但在国际市场上，却竞争不过我国台湾省、新加坡等地生产的雨伞，原因是后者生产的雨伞虽然内在质量很一般，但款式新颖，造型别致，色彩纷呈，能迎合欧美消费者在雨伞选择上以求新为主的购买动机。

（5）求美动机：它是指消费者以追求商品欣赏价值和艺术价值为主要倾向的购买动机。在这种动机支配下，消费者选购商品时特别重视商品的颜色、造型、外观、包装等因素，讲究商品的造型美、装潢美和艺术美。求美动机的核心是讲求赏心悦目，注重商品的美化作用和美化效果，它在受教育程度较高的群体以及从事文化、教育等工作的人群中是比较常见的。据一项对近 400 名各类消费者的调查发现，在购买活动中首先考虑商品美观、漂亮和具有艺术性的人占被调查总人数的 41.2%，居第一位。而在这中间，大学生和从事教育工作、机关工作及文化艺术工作的人占 80%以上。

（6）求名动机：它是指消费者以追求名牌、高档商品，借以显示或提高自己的身份、地位而形成的购买动机。当前，在一些高收入层、大中学生中，求名购买动机比较明显。求名动机形成的原因实际上是相当复杂的。购买名牌商品，除了有显示身份、地位、富有和表现自我等作用以外，还隐含着减少购买风险，简化决策程序和节省购买时间等多方面考虑因素。

（二）感觉。感觉是人们通过各种感官对外界刺激形成的反应。现代社会，人们每天面对大量的各种刺激，但同样的刺激对不同人却可能引起不同的反应或感觉，原因在于感觉是一个有选择性的心理过程，它表现在三个方面：一是选择性注意，即并不是所有的外界刺激都会引起同等的注意，人们倾向于只注意那些与其当时需要有关、与众不同或反复出现的外界刺激；二是选择性理解，即人们接收了外部刺激，但并不一定会得出同样的理解，而是根据自己以往的经验或成见对信息进行解释；三是选择性记忆，即收到的信息大部分很快就被人们遗忘了，只有少数自己感兴趣的信息被记住。显然，感觉上的差异性也是造成消费者购买行为差异的原因之一。

（三）学习。人们的有些行为是与生俱来的，但多数行为，包括购买行为是通过后天的学习得来的。学习是指由于经验引起个人行为的改变。对产品有了亲身体验，就会形成某种观念或态度，学习过程即告结束，下次购买也将变得简单。

（四）信念和态度。通过行为和学习，人们获得了自己的信念和态度。信念是人们对某种事物的比较固定的观点或看法，它影响着人们未来的购买行为。态度是人们长期保持的关于某种事物或观念的认识上的评价、情感上的好恶和行动的倾向。信念和态度一旦形成就很难改变，它们能帮助消费者简化购买决策过程，引导消费者习惯性地购买某些商品。

3.2 影响消费者行为的个人因素

影响消费者购买行为的个人因素有年龄、职业、生活方式、个性等内容。

（一）年龄

人们在一生中所购买的商品与服务是不断变化的。在食品、服装、家具和娱乐等商品上，人们的喜好与年龄有很大关系。

（二）职业

不同职业的消费者由于受教育程度、工作环境、职业性质等方面的差别，消费者需求和偏好也不相同。职业与购买行为有着内在的因果关系。营销人员应努力找出对自己的产品和服务有浓厚兴趣的职业群体，一个公司甚至可以为特定的职业群体定制所需的产品，如软件公司可以为会计师、工程师、律师或医生设计不同的计算机软件。

（三）生活方式

生活方式是人们根据自己的价值观念安排生活的模式。有些人虽然处于同一社会阶层，有相同的职业和相近的收入，但由于生活方式不同，其日常活动内容、兴趣、见解大相径庭，因此消费内容和消费方式也相去甚远。

（四）个性

个性是个人独特的心理特征，这种心理特征导致个人对环境作出相对一致和持久的反应。个性特征有若干类型，如外向与内向、细腻与粗犷、谨慎与急躁、乐观与悲观、领导与追随、独立性与依赖性等。一个人的个性影响着消费需求和对市场营销因素的反应。比如，外向的人爱穿浅色衣服和时髦的衣服，内向的人爱穿深色衣服和庄重的衣服；追随性或依赖性强的人对市场营销因素敏感度高，易于相信广告宣传，易于建立品牌信赖和渠道忠诚，独立性强的人对市场营销因素敏感度低，不轻信广告宣传；家用电器的早期购买者大多具有极强的自信心、控制欲和自主意识。

3.3　影响消费者行为的经济因素

概括地说，经济因素是决定购买行为的首要因素，决定着能否发生购买行为以及发生何种规模的购买行为，决定着购买商品的种类和档次。影响消费者购买行为的最重要的经济因素，一是商品价格，二是消费者收入，三是商品效用。

（一）商品价格

价格高低是影响消费者购买行为的最关键、最直接的因素。一般情况下，质量相同而品牌不同的商品，价格低的比价格高的更能吸引消费者的注意；收入低的消费者比收入高的消费者更关心价格的高低。

（二）消费者收入

消费者收入是决定消费者是否购买的根本因素。如果消费者仅有购买欲望，而无一定的收入作为购买能力的保证，购买行为便无法实现。

消费者收入和购买能力，同价值观念和审美情趣也有直接的关系。不同收入水平，决定了需求的不同层次和倾向。目前，西方发达国家由于人均国民收入达到相当高的水平，已经进入价值观个性化和多样化的时代，很难有一种价值标准占统治地位。从零售行业的角度观察，人均国民收入达到2500美元左右时，消费者行为开始出现明显的变化。

（三）商品效用

商品效用是指消费者在消费商品时所感受到的满足程度。效用这一概念与人的欲望是联系在一起的，它是消费者对商品满足自己的欲望的能力的一种主观心理评价。

消费商品的数量和所获得的商品的效用有着密切的关系。消费一个单位的商品会获得一定量的效用；消费两个单位的商品所获得的效用会比消费一个单位时多；消费三个单位的商品获得的效用会更多。但是，随着某种商品购买数量的增加，其效用总量的增加是递减的。这种现象，称为“边际效用递减”法则。例如，一个人饿的时候需要吃馒头，馒头会给他带来满足，也就是说馒头对他来说具有效用。可以想象，第一个馒头给他带来的满足一定很大，因为他很饿。吃了第一个馒头，他的需要得到了一定的满足，他对馒头的需要程度就不会像没吃饭时那样强烈。因而第二个馒头给他带来的满足，也就是第二个馒头的效用自然就不如第一个的大。同样的道理，第三个馒头的效用比第二个的还要低。如果他的饭量是四个馒头，吃完第四个馒头后再给他，他就不会要了。如果勉强吃下去，他不仅不会感到满足，反而会感到难受。这时的馒头不仅不能产生效用，反而会产生负效用了。

所谓边际效用，就是指消费者在一定时间内增加一单位商品的消费所得到的效用量的增加量。在一定时间内，在其他商品的消费数量保持不变的条件下，随着消费者对某种商品消费量的增加，消费者从该商品连续增加的每一消费单位中所得到的效用增量，即边际效用，是递减的，这就是边际效用递减规律。根据这一规律，任何一个消费者都不会把他所有的钱集中用于购买同一种商品或劳务上。消费者对于钱的投向主要取决于在特定时间内哪种商品对他的边际效用最大。

所以，对于企业来说，必须采取各种措施，如降低价格，提高质量等，使消费者购买本企业产品所支付的每一元钱都能得到最大的边际效用，从而促使更多的消费者购买本企业的产品。

经济因素对消费者购买行为的影响是不断变化的。在收入较低的情况下，经济因素是决定是否购买的主要因素。但是，随着可任意支配收入的增加，这一因素的影响会逐渐降低。

3.4 影响消费者行为的社会文化因素

每个消费者都是社会的一员，他的消费行为不可避免地会受到社会各方面因素的影响和制约。影响消费者购买行为的社会文化因素包括文化和亚文化、社会阶层、相关群体和家庭。

（一）文化。文化看上去很抽象，但每个人都生活在一定的文化氛围中，并深受这一文化所含价值观念、行为准则和风俗习惯的影响，这一影响也延伸到了他们的购买行为。如在中国的传统文化里，老年人受到尊重，逢年过节适合老年人用的保健品大量被年轻人买去赠送长辈，而如果仅考察老年人的收入水平，这些保健品的市场恐怕不会有这么大。

（二）亚文化。每一文化群中，还存在若干更具文化同一性的群体，被称为亚文化群。例如，由于地理位置、气候、产业经济发展水平、风俗习惯的差异我国可明显地分出南方、北方或东部沿海、中部、西部内陆区等亚文化群。不同地区人们的生活习惯有差异，消费自然有别，例如，在中国人传统上最隆重的节日——春节，北方人习惯吃饺子，南方人却一定要吃元宵和糯米年糕。年轻人也形成了他们独特的亚文化群，追求不同于年长者的音乐、服饰、书籍和娱乐方式。

（三）社会阶层。每个社会客观上都存在社会阶层的差异，即某些人在社会中的地位较高，受到更多的尊敬，成为人们效仿的榜样；另一些人在社会中的地位则较低。社会阶层是一个社会中按层次排列的、具有同质性和相对稳定性的社会群体。在现代社会，一般认为所从事职业的威望、受教育水准、收入与财产状况综合决定一个人所处的社会阶层。显然，位于不同社会阶层的人，因收入水平、价值观取向、生活背景和受教育程度不同，其生活习惯，消费内容，对传播媒体、商品品牌，甚至商店的选择都可能存在差别。不过，现代社会另一种倾向也日趋明显，即平等的趋势，消除不同阶层的差异的趋势。

（四）相关群体。它指对个人的态度、偏好和行为有直接或间接影响的人群。每个人周围都有许多亲戚、朋友、同学、同事、邻居，这些人都可能对他的购买活动产生这样那样的影响，他们就是他的相关群体。人们往往有意无意地按照或追随周围人的意向决定自己的购买。近年来，由于受电视等传媒几乎无处不在的影响，利用名人推介某些品牌的商品，从而形成某种消费时尚已变得司空见惯。年轻人尤其容易受相关群体的影响。

（五）家庭。一个人从出生就生活在家庭中，家庭在个人消费习惯方面给人以全面的影响。而且，家庭还是一个消费和购买决策单位，家庭各成员的态度和参与决策的方式，尤其会影响以家庭为消费单位的家用商品的购买。

【案例分析与讨论】

奇瑞东方之子的一个视频广告，广告名为奇瑞（CHERY）东方之子追龙篇，具体语音内容是“新东方之子，新感官、新体验、新选择。东方之子，龙的传人，成就我生活，奇瑞汽车”。

东方之子是奇瑞汽车里的中高档产品，就从它的名字来看，这款车就是面向国内市场销售的，也就是说，这款车的名字就是一个广告定位，它的名字给绝大多数国人消费者有一种亲近感，同时又隐含着“骄子”的概念在里面，含有尊贵的意思，这与它的定位一中高档车相吻合。

（案例来源：兰炜：《市场营销理论与实务实训》，首都经济贸易大学出版社 2010 年版）

◎**分析**：在本案例中哪些因素影响消费者购买行为？奇瑞公司是运用哪种消费心理和行为吸引消费者？

【本学习情境小结】

消费者市场又称最终消费者市场、消费品市场或生活资料市场，是指个人和家庭为了生活需要而购买产品和劳务的市场。与生产者市场相比，消费者市场具有以下特点：需求的无限广泛性、需求的分散性、需求的可诱导性、需求的流动性、需求的发展性、需求的伸缩性、需求的替代性和需求的周期性。消费者市场的购买对象可以按照两种标准进行分类。按消费者的购买习惯，可以分为便利品、选购品、特殊品和非寻觅品；按商品是否有形和使用频率，可以分为耐用品、非耐用品和劳务。

消费者购买行为过程是一个比较复杂的过程。行为是由动机导致的，消费者购买动机有生理性动机和心理性动机两大类。消费者购买行为类型有复杂型、多变型、和谐型和习惯型四种。其购买行为过程分为五个步骤：唤起需要、搜集资料、判断选择、购买决策和购后感受。对消费者购买内容的分析可以从“5W1H”进行分析。

消费者的购买行为取决于他们的需要和欲望，而人们的需要和欲望以至消费习惯和行为，是在许多因素的影响下形成的。这些因素可以分为：心理因素、个人因素、经济因素、社会文化因素。多数情况下，营销人员不能控制这些因素，但却必须考虑这些因素。

【情境思考】

“新飞”对消费者市场需求的考虑

在我国，电力紧张也早已是不争的事实。由于电价上涨，作为家庭耗电大户的电冰箱，其节能效果也因此越来越受到人们的关注，新飞公司新近推出的“慧眼”系列电冰箱不仅以精确的控温效果满足了市场需要，更因其超群的节电效果受到消费者的欢迎。

据介绍，“慧眼”电冰箱是“新飞”以节能效果著称的金鹰系列中一款装备有电脑智能控温节能系统的产品。它使用了电脑控温系统，可以保证控温调节更加精确，在电脑系统准确计算电冰箱内储藏的食物和电冰箱内部环境之后，自动判断所需电量，准确地进行控温，从而在保持食物新鲜和营养的同时，最大限度地降低耗电量，保证了更好的节能性能。而且，“慧眼”电冰箱有两个独立的制冷循环系统，用户可以分别对两套系统进行调温控制，也有利于电冰箱的节能效果。

作为“慧眼”电冰箱的“眼睛”，新飞公司在显示屏的设计上也投入了很大的力度。“慧眼”电冰箱的显示屏更大，并采用了彩色动态显示效果，可以同时显示出冷冻和冷藏两套系统的运行情况，方便了用户的操作。通过显示屏及其两侧的按键，用户可以方便地对冷冻和冷藏两套系统的工作情况进行设定和调节。用户可以根据电冰箱中储藏的食物设置运行状态，使节能更有针对性。如果没有时间进行手动设置，“慧眼”电冰箱还设计了“智能运行”按钮，通过它可使电冰箱进入自动运行状态。在自动运行状态下，“慧眼”电冰箱将根据电冰箱内的不同食物自动选择适当的设置，自动运行在节能和保鲜的平衡点上。除了智能化控制外，“慧眼”电冰箱的其他方面也同样体现了它的人性化设计。它有可拆卸式的门封条，方便清洗，又装备有独立的透明果菜盒、全透明抽屉和可调式搁架，方便用户自由使用电冰箱内的空间。而高效节能压缩机、优化的制冷系统、超厚发泡层和绝热门封也保证了其卓越的节能效果。

显然，“慧眼”电冰箱是新飞公司洞悉消费者需求后的上乘之作，各个方面的设计都臻于完美，再加上其可以让消费者普遍接受的价位，也就难怪能够吸引消费者的广泛注意。

（资料来源：曾凡跃：《现代市场营销策略》，电子工业出版社 2006 年版）

◎**思考：**

1. 目前，我国电力市场的状况如何？

2. 作为家庭耗电大户的电冰箱，新飞公司如何满足了市场需要？今后将如何保持市场优势？

3. 谈谈你对“适者生存”的理解。

学习情境五

目标市场定位与细分

工作任务

任务一　对市场进行细分

任务二　选择目标市场

任务三　进行市场定位

知识与技能目标

1. 了解市场细分的概念、作用；掌握市场细分的方法与步骤，并能应用市场细分理论解决具体问题。

2. 掌握目标市场的概念与特征，了解目标市场选择策略。

3. 掌握市场定位的概念与方法，懂得如何进行企业与产品定位。

任务一　对市场进行细分

【任务引入】

中国消费者的五种面貌

近期，AC 尼尔森在北京、上海和广州三个主要的城市进行了一项电脑辅助电话访问调查。参加调查的 1500 多名消费者被问及他们对洗发水、方便面、瓶装水、牙刷、手机和 CD 随身听等某些大众消费品类所偏好的品牌以及认为应该支付的价位。

AC 尼尔森中国区董事长艾励达先生说："我们首次明确发现，中国各种消费群体对于某些品牌有其特别的偏好，并且，他们由于各自的价值观念而表现不同的消费习惯。”

中国有5类消费者：

- 敢于冒险者，占14%。乐于尝试新事物，喜欢购买最新技术和新潮的东西。
- 努力耕耘者，占22%。以质量为第一位，愿意花钱买高质量的品牌。
- 价格至上者，占27%。讲究物有所值，为买得合算商品情愿等到商品降价。
- 潮流追随者，占26%。容易受到广告影响。
- 时代落伍者，占10%。也要买品牌，但国际品牌还是国内品牌对他们来说区别不大。

（资料来源：摘编自国际金融报．2002年4月4日）

◎**分析**：该调查结果对分析我国消费者市场有何启发？

【任务分析】

调查结果表明：商家应该更加注重市场细分，避免陷入价格竞争和盲目广告投放。

调查所覆盖的三个城市当中，上海以价格至上者为主，有31%的受访者属于这类群体，而在广州，潮流追随者占所有受访者的1/3。北京是唯一一个各类消费者群体分布较为平均的城市。

【知识准备】

1.1　市场细分的含义

市场细分是指营销者通过市场调研，依据消费者的需要和欲望、购买行为和购买习惯等方面的差异，把某一产品的市场整体划分为若干消费者群的市场分类过程。每一个消费者群就是一个细分市场，每一个细分市场都是具有类似需求倾向的消费者构成的群体。

1.2　市场细分策略思想形成和发展的三个阶段

1. 大量营销。企业面向整个市场大量生产销售同一品种规格的产品，试图满足所有顾客对同类产品的需求。其优点是可节省产品的生产和营销成本，取得规模经济效益；缺点是产品形式单一，不能满足市场多样化的需求，缺乏竞争力。

2. 产品多样化营销。企业生产经营多种不同规格、质量、特色和风格的同类产品，以适应各类顾客的不同需要，为顾客提供较大的选择范围。但是，这种多样化营销并不是建立在市场细分基础上的，不是从目标市场的需要出发来组织生产经营的。

3. 目标市场营销。企业通过市场细分选择一个或几个细分部分（子市场）作为自己的目标市场，专门研究其需求特点，并针对其特点设计适当产品，确定适当价格，选择适当的分销渠道和促销手段，开展市场营销活动。

1.3　市场细分的模式

集中偏好模式：市场上所有的顾客有大致相同的偏好，且相对集中于中央位置。

分散偏好模式：市场上的顾客对两种属性的偏好散布在整个空间，偏好相差很大。

群组偏好模式：市场上出现几个群组的偏好，客观上形成了不同的细分市场。

1.4　市场细分的前提

第一，市场行为的差异性及由此决定的购买者动机和行为的差异性，要求对市场进行细分。

第二，市场需求的相似性。

第三，买方市场的形成迫使企业进行市场细分。

1.5　市场有效细分的条件

对不同行业、不同类型的企业来说，实行市场细分化必须具备一定条件，否则，不一定能形成有效的细分市场，很可能徒劳无益，得不偿失。形成有效的细分市场，必须具备以下几个条件：

1. 差异性

在该商品的整体市场中确实存在着购买与消费上的明显的差异性，足以成为细分依据。例如，肉食品、糕点等产品有必要按汉族和回族细分，而大米、食盐就不必要按民族细分。

2. 可衡量性

指细分市场的规模及其购买力可衡量程度的高低。亦即细分出来的市场不仅范围比较清晰，而且也能大致判断该市场的大小。

3. 可接近性

这是指细分的市场是企业的营销活动能够通达的市场，亦即细分出来的市场应是企业能够对顾客发生影响、产品能够展现在顾客面前的市场。这主要表现在两个方面：一是企业能够通过一定的广告媒体把产品信息传递到该市场的众多的消费者；二是产品能够经过一定的销售渠道抵达该市场。考虑细分市场的可接受性，实际上就是考虑企业营销活动的可行性。显见，对不能进入或难以进入的市场进行细分是没有意义的。

4. 效益性

指细分市场的容量能否保证企业获得足够的经济效益，如果容量太小销售有限，得不偿失，则不足以成为细分依据。

1.6　市场细分的作用

在一般情况下，一个企业不可能满足所有消费者的需求，尤其在激烈的市场竞争中，企业更应集中力量，有效地选择市场，取得竞争优势。市场细分化对于企业来讲，有以下作用：

1. 有助于企业深刻地认识市场和寻找市场机会

如何认识市场？如果不对市场进行细分化研究，市场始终是一个“混沌的总体”，因为任何消费者都是集多种特征于一身的，而整个市场是所有消费者的总和，呈现高度复杂性。市场细分可以把市场丰富的内部结构一层层地抽象出来，发现其中的规律，使企业可以深入、全面地把握各类市场需求的特征。

另外，市场需求是已经出现在市场但尚未得到满足的购买力，在这些需求中有相当一部分是潜在需求，一般不易发现。企业运用市场细分的手段往往可以了解消费者存在的需求和满足程度，从而寻找、发现市场机会。同时，企业通过分析和比较不同细分市场中竞争者的营销策略，选择那些需求尚未满足或满足程度不够，而竞争对手无力占领或不屑占领的细分市场作为自己的目标市场，结合自身条件制定出最佳的市场营销策略。

2. 有利于企业确定经营方向，有针对性地开展营销活动

市场营销策略组合是由产品策略、价格策略、促销策略、分销策略、权力营销策略、公共关系策略所组成的。当企业通过市场细分确定自己所要满足的目标市场，找到了自己资源条件和客观需求的最佳结合点，这有利于企业集中人力、物力、财力，有针对性地采取不同的营销策略，取得投入少、产出多的良好经济效益。

3. 有利于研究潜在需要，开发新产品

一旦确定了自己的细分市场后，企业能很好地把握目标市场需求营销组合的针对性原则的变化状况，分析潜在需求，发展新产品及开拓新市场。

4. 社会效益好

市场细分不仅给企业带来良好的经济效益，而且也创造了良好的社会效益。因为，一方面，细分化可以使不同消费者的不同需求得到满足，提高了生活水平；另一方面，有利于同类企业合理化分工，在行业内形成较为合理的专业化分工体系，使各类企业务得其所、各显其长。

1.7　市场细分的标准

1. 消费者市场细分标准

消费品市场的细分标准，因企业不同而各具特色，但是有一些标准是共同的，即地理环境、人口状态、消费心理及行为因素等四个方面，各个方面又包括一系列

的细分因素。见表5-1。

表5-1 **市场细分的变量**

细分标准	细分变量
地理因素	国家、地区、城市规模、地形地貌、气候、交通状况、人口密度等
人口因素	年龄、婚姻、性别、职业、收入、民族、宗教、国籍、受教育程度、家庭人口、家庭生命周期等
心理因素	社会阶层、生活方式、个性、购买动机、态度等
行为因素	购买时间、追求利益、使用者状况、购买数量、购买频率、品牌忠诚度，对服务、价格、渠道、广告的敏感程度等

（1）地理环境

以地理环境为标准细分市场就是按消费者所在的不同地理位置将市场加以划分，是大多数企业采取的主要标准之一，这是因为这一因素相对其他因素表现得较为稳定，也较容易分析。地理环境主要包括区域、地形、气候、城镇大小、交通条件等。由于不同地理环境、气候条件、社会风俗等因素影响，同一地区内的消费者需求具有一定的相似性，不同地区的消费需求则具有明显的差异。

按照国家、地区、南方北方、城市农村、沿海内地、热带寒带等标准来细分市场是必需的，但是，地理环境是一种静态因素，处在同一地理位置的消费者仍然会存在很大的差异。因此，企业还必须采取其他因素进一步细分市场。

（2）人口状态

这是市场细分惯用的和最主要的标准，它与消费需求以及许多产品的销售有着密切联系，而且这些因素又往往容易被辨认和衡量。

（3）消费心理

在地理环境和人口状态相同的条件下，消费者之间存在着截然不同的消费习惯和特点，这往往是消费者的不同消费心理的差异所导致的。尤其是在比较富裕的社会中，顾客购物已不限于满足基本生活需要，因而消费心理对市场需求的影响更大。所以，消费心理也就成为市场细分的又一重要标准。

①生活方式。生活方式是人们对消费、工作和娱乐的特定习惯。

由于人们生活方式不同，消费倾向及需求的商品也不一样。如美国一服装公司把妇女分为“朴素型”(喜欢大方、清淡、素雅的服装)；“时髦型”(追求时尚、新潮、前卫)；“有男子气质型”三种类型，分别为她们设计制造出不同式样和颜色的服装。

②性格。不同性格购买者在消费需求上有不同特点，见表5-2。

表 5-2　　不同性格消费者类型

性　　格	消费需求特点
习惯型	偏爱、信任某些熟悉的品牌，购买时注意力集中，定向性强，反复购买
理智型	不易受广告等外来因素影响，购物时头脑冷静，注重对商品的了解和比较
冲动型	容易受商品外形、包装或促销的刺激而购买，对商品评价以直观为主，购买前并没有明确目标
想象型	感情丰富，善于联想，重视商品造型、包装及命名，以自己丰富想象去联想产品的意义
时髦型	易受相关群体、流行时尚的影响，以标新立异、赶时髦为荣，购物注重引人注意，或显示身份和个性
节俭型	对商品价格敏感，力求以较少的钱买较多的商品，购物时精打细算、讨价还价

不少企业常常使用性格变量来细分市场，他们给自己的产品赋予品牌个性，以适合相应消费者个性。

③品牌忠诚程度。消费者对企业和产品品牌的忠诚程度，也可以作为细分市场的依据。

（4）行为因素

行为因素是细分市场的重要标准，特别是在商品经济发达阶段和广大消费者的收入水平提高的条件下，这一细分标准越来越显示其重要地位。不过，这一标准比其他标准要复杂得多，而且也难掌握。

①购买习惯。即使在地理环境、人口状态等条件相同的情况下，由于购买习惯不同，仍可以细分出不同的消费群体。如购买时间习惯标准，就是根据消费者产生需要购买或使用产品的时间来细分市场的。

新学期开学前学习用品热销，春节前副食品销售达到高峰，重阳节前各类保健食品吃紧。又如购买地点习惯，一般日用品人们愿意去超市、便利店购买，高档商品则去大店名店挑选，这就为各类零售企业市场定位提供了依据。

②寻找利益。消费者购买商品所要寻找的利益往往是各有侧重的，据此可以对同一市场进行细分。一般地说，运用利益细分法，首先必须了解消费者购买某种产品所寻找的主要利益是什么；其次要了解寻求某种利益的消费者是哪些人；再者要调查市场上的竞争品牌各适合哪些利益，以及哪些利益还没有得到满足。通过上述分析，企业能更明确市场竞争格局，挖掘新的市场机会。

2. 产业市场细分的依据

产业市场细分的依据与消费者市场细分的依据有许多是相同的。除此以外，还有：

（1）最终用户的需求；

（2）用户规模与购买力大小；

（3）用户的地理位置。

1.8 市场细分的方法

细分方法的差别主要表现在选用细分因素的内容、选用细分因素的数量及选择细分因素的难易程度三个方面，据此，有三种方法。

1. 单一因素法

即选用一个因素对市场进行细分

只考虑一个因素将市场细分为若干个。如年龄因素分为（老、中、青、儿童），就把市场细分为四个：老年市场、中年市场、青年市场和儿童市场。

2. 综合因素法

即运用两个或两个以上的因素，同时从多个方面进行市场细分，把市场细分化要考虑的因素综合起来，同时对市场进行细分。如收入因素分为（高、中、低）、地理因素分为（城镇、农村），就把市场细分为六个子市场（见表5-3）。

表5-3　**综合因素法-六个子市场**

收入高～城镇市场	收入高～农村市场
收入中～城镇市场	收入中～农村市场
收入低～城镇市场	收入低～农村市场

3. 系列因素法

即运用两个或两个以上的因素，但依据一定的顺序逐次细分市场。从中选择一个或多个适合于本企业产品的细分市场。如生产鲜奶的企业，将产品（消费者需要）和市场（消费者群体）组合成不同细分市场共十二个。从中选择其中四个子市场（见表5-4）。

表5-4　**系列因素法——鲜奶消费市场**

产品／市场	特新鲜牛奶	鲜牛奶	牛奶奶粉
家庭年收入10万元以上	A11	A12	A13
家庭年收入3～10万元	A21	A22	A23
家庭年收入1～3万元	A31	A32	A33
家庭年收入1万元以下	A41	A42	A43

1.9　市场细分的程序

美国市场学家麦卡锡提出细分市场的一整套程序，这一程序包括七个步骤：

1. 选定产品市场范围。即确定进入什么行业，生产什么产品。

2. 列举潜在顾客的基本需求。

3. 了解不同潜在用户的不同要求。

4. 抽掉潜在顾客的共同要求，而以特殊需求作为细分标准。

5. 根据潜在顾客基本需求上的差异，将其划分为不同的群体或子市场，并赋予每一子市场一定的名称。

6. 进一步分析每一细分市场需求与购买行为的特点，并分析其原因，以便在此基础上决定是否可以对这些细分出来的市场进行合并，或作进一步细分。

1.10　市场细分应注意的问题

1. 不同的企业及其产品应根据其具体情况采用不同的细分因素。

2. 使用多个因素可使细分市场更加清晰。

3. 市场细分有可能增大生产成本、产品的复杂性及推销费用。因此，应当把握市场细分的层次。

4. 有些市场事实上难以或不必要细分。

5. 市场细分应避免“多数谬误”，共同竞争某一个最大和最易进入的市场。

【案例分析与讨论】

资生堂细分“岁月”

日本的化妆品，首推资生堂。近年来，它连续名列日本各化妆品公司榜首。资生堂之所以长盛不衰，与其独具特色的营销策略密不可分。

独创品牌分生策略

与一般化妆品公司不同，资生堂对其公司品牌的管理采取所谓品牌分生策略。该公司以主要品牌为准，对每一品牌设立一个独立的子公司。这样，每个子公司可以针对这一品牌目标顾客的不同情况，制定独立的产品价格、促销策略；同时，公司内部品牌与品牌之间，子公司与子公司之间也要进行激烈竞争。例如，90 年代初，该公司推出了以年龄在二十岁左右、购买能力较低、对知名品牌敬而远之，对默默无闻的品牌能自主选择的女性为目标顾客，推出“ettusais”系列化妆品。该品牌的营销管理就比较特别。他们在东京银座一楼专卖“ettusais”系列品的商店中，陈列的品种达 30 多种，顾客可以当场试用。且价格也较低。考虑到目标顾客的思想行为特点，他们在“ettusais”系列化妆品包装上一律不写资生堂的名字，让人不易觉察这是大名鼎鼎的资生堂产品。通常，一般店铺中，顾客一上门，售货员就会做一大串说明，而资生堂 ettusais 店则规定，除非顾客主动询问，售货员绝不能对其进行干扰，而应为这些年轻女性创造一种能完全独立自主挑选的购物气氛。

体贴不同岁月的脸

80 年代以前，资生堂实行的是一种不对顾客进行细分的大众营销策略，即希望自己的每种化妆品对所有的顾客都适用。80 年代中期，资生堂因此遭到重大挫折，市场占有率下降。1987 年，公司经过认真反省以后，决定由原来的无差异的大众营销转向个别营销，即对不同顾客采取不同营销策略，资生堂提出的口号便是“体贴不同岁月的脸”。他们对不同年龄阶段的顾客提供不同品牌的化妆品。为十几岁少女提供的是 RECIENTE 系列，二十岁左右的是 ettusais，四五十岁的中年妇女则有长生不老 ELIXIR，五十岁以上的妇女则可以用防止肌肤老化的资生堂返老还童 RIVITAL 系列。

资生堂不像一般的化妆品公司那样，对零售商有较大的依赖，它有自己独立的销售渠道，旗下专卖店（柜）达 25000 多家。为配合产品销售，资生堂又推行了“品牌店铺”策略，即结合各品牌的具体情况，在每一专卖店（柜）中只集中销售一种或几种品牌。例如在学校、游乐场、电影院附近年轻人较多的地方，设立 RECIEN 系列专卖店，在老年人出入较多的地方则设立 RIVITAL 专卖店。为使其对市场的细分达到最彻底的程度，资生堂制订的战略是，未来旗下的每一家店铺只出售一种品牌的资生堂产品。

CL 店构想

资生堂还对化妆品市场进行了调查和研究，发现一般消费者不仅需要化妆品公司提供高质量的产品，更需要他们提供高水平的美容咨询服务，于是提出了 CL 店构想。资生堂强调其旗下各专卖店（柜）的销售人员必须有较强的咨询能力（couseling 即 CL），能把化妆品店变成美容咨询室，为入店顾客提供各种咨询服务。为此，资生堂积极对其员工进行培训，目标是使每个销售人员都成为“美容专家”。每年资生堂要举行六期美容 CL 的研讨会，以传授商店美容咨询的秘诀。

战略营销管理

资生堂是日本最早进行战略营销管理的企业之一，内部有专门的战略营销研究机构——资生堂营销战略室。这个研究室的主要任务便是对资生堂的外部营销环境、行业竞争态势作出判断，制订中长期的企业营销策略，并负责实施这些战略。此外，资生堂还在日本全国各地聘请了 35 位高级营销顾问，每年在资生堂总部集中几次，研讨国内外化妆品市场动向，检讨资生堂在战略管理中的问题。技高一筹的战略营销管理使资生堂在激烈的市场竞争中始终能领先一步。

◎思考：

1. 资生堂是如何进行市场细分的？其品牌分生策略其实是属于哪种目标市场营销战略？

2. 资生堂的目标市场战略有何独特之处？

任务二　选择目标市场

【任务引入】

红桃K的目标市场营销

红桃K集团是武汉著名的企业。红桃K生血剂的年销售额达数十亿元。总销售额中有70%的份额在农村市场。

公司根据消费者市场细分中地理区域细分的方法，对农村市场进行了深入的调查研究，了解到农村存在着高比例的贫血人口，对生血剂有着巨大的潜在需求。通过市场调查，公司还进一步了解到农村消费者对产品功效要求更迫切，能快速见效的产品容易占领农村市场。而红桃K正是符合这一要求的生血剂。因此，公司决定把农村市场作为它的目标市场，并为其设计了一整套的营销策略。

农村消费者的求廉心理比城市消费者更重。这是因为农村消费者的经济条件决定了其购买力水平。红桃K集团经过对农村市场的研究后制定了正确的价格策略：30元左右一盒是可以得到农村消费者认可的价格。在深入进行市场调查后发现，农村中经济条件好的消费者，较多地将红桃K生血剂作为保健品购买；经济条件一般的消费者中部分人作为保健品购买；部分人作为药品购买；经济条件较差的消费者较多地是作为药品购买。红桃K生血剂在农村的市场是巨大的，这也说明为它确定的价位是合理的。

"红桃K"作为生血剂的命名，不仅含义吉利，寓意着补血增寿这一特点，还寓意产品和企业追求第一的定位。红桃K在农村消费者心目中有着特殊的亲切感，因此，它提高了生血剂的知名度和传播。

广告促销对红桃K的市场开拓作用很大。农村市场开拓之初号角式的广告语"呼儿海哟，中国出了'红桃K'"，让农村消费者产生一种探求欲望，红桃K到底是什么？此后，红桃K又推出"红桃K"补血快，疗效客观可测这一功效性的广告词，及时消除农村消费者心中的疑问。另外，在早期开拓农村市场时，借用"王婆"历史人物形象，制作了"王婆"电视专题片。新王婆不卖瓜，而是卖红挑K；过去王婆卖瓜，自卖自夸，现在不用自夸。在农村制作培标，处处可见，宣传效果好。这样持久地、反复地将产品功效的信息向农村消费者传递，他们无论是主动还是被动都要接受宣传的信息。

红桃K开拓农村市场，组建了深入到县乡村的营销队伍，不论是地域辽阔，还是人居分散，只要有县城、乡包、村庄，红桃K的营销队伍都要深入下去，进行宣传工作。红桃K还十分重视售后服务，赢得了广大农村消费者的信赖。

◎**分析**：红桃K选择农村作为自己的目标市场是否恰当？它采取的是哪种目标市场策略？对它的营销策略你有何建议？

【任务分析】

目标市场策略在红桃K发展初期是适当的。红桃K采取的是集中营销战略，选择在竞争激烈较弱的农村市场作为自己的主要目标市场。农村消费者的求廉心理比城市消费者更重。这是因为农村消费者的经济条件决定了其购买力水平。红桃K开拓农村市场，组建了深入到县乡村的营销队伍，不论是地域辽阔，还是人居分散，只要有县城、乡镇、村庄，红桃K的营销队伍都要深入下去，进行宣传工作。红桃K还十分重视售后服务，赢得了广大农村消费者的信赖。

红桃K应想办法扩大自己产品的市场范围，改变自己的市场定位，促销策略的调整，渠道的维护，强化销售终端，建立一支素质高效的销售队伍。

【知识准备】

2.1 评估细分市场

所谓目标市场就是指在市场细分的基础上，企业要进入的最佳细分市场。

企业在对整体市场进行细分之后，要对各细分市场进行评估，然后根据细分市场的市场潜力、竞争状况、本企业资源条件等多种因素决定把哪一个或哪几个细分市场作为目标市场。一般而言，企业评估要进入的目标市场，应具备以下条件：

1. 有一定的规模和发展潜力；
2. 细分市场的吸引力；
3. 符合企业本身的目标和能力。

2.2 目标市场的选择模式

运用市场细分化策略的企业，在选择目标市场时，可采用的范围策略归纳起来有五种：

1. 产品—市场集中化

具体内容是：企业的目标市场无论从市场或是从产品角度看，都是集中于一个细分市场。这种策略意味着企业只生产一种标准化产品，只供应某一顾客群。较小的企业通常采用这种策略（见图5-1）。

2. 产品专业化

这是指：企业向各类顾客同时供应某种产品。当然，由于面对着不同的顾客群，产品在档次、质量或款式等方面会有所不同（见图5-2）。

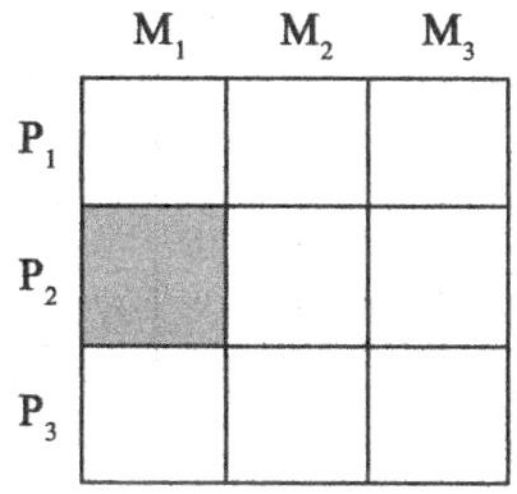

图 5-1　产品市场集中化

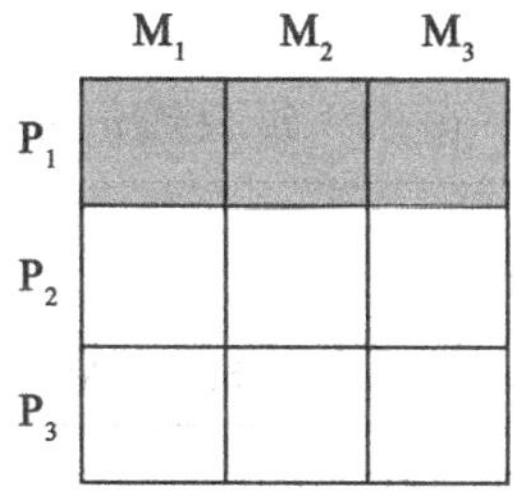

图 5-2　产品专业化

3. 市场专业化

这是指：企业向同一顾客群供应性能有所区别的同类产品。如西安旅游食品厂面向旅游爱好者提供风味不同的太阳牌锅巴（见图 5-3）。

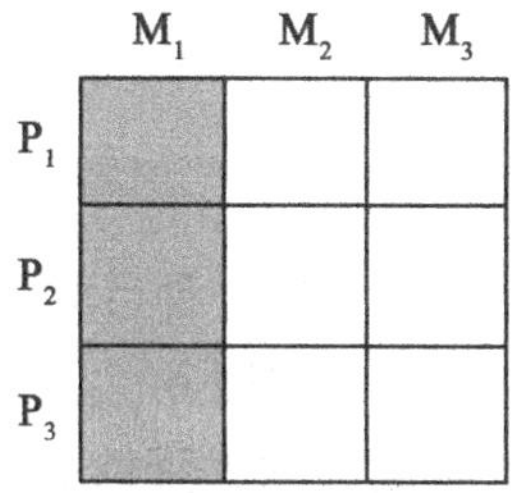

图 5-3　市场专业化

4. 选择性专业化

这是指：企业决定有选择地进入几个不同的细分市场，为不同的顾客群提供不同的性能的同类产品。采用这种策略应当十分慎重，必须以这几个细分市场均有相当的吸引力亦即均能实现一定的利润为前提（见图 5-4）。

5. 全面覆盖

即企业决定全方位进入各个细分市场，为所有顾客提供他们所需要的性能不同

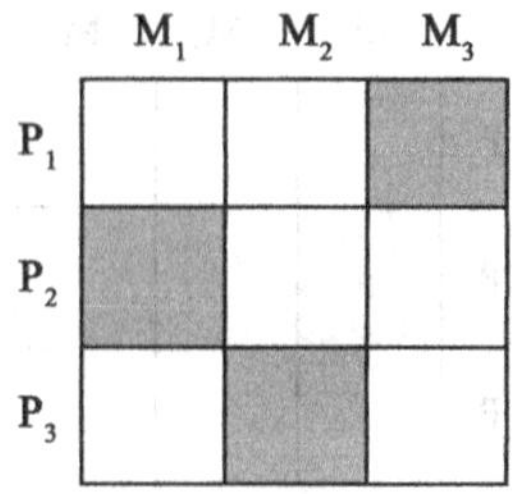

图 5-4 选择性专业化

的系列产品。这是企业为在市场上占居领导地位甚至力图垄断全部市场而采取的目标市场范围策略，它们为“每一个人、每只钱包和每种个性”提供各种产品（见图 5-5）。

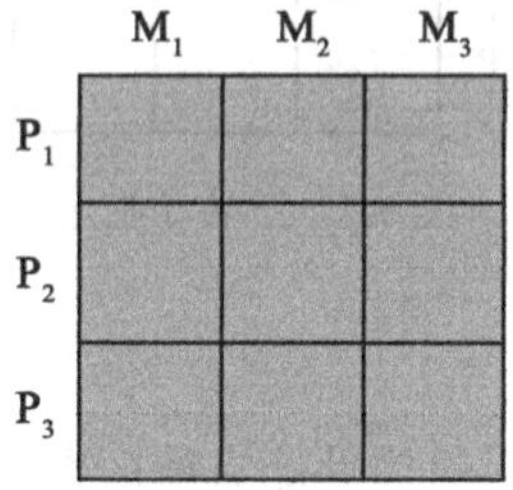

图 5-5 市场专业化

2.3 目标市场策略

1. 无差异性营销战略

该战略是指企业推出一种产品，采用一种市场营销组合，试图在整个市场上满足尽可能多的消费者需要，集中力量为之服务。

优点：(1) 是大批量生产、储运，大大降低了生产成本；

(2) 是采用单一的营销组合，特别是无差异地集中广告宣传，节省了促销费用。

缺点：(1) 是不能满足消费者多样性的需求；

(2) 是容易导致竞争激烈和市场饱和；

(3) 是易于受到其他企业发动的各种竞争力的伤害。

适用于：(1) 需求差异性较小的产品。如：大米、盐、面粉、矿泉水等。

(2) 供不应求的卖方市场。

无差异市场营销策略适用于少数消费者需求同质的产品；消费者需求广泛、能够大量生产、大量销售的产品；以探求消费者购买情况的新产品、某些具有特殊专利的产品（见图 5-6）。

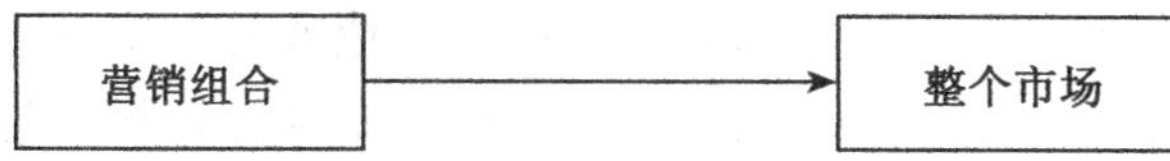

图 5-6 无差异营销

2. 差异性市场营销战略

该战略是指企业对市场进行细分，推出各种产品，针对各个不同的细分市场，运用不同的市场营销组合，满足多个目标市场消费者的需要。

优点：(1) 是能够满足顾客多样性的需求；

(2) 是大大降低了经营风险；

(3) 是大大提高了企业的竞争能力。

缺点：(1) 是差异营销的产品批量小，致使单位生产成本增加；

(2) 是差异营销需改进现有产品或开发新产品来满足不同细分市场的需求；

(3) 是不同的细分市场需设计、采取不同的营销组合；

(4) 是库存产品的种类多，致使库存成本增加。

采用差异市场营销策略的企业一般是大企业，有一部分企业，尤其是小企业无力采用，因为采用差异市场营销策略必然受到企业资源和条件的限制。较为雄厚的财力、较强的技术力量和素质较高的管理人员，是实行差异市场营销策略的必要条件，而且随着产品品种的增加，分销渠道的多样化，以及市场调研和广告宣传活动的扩大与复杂化，生产成本和各种费用必然大幅度增加，需大量资源作为依托（见图 5-7）。

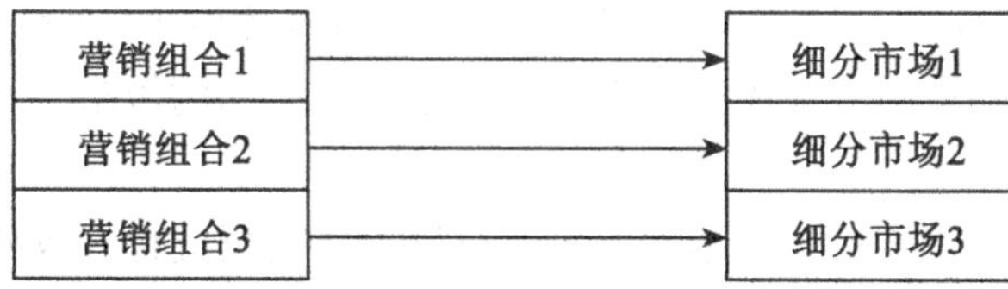

图 5-7 差异营销

3. 集中营销策略

这种战略是指企业在市场细分过程中集中所有力量，以一个或少数几个细分市场为目标市场，运用全部市场营销组合为一个或几个细分市场服务。

优点：(1) 是可以提高企业在一个或几个细分市场中的市场占有率；

（2）是可以降低生产成本和销售费用；

（3）是可以使企业集中精力创名牌，保名牌。

缺点：目标过于集中，把企业的命运押在一个小范围的市场上，有较大风险。

集中市场营销策略主要适用资源有限的中小企业或是初次进入新市场的大企业。中小企业由于资源有限，无力在整体市场或多个细分市场上与大企业展开竞争，而在大企业未予注意或不愿顾及而自己又力所能及的某个细分市场上全力以赴，则往往容易取得成功。实行集中市场营销策略是中小企业变劣势为优势的最佳选择（见图5-8）。

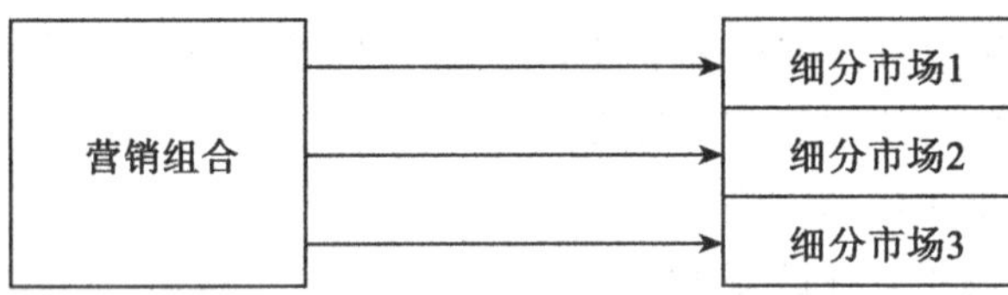

图5-8　集中营销

2.4　影响目标市场营销策略选择的因素

一个企业究竟采用何种目标市场策略，要受到多方面因素的影响和制约，具体地说，企业选择目标市场策略应考虑下列因素：

1. 企业资源能力

企业实力雄厚，管理水平较高，可考虑采用差异性或无差异性营销策略；资源有限，无力顾及整体市场或几个细分市场的企业，则宜于选择集中性营销策略。

2. 产品特点

同质性产品，消费需求差异较小，产品之间竞争主要集中在价格上，如钢铁、大米、食盐等初级产品，适用于无差异营销策略。差异较大的产品，如汽车、家用电器、服装、食品等，适宜采用差异性营销或集中性营销的策略。

3. 市场特点

如果顾客需求、购买行为基本相同，对营销策略的反应也大致相同，即市场是同质的，可实行无差异营销策略。反之，则应采用差异性或集中性营销策略。

4. 产品生命周期

如果企业是向市场投入新产品，竞争者少，宜采取无差异营销，以便了解和掌握市场需求和潜在顾客；当产品进入成长期或成熟阶段以后，就可采用差异性策略，以开拓新的市场或实行集中营销策略，设法保持原有市场，延长产品生命周期。

5. 竞争对手的营销策略

如果竞争对手实行无差异营销策略，企业一般就应当采用差异性营销策略相抗衡。如果竞争对手已经采取差异性营销策略，企业就应进一步细分市场，实行更有效的差异性营销策略或集中营销策略。当然，当竞争对手较弱时，也可以实行无差异营销策略。

【案例分析与讨论】

宝洁公司的品牌战略

宝洁公司是一家美国的企业。它的经营特点一是种类多，从香皂、牙膏、漱口水、洗发精、护发素、柔软剂、洗涤剂，到咖啡、橙汁、烘焙油、蛋糕粉、土豆片，到卫生纸、化妆纸、卫生棉、感冒药、胃药，横跨了清洁用品、食品、纸制品、药品等多种行业。二是许多产品大多是一种产品多个牌子。以洗衣粉为例，他们推出的牌子就有汰渍等品牌。在中国市场上，香皂用的是舒肤佳，牙膏用的是佳洁士，卫生巾用的是护舒宝，仅洗发精就有“飘柔”、“潘婷”、“海飞丝”三种品牌。要问世界上那个公司的牌子最多，恐怕是非宝洁莫属。

寻找差异

宝洁公司经营的多种品牌策略不是把一种产品简单地贴上几种商标，而是追求同类产品不同品牌之间的差异，包括功能、包装、宣传等诸方面，从而形成每个品牌的鲜明个性，这样，每个品牌都有自己的发展空间，市场就不会重叠。以洗衣粉为例，宝洁公司设计了九种品牌的洗衣粉，汰渍（TIde）、奇尔（Cheer）、格尼（Gain）、达诗（Dash）、波德（Bold）、卓夫特（Dreft）、象牙雪（IvorySnow）、奥克多（Oxydol）和时代（Era）。宝洁公司认为，不同的顾客希望从产品中获得不同的利益组合。有些人认为洗涤和漂洗能力最重要；有些人认为使织物柔软最重要；还有人希望洗涤和漂洗能力最重要；还有人希望洗衣粉具有气味芬芳、碱性温和的特征。于是就利用洗衣粉的九个细分市场，设计了九种不同的品牌。在洗涤剂市场，目前该公司的市场份额已达到55%，这是单个品牌所无法达到的。

能攻易守

许多人认为，多品牌竞争会引起经营各个品牌企业内部各兄弟单位之间自相残杀的局面，宝洁则认为，最好的策略就是自己不断攻击自己。这是因为市场经济是竞争经济，与其让对手开发出新产品去瓜分自己的市场，不如自己向自己挑战，让本企业各种品牌的产品分别占领市场，以巩固自己在市场中的领导地位。这或许就是中国“肥水不流外人田”的古训在西方的翻版。

◎**思考**：目标市场战略有哪些？宝洁公司采用的是哪种？

任务三 进行市场定位

【任务引入】

帕米亚无烟香烟

1998年下半年，美国RJR公司的帕米亚无烟香烟在美国亚特兰大、圣路易斯、费尼克斯等城市试销，但是销售量不理想，再购率很低。

对于大多数人来说，帕米亚无烟香烟是个“新玩意儿”，它的一端有一个碳头和几个有趣的圆珠，香烟中的尼古丁来源于此，尼古丁被耐燃的铝薄纸包裹。这种烟很难点燃，一般要点三四次，原因是它不像一般香烟那样燃烧，并且不产生烟灰，吸过与没吸过在外表上无明显区别，价格比普通香烟高25%。RJR公司为此烟的生产和促销投入3亿多美元，它没有采用以往“万宝路”香烟等比较成功的形象广告，而采用比较复杂的印刷广告（顾客买“帕米亚”时，会同时得到三页文字说明书），还采取了买一送二的鼓励方式。公司营销人员认为：大多数吸烟者开始会对帕米亚不适应，但随着使用频率和使用时间的增加，最终会适应。公司把“洁净者之烟”作为帕米亚的主题广告概念，宣传帕米亚是“一种全新的吸烟享受时代的开端”。但是，帕米亚的真正利益者非吸烟者个人，而是环境和他人。RJR公司对帕米亚香烟目标市场的定位极其广泛，包括：（1）25岁以上，受过良好教育的文雅的吸烟者；（2）试图戒烟和寻求替代品者；（3）吸烟成瘾者；（4）生活富裕者；（5）寻求低焦油含量者；（6）老年吸烟者。

来自《华尔街日报》的一个记者在亚特兰大机场对几十名吸烟者的一项调查表明：大多数人不喜欢帕米亚香烟，包括它的味道和太多的吸烟方式的改变。有人只吸了一两口就扔掉了。但一位广告公司的总裁说：“我不喜欢帕米亚，但在家中为了摆脱太太喋喋不休的唠叨时，我会抽它。”一位长期在办公室工作的职员说：“有时我感到疲劳，但办公室不准吸烟。此时，帕米亚可以帮助我解决问题。”一位正打算登机长途旅行的人说：“一般情况下，我不会选择它。但长途旅行中为打发时间，我可能会抽帕米亚。”

最后，调查的结果是：60%以上的人不喜欢帕米亚香烟，主要是对它的味道和吸烟行为方式的改变不适应；40%的人回答说，只有在那些不允许冒烟的地方，才把帕米亚作为第二品牌。

◎**分析：**

1. 帕米亚香烟的目标市场选择存在什么问题？
2. 你认为公司应该如何确定其目标市场，如何改进其营销组合战略？

【任务分析】

作为传统香烟的替代品，公司选择的目标市场太宽泛了，而且在其营销组合策略中，产品和促销都存在问题，产品虽然有明显的优点但对吸烟者本人却没有什么利益，而促销的说明书又太长，“洁净者之烟”的广告主题缺乏个性。公司可以先把“吸烟成瘾者”列为目标市场，把帕米亚香烟定位于适合在不能吸传统烟的时间和场合享用的替代品，也可以考虑把年轻的刚开始吸烟者作为目标市场，以“全新的吸烟享受”为号召，使其形成吸帕米亚香烟的习惯。

【知识准备】

3.1　市场定位的概念

市场定位（Market Positioning）是20世纪70年代由美国学者阿尔·赖斯提出的一个重要营销学概念。

市场定位也称为产品定位或竞争性定位，是根据竞争者现有产品在细分市场上所处的地位和顾客对产品某些属性的重视程度，塑造出本企业产品与众不同的鲜明个性或形象并传递给目标顾客，使产品在市场上占有一定优势。市场定位的实质是使本企业与其他企业严格区分开来，使顾客明显感觉和认识到这种差别，从而在顾客心目中占有特殊的位置。

3.2　市场定位的步骤

1. 明确潜在的竞争优势（成本、营销方面等）

（1）目标市场上的竞争者做了什么？做的如何？

（2）目标市场上的足够数量的顾客确实需要什么？他们的欲望满足如何？

（3）本企业能够为此做些什么？

2. 选择企业相对的竞争优势和市场定位策略

比较企业与竞争者在下列七个方面究竟哪些是强项，哪些是弱项：

（1）经营管理方面；

（2）技术开发方面；

（3）采购方面；

（4）生产方面；

（5）市场营销方面；

（6）财务方面；

（7）产品方面。

3. 准确传播企业的市场定位

（1）建立与市场定位相一致的形象

①让目标顾客知道、了解和熟悉企业的市场定位（识别标志、观念或理

念等）；

②使目标顾客对企业的市场定位认同、喜欢和偏爱。

（2）巩固与市场定位相一致的形象

①强化目标市场顾客的印象；

②保持目标顾客的了解；

③稳定目标顾客的态度；

④加深目标顾客的感情。

（3）矫正与市场定位不一致的形象

3.3 市场定位的方法

1. 初次定位策略

初次定位策略是指新成立的企业初入市场、企业新产品投入市场或产品进入新市场时，企业必须从零开始，运用所有的市场营销组合，使产品特色确实符合所选择的目标市场。

2. 重新定位策略

重新定位策略是指企业变动产品特色，改变目标消费者对其原有的印象，使目标消费者对其产品新形象有一个重新认识过程。市场重新定位对于企业适应市场营销环境，调整市场营销战略是必不可少的。企业产品在市场上的定位即使很恰当，但在出现下列情况时也需考虑重新定位：

（1）因产品变化而重新定位

这是因产品进行了改良或产品发现了新用途，为改变顾客心目中原有的产品形象而采取的再次定位。

因产品变化而重新定位。有的产品因市场竞争等原因，不断地否定自己，又不断地对产品进行改良。当改良产品出现后，其形象、特色等定位也随之改变。

因产品发现新功能而重新定位。许多产品在投入使用过程中会超出发明者当初的设想而发现一些新用途，为了完善产品的形象，扩大市场，产品需要重新定位。

（2）因市场需求变化而重新定位

由于时代及社会条件的变化以及顾客需求的变化，产品定位也需要重新考虑。如人们生活富裕了，要养生，要保健减肥，因而希望食品中糖分尽量少些。某一品牌奶粉在20世纪50~60年代针对消费者喜爱强调含糖分，进入80年代则强调不含糖分，正好迎合人们“只要健康不要胖”的心理。

（3）因扩展市场而重新定位

市场定位常因竞争双方状态变化、市场扩展等而变化。美国约翰逊公司生产的一种洗发剂，由于不含碱性，不会刺激皮肤和眼睛，市场定位于“婴幼儿的洗发剂”。后来，随着美国人口出生率的降低，婴幼儿市场日趋缩小，该公司改变定位，强调这种洗发剂能使头发柔软，富有色泽，没有刺激性。

3. 迎头定位策略

迎头定位策略是指企业选择靠近于现有竞争者或与现有竞争者重合的市场位置，争夺同样的消费者，彼此在产品、价格、分销及促销等各个方面差别不大。迎头定位策略就是与市场上最强的市场竞争对手“对着干”。

4. 避强定位策略

避强定位策略是指企业回避与目标市场上的竞争者直接对抗，将其位置定在市场“空白点”，开发并销售目前市场上还没有的产品，开拓新的市场领域。

避强定位策略的优点是：能够迅速地在市场上站稳脚跟，并在消费者心中尽快树立起一定企业形象。由于这种定位策略市场风险较小，成功率较高，常常为多数企业所采用。

【案例分析与讨论】

联通 CDMA 的市场定位路在何方?

中国移动通信市场的竞争渐趋激烈。目前，中国联通是一家综合性的电信运营商，其主要业务为移动通信，它在国内的重要竞争对手是从原中国电信拆分出来的中国移动，无论在规模还是效益上都和后者有不小差距。

现在，中国联通的发展到了关键时刻，一个新的项目——CDMA，给了它挑战中国移动的机会，这关系到公司在未来移动通信市场的地位。联通 CDMA 项目是国务院授权的唯一负责 CDMA 网络建设的项目，但又因为被多次叫停而错过了建设的最佳时间。当 2001 年底，CDMA 网络建成时，中国移动通信市场已开始从卖方市场向买方市场过渡，而竞争对手中国移动已经发展壮大。

目前，联通和中国移动都有庞大的 GSM 网络，市场发展已经成熟。与 GSM 相比，CDMA 网络具有频谱占用率低、保密性强、话音清晰、掉线率低、基站覆盖面广、电磁辐射小等众多优点，并且可以平滑地过渡到 2.5G 和 3G，还具有一定的运营与建设成本优势。从技术看，CDMA 占有一定的优势，但从业务来看，目前联通 2G 阶段的 CDMA 与 GSM 并无本质的区别。

因此，市场成为竞争的关键问题，而联通 CDMA 的市场定位更是争议最多的问题。它现在定位于“中高端用户”，一般指每月通话费在 200 元以上的用户，他们通常是移动通信业务的最早使用者，也是电信企业利润的最大贡献者。但是，目前 90%以上的高端用户已经建立了对中国移动的品牌忠诚，如果改投联通 CDMA，不仅要换机，而且要改号，带来的不便令顾客难以接受。同时，考虑到目前的网络不完善和用户量小，2G 阶段的联通 CDMA 实际可提供给用户的价值可能还要小于中国移动。

联通CDMA定位于中高端用户，其主要原因是从现有的GSM网络考虑。GSM、CDMA双网经营是国际性难题，联通需要平衡二者关系，避免两网抢夺客户。而联通GSM网络现有客户主要是低端客户，那么CDMA网络建成以中高端客户为主自然成为理想目标。从技术和市场角度来讲，CDMA的现存市场定位也具有一定的合理性。

CDMA开通后，经历了比如号码短缺、换机传闻、手机缺货价高等一系列问题，逐渐走上了正轨。但是，从运行结果来看，联通CDMA的市场表现与预期还有不小差距。到2002年6月，联通CDMA用户总数约100万户，每月增长速度仍处于10万至15万户的偏低水平，这与联通2002年的目标700万用户的要求有较大差距。

而且，联通的市场定位似乎很难实现，并没有出现大批的高端用户从中国移动跳网的情况。ARPU（每用户月平均收益）是衡量移动运营商的一个关键指标，而联通的ARPU偏低且不断下跌，与其竞争对手中国移动的差距非常大。有关数据表明，CDMA并没有成功地吸引中国移动的高端用户。当初联通设想CDMA的用户至少70%~80%是来自中国移动的中高端用户，现在看来可能大部分是来自新用户。

在“中高端用户”的市场定位下，联通CDMA采取了相应的营销组合策略，但也出现了一些新的问题和变化。比如，在定价方面，CDMA在成本上比GSM有优势，而且有国家给予的10%的资费优惠政策，因此有实力实行低价策略去快速开拓市场，但是这与CDMA“中高端用户”的市场定位是矛盾的。如果选择高定价策略，那么一般来说最佳的方法是“撇脂定价”，但中国的移动通信市场早已经过了“撇脂”时代。

又如，在广告方面，联通初期以“走进新时空，享受新生活”的形象广告为主，其后的广告诉求是“绿色，健康”概念。最近的广告则趋向多样化，其中有相当多的部分诉求“时尚”概念，像是瞄准追求时尚与潮流的青年一族。同时，CDMA品牌“绿色健康”概念的传播非常吸引人。但这些似乎与联通CDMA当初“中高端用户”的市场定位有一定偏差，这是否意味着联通对其用户定位有了些微调?

与此同时，竞争对手的情况也更加复杂。中国移动加强了自身的宣传和服务，开始用GPRS这一法宝对抗联通CDMA。新中国电信、新网通不仅在积极申请移动牌照，旗下的“小灵通”(无线市话)也开始凭借低廉的资费迅速蚕食移动通信的市场。

中国联通面对着无情变化的市场，或许到了必须重新考虑前途的关键时刻了：联通CDMA的市场定位是否改变，如何改变？无论如何，中国庞大而快速增长的市场给了联通不少的信心，我们拭目以待。

◎思考：

1. 联通 CDMA 项目最初的目标市场定位是什么？结合联通的 GSM 用户情况，说明公司在整体上采取的是哪种目标市场战略？

2. 按照人口、心理、行为等细分标准去衡量联通 CDMA 的目标市场，有哪些特点？

3. 你认为联通 CDMA 需要改变其目标市场定位么？如果改变，应该选择什么样的定位？给出你的理由。

【本学习情境小结】

通过本情境学习，我们掌握了有关如何对市场进行细分及定位的相关理论及方法，主要包括以下内容：

1. 市场细分是一种把整体市场划分成不同购买者群体的方法。

2. 消费者市场细分的依据主要有地理、人口、心理和行为因素等。产业市场可按用户性质、地理位置、用户要求、用户规模进行细分。

3. 市场细分的一般方法可以分为完全不细分、完全细分、按一个因素细分、按两个以上因素细分、按系列因素细分等。

4. 目标市场选择是在市场细分的基础上决定企业要进入的最佳细分市场。目标市场选择的策略有无差异性市场营销策略、差异性市场营销策略和集中性市场营销策略三种，具体策略的运用还要考虑企业实力、产品性质、市场性质、产品生命周期和竞争对手的市场营销策略等几个影响因素。

5. 市场定位是塑造自己企业产品的特色以与竞争者相区别的过程。市场定位的策略有初次定位、重新定位、迎头定位和避强定位四种。

【情境思考】

1. 什么是市场细分？它在企业市场营销策略中的地位如何？

2. 消费者市场细分的主要依据？

3. 什么是目标市场？其影响企业选择目标市场因素主要有哪些？

4. 目标市场三种营销策略的特点？

5. 你认为下列产品适合用哪些因素（只举一两个最主要的变数）来进行市场细分：

（1）皮鞋；（2）牙膏；（3）保健；（4）图书；（5）彩电；（6）冬装

6. 市场地位的步骤和方法是什么？

学习情境六

市场营销组合策略——产品策略

工作任务

任务一　了解产品整体概念及产品组合策略

任务二　制定产品生命周期策略

任务三　制定策划新产品开发策略

任务四　制定品牌与包装策略

知识与技能目标

1. 了解产品整体概念、产品组合及策略，能够运用产品线和产品组合的理论分析具体企业。

2. 掌握并熟悉产品生命周期的含义、产品生命周期各阶段的特点及相应的营销策略，能对产品所处的周期阶段进行分析。

3. 熟悉新产品开发的重要性，掌握新产品开发的程序、新产品推广的过程。

4. 理解品牌的内涵，明确品牌与商标的区别。了解品牌的设计，领会品牌的主要策略。

5. 理解包装在现代营销中的作用，了解包装的设计思想和技术，知道有哪些包装策略。

任务一　了解产品整体概念及产品组合策略

【任务引入】

RC公司新近成功开发了一种家庭自动化兼防卫系统，可以通过打电话控制家里的所有电器，还具有防盗报警的功能，产品分为主机和外部设备两部分，主机由公司生产，外部设备需要购买各专业防盗传感器厂家生产的可匹配产品，经过市场调查后，公司选择了一个被百姓能接受的价位准备将产品推向市场，公司的销售人员带着产品参加了几次电子产品博览会后反应也都很好。现有的产品包装中只有主机部分，由于公司并不生产外部设备，所以在包装中无外部设备，只是在说明书中写明了可以采用哪一类的外部设备，并由技术人员写了几页如何安装的介绍，产品正式推向市场后，销量并没有公司预测的那样好。主要反映出来的问题有：许多用户既买不到外部设备，买回来后也不会连接或是连接的不对；都接好后还有不少人不会正确使用，这些问题影响了产品的销售，试分析 RC 公司在什么地方工作有失误。

【任务分析】

核心产品：家庭自动化兼防卫系统，具有通过打电话来控制家里的所有电器，还具有防盗报警的功能。

形式产品：主机和外部设备，主机由公司生产，外部设备需要购买各专业防盗传感器厂家生产的可匹配产品。

扩大产品：未能很好解决售后服务问题，产品的安装与调试，配套产品供应。

【知识准备】

1.1　整体产品的概念

什么是产品？在营销活动中，为消费者提供的能满足某种需要的物质产品和非物质形式的服务的总和。

可以说，市场营销中的产品是指能提供给市场、用于满足人们某种欲望和需要的任何事物。产品包含有形和无形，它包括实物、服务、场所、思想、主意、策划和观念等。

狭义与广义的产品概念：

狭义：指人们从事生产经营活动的直接而有效的物质成果。

广义：指提供给市场，可以满足人们需求的载体。

1.2　产品的层次理论

1.“产品的三层次”理论认为，任何产品，都应包括三个层次：产品的实质层、产品的实体层以及产品的延伸层（见图 6-1）。

2. 产品五层次理论

随着营销理论和营销实践的发展，当前，对整体产品的概念提出了“五层次理论”，该理论认为在规划销售产品时，市场营销人员需要考虑产品的五个层次（见图 6-2）。

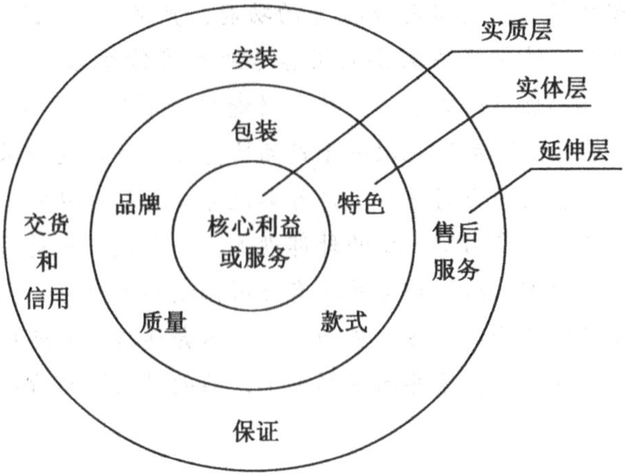

图 6-1　整体产品概念的三个层次

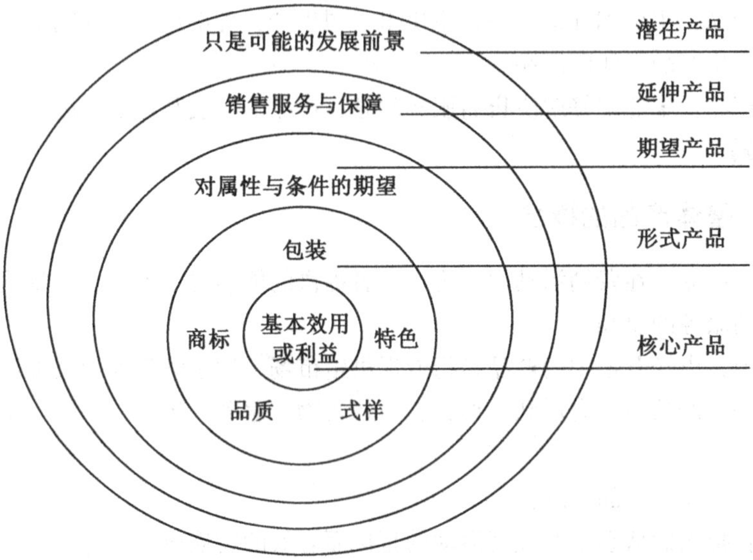

图 6-2　整体产品概念的五层次

最基本的层次是核心利益（core benefit），即顾客真正需要的基本服务或利益。如旅馆——休息与睡眠。

第二个层次，形式产品实现核心利益所必须的基础产品（basic product），即产品的基本形式。如旅馆——床，浴室，毛巾，衣柜，厕所等。

第三个层次，期望产品（expected product），即购买者在购买产品时通常期望或默认的一组属性和条件。如旅馆——干净的床，新的毛巾，清洁的厕所，相对安静的环境，以获得满意。

第四个层次，附加产品（augmented product），即提供超过顾客期望的服务和利益，以便把公司的提供物与竞争者的提供物区别开来。如旅馆——电视机，网络接口，鲜花，结账快捷，美味的晚餐，优良服务等，以获得惊奇和高兴。

第五个层次是潜在产品（potential product），即该产品在将来最终可能会实现的全部附加部分和转换部分（产品将来的发展方向]。如旅馆——全套家庭式旅馆的出现。

1.3 产品组合及其相关概念

产品组合（product mix）是指一个企业提供给市场的所有产品线和产品项目的组合，即企业的业务经营范围。

（1）产品线是指在技术上和结构上密切相关，具有相同使用功能，规格不同而满足同类需求的一组产品。如一个汽车制造厂制造轿车、卡车和大客车，那么这个厂的产品线有3条。雅芳化妆品公司的产品线有化妆品、珠宝首饰和日常用品3条。电冰箱、果汁机、抽油烟机、煤气炉等产品都是为了满足做饭所需要的产品，因而构成厨房设备产品线。

（2）产品项目是指企业产品目录上列出的每一个产品，是产品线的具体组成部分，是产品线中各种不同品种、规格、型号、质量和价格的特定产品。产品项目是构成产品线的基本元素。很多企业都拥有众多的产品项目，如汽车制造厂轿车有8个型号，大客车有5个型号，卡车有3个型号；雅芳化妆品公司的产品组合共有1300个以上的产品项目。

（3）产品组合的维度

企业的产品组合包括四个维度：宽度、长度、深度和关联性。

①产品组合的宽度是指企业经营不同产品线的数量。产品线越多，产品组合就越宽，反之就越窄。如某一电子公司有厨房制品产品线、电视机产品线、空调产品线等。例如：宝洁公司就经营着一个由250个品牌、五大产品线构成的相当“宽”的产品组合，其产品线包括个人和美容，家用健康和保健、婴儿和家庭、宠物营养以及护理产品。

②产品组合的长度是指公司所经营的产品线当中所包含的产品种类（产品项目）的总数量。产品项目越多，产品线就越长，反之就越短。如上面提到的厨房设备产品线，它有电冰箱、果汁机、抽油烟机、煤气炉等产品项目。产品项目多，则产品组合深度长，少则短。宝洁公司一般在每条产品线中都经营多个品牌。例如，宝洁公司的家庭用品产品线就包括7种洗衣粉、6种洗衣皂和4种餐具清洗剂。企业产品组合长度用平均长度来表示，它反映了企业生产经营的专业化程度。例如：某公司共有18个产品项目，4条产品线，则其产品组合平均长度=产品项目数÷产品线数=18÷4=4.5。

③产品组合的深度是指产品线中每项产品所提供的型号数量。再如宝洁公司的佳洁士牙膏有16种，从佳洁士多重功效、佳洁士防蛀、佳洁士除牙垢到佳洁士防过敏、佳洁士双重增白、佳洁士多重增白、佳洁士儿童防蛀以及佳洁士苏打洁白等。

④产品组合的关联性是指企业各条产品线在最终使用、生产条件、分销渠道或其他方面的相关程度。它们的最终用途、生产条件、技术要领、分配路线越接近，互相联系越紧密，产品组合的关联度就越大，反之就越小。如海尔公司的产品组合关联性较大，电视机、电冰箱、空调器和洗衣机都属于家用电器一类产品组合关联性，表示企业生产经营的产品之间相关性大小，对经营资源的利用、企业经营管理要求的高低。

不同的产品组合的宽度、长度、深度和关联性，构成不同的产品组合。

案例：宝洁（中国）公司的产品组合（部分）（见表6-1）。

表6-1　　**宝洁（中国）公司的产品组合（部分）**

产品线	产品项目
洗发护发用品	飘柔、潘婷、海飞丝、沙宣、伊卡璐、威娜
个人清洁用品	舒肤佳香皂、玉兰油香皂、舒肤佳沐浴露、玉兰油沐浴乳
护肤用品、化妆品	玉兰油护肤系列、SK-Ⅱ化妆品
口腔护理用品	佳洁士牙膏、佳洁士牙刷、欧乐-B电动牙刷

1.4　产品组合策略

产品组合策略，是指根据市场需求是自身能力条件，确定生产经营规模和范围的决策。企业在制定产品组合策略时，应根据市场需求、企业资源、技术条件、竞争状况等因素，经过科学分析和综合权衡，确定合理的产品结构。可供选择的产品组合策略一般有以下几种。

1. 产品线的延伸策略

产品线是产品组合的基础，产品组合宽度、长度、深度和关联性都决定了产品线的状况。因此，实现产品组合的最佳化，离不开产品线决策。其决策内容包括产品线的延伸、填充与缩减。产品线延伸策略是针对产品的档次而言，在原有档次的基础上向上、向下或双向延伸，都是产品线的延伸。

①产品线向上延伸策略。企业原来生产中、低档或低档产品，如新推出高档或中档的同类产品，这就是产品线向上延伸策略。优点：可获得更丰厚的利润；可作为正面进攻的竞争手段；可提高企业的形象；可完善产品线，满足不同层次消费者

的需要。条件：企业原有的声誉比较高；企业具有向上延伸的足够能力；实际存在对较高档次的需求；能应付竞争对手的反击。

②产品线向下延伸策略。企业在原来生产高档或中档产品的基础上，再生产中档或低档的同类产品。企业采用这一策略可反击竞争对手的进攻，弥补高档产品减销的空缺，防止竞争对手乘虚而入。但它也可能给人以“走下坡路”的不良印象，也可能刺激竞争对手进行反击，还可能形成内部竞争的局面。

③产品线双向延伸策略。原来生产中档产品的企业同时扩大生产高档和低档的同类产品。采用这种策略的企业主要是为了取得同类产品的市场地位，扩大经营，增强企业的竞争能力。但应注意：只有在原有中档产品已取得市场优势，而且有足够资源和能力时，才可进行双向延伸，否则还是单向延伸较为稳妥。

2. 产品线的填充策略

产品延伸是策略产品档次的扩展，经营范围的伸长，因此是一种战略性决策。产品填充是针对产品项目而言，在原有档次的范围内增加的产品项目，它是一种战术性决策。这一决策的目标是多方面的：通过扩大经营，增加利润；满足消费者差异化的需求；防止竞争对手乘虚而入；利用过剩的生产能力等。进行决策时要注意的是：必须根据实际存在的差异化需求来增加产品项目，以动态的观点来认识产品线填充；必须使新的产品项目有足够的销量。

3. 产品线的缩减策略

产品线的缩减策略指企业根据市场变化的实际情况，适当减少一部分产品项目。在以下情况下，企业应考虑适当减少产品项目：已进入衰退期的亏损的产品项目；无力兼顾现有产品项目时，放弃无发展前途的产品项目；当市场出现疲软时，删减一部分次要产品项目。

4. 产品组合的扩大与缩小

(1) 扩大产品组合策略又可称为多种经营。扩大产品组合要受以下三个条件的限制：一是受企业所拥有的资源条件的限制。一个企业所拥有的资源总是有限的，而且企业总有自己的薄弱环节。因此，并不是经营任何产品都是可能的或有利的。二是受市场需求情况的限制，企业只能扩展或加深具有良好成长机会的产品线。三是受竞争条件的限制。如果扩大的产品线遇到强大的竞争对手，利润的不确定性很大，那么与其扩充产品线还不如加强原有的产品线。

(2) 缩小产品组合策略是指淘汰一部分产品线和产品项目。换句话说，就是减少产品品种，减少企业经营范围，采用标准化、大批量生产。

1.5　产品组合的分析方法

1. 波士顿矩阵分析法

企业也可以用由美国波士顿公司创立的矩阵图分析法来分析决策。在波士顿矩阵中，将坐标图分为四个象限，分别代表一个公司的四种业务组合类型（见图6-3）。

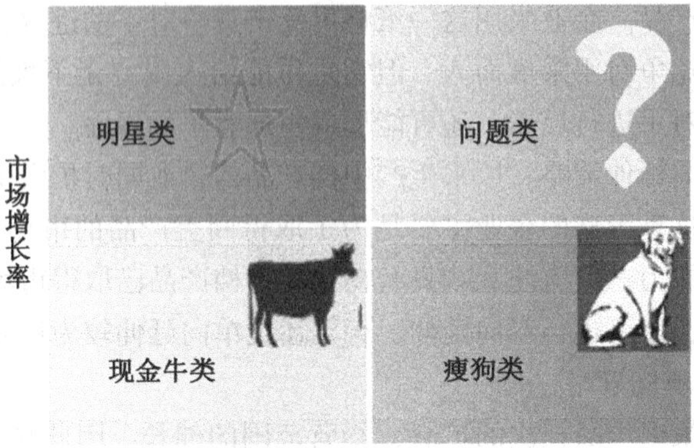

图 6-3　相对市场占有率

（1）明星类

市场增长率和相对市场占有率都高的单位。这类业务单位由于市场增长迅速，企业必须投入巨资以支持其发展。当其市场增长率降低时，这类业务单位就由“现金使用者”变为“现金提供者”，即“现金牛类”。

（2）现金牛类

市场增长率低、相对市场占有率高的业务单位。这类单位能为企业提供较多现金，可用来支持其他单位的生存与发展。这类单位的多少，是企业实力强弱的标志。

（3）问题类

市场增长率高但相对市场占有率低的业务单位。这类单位属于前途命运未卜的，对这类单位是大量投入使之转为明星类，还是精简合并以至断然淘汰，管理者应慎重考虑并及时作出决策。

（4）瘦狗类

市场增长率和相对市场占有率都低的业务单位。这类单位有可能自给自足，也有可能亏损，但不可能成为大量现金的源泉，不应追加投入。

这种方法仅依据销售增长率及市场占有率两个因素对产品组合进行分析。销售增长率以 10%为界分高、低两档。相对市场占有率是指本公司某一产品的市场占有率与同行业中最大的竞争者的同一产品的市场占有率之比。相对占有率以 1 为界分为高、低两档。这样可把企业的全部产品所处的市场地位分为四种类型：采用此法可帮助企业分析现有产品组合是否合理。企业对各类产品可采取不同的策略：要投入大量现金扶持明星产品，促使其成为财源产品；要保持财源产品的市场占有率，以便赚取更多的现金；对衰退中的财源产品可以获得短期利益为目的；要勇于放弃近期利润，用于提高有前途的问题产品的市场占有率，使其成为明星产品；对无前途的问题产品及亏损的不景气产品应及时放弃，以便使有限的资金集中于有潜力的产品。

2. 通用电气公司法（简称GE法）

通用电气公司法是美国通用电气公司引用波士顿咨询集团法原理，扩大其考核内容而形成的一种规划企业产品组合、评价企业发展方向的战略分析方法。这种方法把市场容量、利润率、市场销售增长率等看做刺激企业生产的引力，把企业的技术力量、生产能力、市场占有率、推销能力、产品质量等看做企业在市场竞争中的实力。根据以上要素对企业产品加以定量分析、评价，划分出九种类型，针对每一种类型列出相应的发展、维持及淘汰等对策，在此基础上调整产品结构，确定企业产品发展方向。

【案例分析与讨论】

美国吉列公司生产的蓝吉利刮胡刀片已享誉世界几十年之久，它的成功离不开吉列公司出色的产品决策。

1891年，有人向吉列公司创始人吉列先生建议：集中精力去开发顾客必须反复购买的产品，是一条成功的捷径。

这一观点虽然激起了吉列的兴趣和好奇心，但却一直缺少具体设想，直到1895年一个夏日之晨，他要刮胡子时发现其刮胡刀很钝不能使用，只有等磨刀师磨利后才能再用，为此他很生气。突然，开发另一种新刮胡刀的设想浮现在眼前。他想到一系列的零件和若干组装方式，总之，得有一个很薄的非常锋利的刀片……他觉得非常兴奋，因为这种产品可以实现顾客的反复购买，这正是他几年来梦寐以求的新产品。

在吉列先生把设想变成设计，并付诸行动的考验中，他信心十足，努力工作，期望其新产品能更加完美，但结果却经常成为朋友取笑的话柄。然而，最使他不安和气馁的是，当他去请教那些机械工具的专家和学者时，他们都认为他的新产品设想是不切实际的幻想，应当立即放弃。1901年他的好友将吉列刮胡刀的设想告诉了麻省理工学院毕业的机械工程师尼克逊，尼克逊同意研究吉列的设想。数周后，尼克逊成为吉列的合伙人。为了筹措所必须的5000美元生产设备费用，1902年公司的名称改为美国安全刮胡刀公司。

公司在芝加哥物色了一家代销机构，并规定其安全刮胡刀套件（一支刀架和20片刀片）的售价为每套5美元，刀片每20片为一包，每包1美元。当年10月，首次广告提供30天退款保证，在《系统》杂志上登刊，至1903年底的两年期间共售出51万套安全刀架和168万片刀片。

公司在1906年首次发放股票。在以后的十年中继续以每年30万至40万套的销量出售安全刮胡刀，刀片的销售从45万包增加到7亿包。至1911年，公司的南波士顿厂雇用了1500个员工，三年后，由于尼克逊发明了全自动刃磨机，使其生产能力迅速增加。这些新设备比尼克逊以前发明的机器，大大地降低了生产成本又提高了刀片的质量。

原型的安全刮胡刀的专利权于1921年10月满期，吉列公司管理当局早就为此做了准备。在当年5月，使其竞争对手吃惊的是，吉列推出了两种新产品：一种按原价出售的新型改进吉列安全刮胡刀和另一种售价1美元的Sliver Brownie安全刮胡刀。1923年公司再推出镀金刮胡刀，售价仍为1美元。当妇女盛行短发的时候，吉列又推出称为Debutante的女用安全刀，而售价仅为79美分。

到了30年代初期，安全刀片的竞争变得非常激烈，数百家公司以低价刀片充斥着整个市场、并广泛受到公众的欢迎，但却严重地侵蚀了质量和价格都较高的吉列刀片的市场占有率。因此，从1931年初起公司采用了多种市场营销策略。在其所谓“社会意识型”广告中，吉列强调“刮干净与成功的关系”。其他的广告则直接针对竞争产品，提醒消费者劣质刀片的经常刺激将导致严重的皮肤病。公司也进行了降价以争取更多消费者的策略。比如那时推出的Probak和Valet两种刀片都减价至5片25美分与10片49美分。尽管如此，1933年的利润仍比1932年减少了两亿美元。

1934年，公司又推出第一种单面安全刮胡刀和Probak Junior刀片，售价为4片10美分或10片25美分，至1936年公司推出安全刀片系列以外的产品：吉列无刷刮胡膏、售价为98美分。

1938年秋，公司又推出吉列薄刀片，吉列电动刮胡刀也于当年圣诞节问世。电动刮胡刀是在数年前发明的，但直至30年代后期才被接受，对公司来说，这一年的最重要发展是史攀（Joseph Spang）出任公司的总经理。在他的领导下，开始了许多新的管理政策。公司仍然保持低价策略，但十分强调产品质量，以保持产品的信誉。公司采用了本企业研究人员发展的新制造工艺，以便在制造过程中严格检查刀片的数量。在1939年至1945年间，公司没有推出新产品，这时由于战争的缘故。尽管如此，公司的研究开发人员仍研制成了第一台双刃刀片分配机，从而改进了过去的包装工作。1946年公司的经营状况很好，其年销售额约为52000万美元，这时，吉列的名字已享誉全世界。

第二次世界大战后，吉列公司开始实行对外兼并和内部创新以便成为世界性的多样化经营企业。经过认真分析之后，公司于1948年决定扩大市场。同年购进托尼家用烫发器制造公司，1955年兼并在加利福尼亚生产圆珠笔和刮胡膏的梅特公司。

1960年，公司又推出超级蓝吉利刀片，即全世界第一种涂层刀片。1964年公司重新调整了产品组合，形成两大类产品并由两个事业部分管：吉列产品组合——负责刮胡刀产品和男用品；多样化产品组合——负责其他所有产品。自吉列产品组负责人吉格勒（Vincent Ziegler）升任公司总经理后的十年里，是公司销售和产品发展最迅速的年代。在他领导下的前几年，公司连续推出盒式刮胡刀组、多笔尖圆珠笔、Hot-One刮胡膏、可调盒式刮胡刀、超级不锈钢刀片、增塑刀片、微孔笔和几种止汗剂，这些产品的市场投放都取得了成功。

虽然公司的多样化经营主要是靠内部产品开发来实现，但是，在1967年也购进了一家制造电动刮胡刀、家用电器和照相器材的西德公司。1971年，公司重新调整了产品组合和管理机构。

这样，公司在70年代初期开发和营销了许多新产品。1974年以前公司一半以上的销售额来自近五年内的新产品。安全刮胡刀部在推出Trac Ⅱ型刮胡刀系列之后，迅速成为市场上的最畅销品，继而又推出女用Daisy削发刀及男用Good News刮胡刀。保健用品部也营销了多种新产品，如柠檬洗发精、无碱洗发精。公司于1972年进入个人用具市场，如开发和营销Max手提式烘发机。

自1971年吉列公司购进一家服务行业公司后，便正式开始了服务的社会营销。公司的兼并虽然涉及了范围广泛的行业，但强调高质量和具有好的消费形象却是其共同之点。至此吉列已成为名符其实的多样化跨国公司。

◎**思考：**

1. 刮胡刀上市后采用什么产品策略？

2. 举例说明吉列公司在扩大产品组合决策时，增加了产品组合中的长度、宽度、深度和密度中的哪一种或哪几种？为什么？

任务二　产品生命周期策略

【任务引入】

可口可乐：瞄准新市场

1992年7月，可口可乐公司宣布：该公司在全美国范围内的小型办公场所已安装了35000个“休息伴”（可口可乐小型售饮料机），这种“休息伴”的安装标志着可口可乐公司实现了多年的梦想：办公室的工作人员足不出户就可以享用可口可乐饮料。

梦想的实现是由于可口可乐公司成功地开发了这种新型可乐分售机，该机的开发经历了20多年的研制，并在30多个国家进行推广试用，耗资巨大，被产业观察家称为软饮料史上史无前例的一项开发。

这种新型的“休息伴”除了对可口可乐公司年80亿销售额的潜在影响外，它显然还会给整个产业界带来某些变化。1986年，每位美国市民软饮料的年消费量约为45加仑，已经超过了他们的饮水量。然而，在过去的10年里，主要的饮料市场可供进一步开发的细分市场已所剩无几，新型的替代产品发展迅速，市场上充满了新的商标和商标系列。零售商常常利用找给公司的零头更换货架上的商品。结果，软饮料商们发现他们主要产品的市场份额在日益缩减，而其销售成本却在急剧上升。

可口可乐的“休息伴”标志着市场细分的新趋势和大规模的未开垦的办公市场争夺战的开始。由于咖啡饮用量的减少和人们逐渐喜欢上碳酸软饮料，办公市场对饮料公司来说变得越来越重要了。工作场地将是可乐销售的未开垦的巨大市场。

然而，可口可乐公司并未完全占领办公市场。百事可乐公司提前向公众推出了一种24听装的小型售货机。据百事公司说这种小机器使公司的零售额增加了10%。虽然可口可乐公司不是针对听装饮料来设计“休息伴”的，但“休息伴”却显示出特别的优势。市场细分专家认为，每杯平均8美分的机售饮料要比听装饮料便宜得多，每个听罐成本是10美分，搬动数十箱听装或瓶装饮料需要较大的器械并占用更多的存放空间。调查结果也表明主妇们更喜欢购买“休息伴”机售的6.5盎司饮料，而不是百事的标准12盎司罐装饮料。

早在70年代初，可口可乐公司就开始尝试在办公室设置机售系统，但终因系统占用场地太多和需要巨大的二氧化碳容器来产生碳酸而告吹。其他公司进入办公市场的尝试也屡屡受挫，因为他们要求工作人员自己来调和糖浆与水。在面临着市场份额日益缩减的紧迫形势下，可口可乐公司加快了开发的步伐，并确立了一个原则：“休息伴”应是使用方便、占地不大、可放于任何地方的机售喷射系统装置。为完成这项计划可口可乐公司特邀德国波契—西门子公司加盟制造这种机售喷射系统装置，同时为“休息伴”申请了专利。研制出的“休息伴”同微波炉大小相似，装满时重量为78磅。机器上装有三个糖浆瓶，每瓶大约可提供30份的6盎司饮料，只有可口可乐的糖浆罐与“休息伴”是匹配的，同时还配有一个可调制250份饮料的二氧化碳贮气瓶。人们只需在三个按钮中任选一种自己喜爱的饮料，水流就从冷却区流入混合管，同时二氧化碳的注入就形成了碳酸饮料。另外，机器上还装有投币器，在买可乐时，可以投入5、10、25美分的硬币。由于机器输出的饮料只有华氏32，因此也无需另加冰块。

可口可乐公司深信，在办公室这一细分市场的争夺战中，它比老对手百事公司超前了18个月。为了保持这一优势，它必须迅速行动占领这上百万个目标市场。可口可乐公司甚至梦想，在办公市场取得胜利之时，还将开辟出另一条战线——让“休息伴”走进千家万户。

（资料来源：许晖：《销售与市场》1996年第6期改编）

◎**分析：**

1. 软饮料处于产品生命周期的第几阶段？“休息伴”的出现对可口可乐生命周期曲线有何影响？

2. 除了进入新的细分市场外，还可以采用哪些营销战略？

【任务分析】

1. 虽然软饮料的总消费量有所增加，但一些主要生产商的市场份额日益缩减，同时可开发的细分市场已所剩无几，因此说软饮料已处于产品生命周期的成熟阶段。

“休息伴”的出现使可口可乐找到新的分销渠道，进入新的细分市场，使产品在成熟期内仍能增长，使产品生命周期曲线呈上升趋势。

2. 改进市场——转化未使用者、争夺对手顾客、增加现有顾客的购买和使用。

改进产品——如改进包装等。

改进营销组合——降价、增加新的分销渠道以及增加广告和促销等。

【知识准备】

2.1　产品生命周期的概念及构成

产品生命周期（Product Life Cycle），简称“PLC”，是指产品的经济寿命（与产品自然寿命或使用寿命无关），即一种新产品从开发、上市，在市场上由弱到强又从盛转衰，直到被市场淘汰为止的全过程。产品生命周期阶段划分为四个阶段：导入期、成长期、成熟期、衰退期。

产品市场生命周期与产品使用寿命周期之间的区别。产品的生命周期可以分为产品的市场生命周期和产品的使用生命周期。使用生命周期是使用价值的消失过程，而市场生命周期是交换价值的消失过程（见图6-4）。

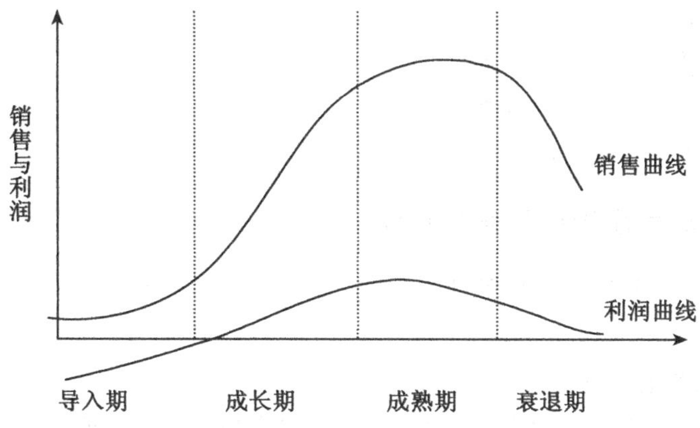

图6-4　产品生命周期图

2.2 影响产品市场生命周期的主要因素

产品的市场生命与产品的自然生命是两个不同的概念。产品的自然生命即产品的使用寿命，是一种产品从开始使用到其使用价值完全丧失的过程。产品自然生命的长短，取决于消费过程的方式（如使用频率、使用强度、维修保养状况等）和时间以及自然力的作用等因素。产品的市场生命是指产品在市场上的延续时间。产品市场生命的长短，取决于产品的性质和用途、消费习惯和民族特点、科技进步速度、市场竞争情况、国民收入水平等等。产品的市场生命与自然生命之间没有必然的、直接的联系。有的产品自然生命很短，但市场生命却很长；有的产品自然生命很长，但市场生命却很短。由于产品的具体情况不同，其生命周期的长短也不一致，有的长达跨越世纪，有的短如昙花一现。从总的趋势看，随着科学技术的加快发展，产品生命周期日益缩短。

2.3 产品市场生命周期各阶段的划分方法

1. 类比法　是指通过已基本完成其市场寿命周期过程的同类产品的各种资料的分析，用以判断某产品寿命周期所处的阶段的方法

2. 比率法　即根据某一产品在不同时期的年销售增长率的大小，划分产品寿命周期不同阶段的方法

导入期—销售增长率小于 10%

成长期—销售增长率大于 10%

成熟期—销售增长率在-10%—10%

衰退期—销售增长率小于-10%

3. 普及率法　即根据某一产品在某一地区的社会普及率程度判断该产品在该地区市场大致处于寿命周期不同阶段

导入期—普及率在 10%以下

成长期—普及率在 10%—30%

成熟期—普及率在 50%—70%

衰退期—普及率在 70%以上

2.4 产品生命周期与营销策略

由于产品生命周期各阶段的特点不同，企业在各阶段作出的经营决策的内容也不同。

1. 导入期营销策略

导入期是指新产品试制成功，进入市场试销阶段。阶段特征是：

(1) 只有少数企业生产；

（2）消费者对新产品尚未接受，销售量增长缓慢；

（3）需做大量广告宣传，推销费用大；

（4）企业生产批量小，试制费用大，产品成本高；

（5）产品获利较少或无利可图，甚至亏损。

营销策略重点突出一个“快”字，使产品尽快地为消费者所接受，缩短市场投放时间，扩大产品销售，迅速占领市场，促使其向成长期过渡。主要手段是广告和促销，使人们熟悉了解新产品，扩大对产品的宣传，建立产品信誉，刺激中间商积极推销新产品。

这一阶段新产品刚投入市场销售，由于销售量少而且销售费用高，企业往往无利可图或者获利甚微，企业营销重点主要集中在“促销—价格”策略方面（见图 6-5）。

价格水平 \ 促销水平	高	低
高	快速撇取策略	缓慢撇取策略
低	快速渗透策略	缓慢渗透策略

图 6-5　导入期“促销—价格”策略组合

（1）快速撇取策略

即以“高价格—高促销水平”策略推出新产品，迅速扩大销售量来加速对市场的渗透，以图在竞争者还没有反应过来时，先声夺人，把本钱捞回来。“健妮健身鞋”就是采取这一策略。

采用这一策略的市场条件是：绝大部分的消费者还没有意识到该产品的潜在市场；顾客了解该产品后愿意支付高价；产品十分新颖，具有老产品所不具备的特色；企业面临着潜在竞争。

（2）缓慢撇取策略

即以“高价格—低促销费用”策略推出新产品，高价可以迅速收回成本撇取最大利润，低促销费用又是减少营销成本的保证。高档进口化妆品大都采取这样的策略。

采用这一策略的市场条件是：市场规模有限；消费者大多已知晓这种产品；购买者愿意支付高价；市场竞争威胁不大。

（3）快速渗透策略

即以“低价格—高促销费用”策略，花费大量的广告费，以低价格争取更多消费者的认可，获取最大的市场份额。

采取这一策略的市场条件是：市场规模大；消费者对该产品知晓甚少；大多数

购买者对价格敏感；竞争对手多，且市场竞争激烈。

（4）缓慢渗透策略

即以“低价格—低促销费用”策略降低营销成本，并有效地阻止竞争对手介入。

采取这一策略的市场条件是：市场容量大；市场上该产品的知名度较高；市场对该产品价格相对敏感；有相当的竞争对手。

2. 成长期的营销策略

成长期的主要标志是销售迅速增长。这是因为，已有越来越多的消费者喜欢这种产品，大批量生产能力已形成，分销渠道也已疏通，新的竞争者开始进入，但还未形成有力的对手。在这一阶段企业营销应尽力发展销售能力，紧紧把握取得较大成就的机会。营销策略重点突出一个“好”字，强化产品的市场地位，尽可能提高销售增长率和扩大市场占有率。

（1）改进产品质量和增加产品的特色、款式等在产品成长期，企业要对产品的质量、性能、式样、包装等方面努力加以改进，以对抗竞争产品。

（2）开辟新市场。通过市场细分寻找新的目标市场，以扩大销售额。在新市场要着力建立新的分销网络，扩大销售网点，并建立好经销制度。

（3）改变广告内容。随着产品市场逐步被打开，该类产品已被市场接受，同类产品的各种品牌都开始走俏。此时，企业广告的侧重点要突出品牌，力争把上升的市场需求集中到本企业的品牌上来。

（4）适当降价。在扩大生产规模、降低生产成本的基础上，选择适当时机降价，适应多数消费者的承受力，并限制竞争者加入。

3. 成熟期的营销策略

成熟期的主要特征是：“二大一长”，即在这一阶段产品生产量大、销售量大，阶段持续时间长。同时，此时市场竞争异常激烈。为此，企业总的营销策略要防止消极防御，采取积极进攻的策略。营销策略重点突出一个“改”字，要采取各种措施，千方百计延长产品生命周期。

（1）市场改进策略。通过扩大顾客队伍和提高单个顾客使用率，来提高销售量。例如，强生婴儿润肤露是专为婴儿设计的，而如今“宝宝用好，您用也好”的宣传，使该产品的目标市场扩展到了成年人，从而扩大了目标市场范围，进入了新的细分市场。

（2）产品改进策略。通过改进现行产品的特性，以吸引新用户或增加新用户使用量。如吉列剃须刀从“安全剃须刀”、“不锈钢剃须刀”到“双层剃须刀”、“三层剃须刀”，不断改进产品，使其生命周期得以不断延长。

（3）营销组合改进策略。通过改变营销组织中各要素的先后次序和轻重缓急，来延长产品成熟期。

4. 衰退期营销策略

产品进入衰退期，销售量每况愈下；消费者已在期待新产品的出现或已转向；有些竞争者已退出市场，留下来的企业可能会减少产品的附带服务；企业经常调低价格，处理存货，不仅利润下降，而且有损于企业声誉。营销策略重点突出一个“转”字，应积极开发新产品取代老产品因此，在衰退期的营销策略有以下内容。

（1）收缩策略。即把企业的资源集中使用在最有利的细分市场、最有效的销售渠道和最易销售的品种上，力争在最有利的局部市场赢得尽可能多的利润。

（2）榨取策略。大幅度降低销售费用，也降低价格，以尽可能增加眼前利润。这是由于再继续经营市场下降趋势已明确的产品，大多得不偿失；而且不下决心淘汰疲软产品，还会延误寻找替代产品的工作，使产品组合失去平衡，削弱了企业在未来的根基。

2.5　延长产品市场生命周期的方法

1. 加大促销力度，促使消费者增加使用频率，扩大购买。
2. 对产品进行改进。
3. 开拓新市场，拓展顾客群。
4. 开拓产品新的使用领域。

【案例分析与讨论】

摩托罗拉 V998/V8088 的产品策略

摩托罗拉的两款手机 V998 和 V8088 是“V”系列手机的代表，这一系列手机进入市场的四年多历程表明了公司针对 V998/V8088 系列的产品策略特点。

公司推出 V998 手机的市场背景是：摩托罗拉、诺基亚和爱立信三家公司雄踞手机市场的前三位，西门子、三星等品牌还没有引人注意，而国产手机更是悄无声息。

V998 款手机是公司在 1999 年春天推向中国市场的，其特点是：双频、体积小、大显示屏和大键盘（见图 6-6）。这些特点在市场上是绝无仅有的，再加上摩托罗拉先进的市场推广手段，很快便凭借功能和品牌，受到市场青睐。当时的市场定价是 13000 元左右。

伴随着新产品的推出，也产生了一系列的问题，比如手机生产工艺不成熟、原材料供应不足等。公司通过努力，使新产品的各方面情况渐趋稳定，并且新增加了“中文输入”和“录音”的功能，尤其是“中文输入”功能，深受短信息业务使用者的欢迎。此时，其市场价位也降到了 7000—8000 元。

与此同时，摩托罗拉也在发展另一款手机——V8088（见图 6-7）。它完全是基于V998设计出来的，除了具有V998的一切功能之外，还有WAP上网、自编铃声、闹钟提示和来电彩灯提示等功能，从外观的曲线设计上也独具特色。与在美国设计的V998不同，V8088是在新加坡设计出来的，更符合亚洲人的审美观点，公司的策略也只是将这款手机投放在亚洲市场。

图6-6　摩托罗拉V998手机

图6-7　摩托罗拉V8088手机

1999年伴随着新千年钟声的敲响，中国的手机市场刮起了“手机上网”的旋风。而号称“摩托罗拉网上通”的V8088恰选择在此时推向市场，风靡一时，售价达到8000元以上，比同期的V998高出了2000元。以V998/V8088为代表的“V”系列手机属于公司四类产品特色中的“时尚型”，其市场目标是成功人士和一些追求时尚的人们。

风光了近半年以后，随着摩托罗拉以及其他公司的一些新产品的推出，V998/V8088系列手机开始逐渐离开高端市场的位置，其市场价格都降到了4000元以下。同时，WAP上网的狂热逐渐冷却，V8088的价格也只比同期的V998高出不到1000元。价格的降低非常有效地刺激了市场，这两款手机的市场需求量大大提高。从2000年第三季度起，V998/V8088系列手机成为摩托罗拉的主打产品，其需求量在公司手机产品中名列第一。

然而，伴随着V998/V8088需求的大幅上升，又产生了一系列质量问题。在全国的很多地方，消费者手中的产品发现有倒屏、显示不全或黑屏的现象。由于问题的突发性和数量较大、地域较广，而公司的售后服务没有跟进，致使福建、浙江、四川和贵州等地出现了消费者拒绝购买V998/V8088手机的情况，这两款手机遭受了沉重打击，并可能会影响到后续的V60、V66等还在试制阶段的系列手机。因此，公司采取了断然措施，紧急召回有问题的手机，妥善处理，向消费者真诚道歉。接下来，公司经过努力，发现了产品本身缆线上的设计缺陷，及时予以纠正，终于挽回了市场，V998/V8088系列手机市场第一的位置又失而复得。此时的产品价位已经降至2000元到2700元，这个大众化的价位再度刺激了消费需求，使得产品的市场需求旺盛，同时也为后续产品的研发和成长提供了有利的条件。

接下来，伴随着市场的激烈竞争，这一系列的手机已定位于中低档，价位稳定在1500~1700元。这款手机轻巧且功能齐全，依然深受消费者的喜爱。此外，这一系列手机的工艺已经发展成熟、质量和服务稳定。因此，功能、价位和质量等多方面的特点使得这一系列的手机仍然在市场上有比较重要的地位。

值得关注的是，现在的手机市场竞争异常激烈，该系列的手机不断降价，2002年2月，在天津V998的市场定价约为1700元，但是到了10月，就已经降至1300元了。同时，手机市场已开始向2.5G和3G发展，新的GPRS和CDMA取代GSM是一种发展趋势。因此，尚处在GSM时代的V998/V8088系列手机相对来说也进入了产品的衰退阶段。按照公司的产品策略，这一系列手机将在一年左右的时间淡出市场。

◎**思考：**

1. V998/V8088系列手机的市场寿命达到四年多的时间，试指出该系列手机主要的产品生命周期阶段分别是案例中所描述的哪一时期？

2. 公司针对V998手机在产品生命周期的引入期、成长期、成熟期、衰退期分别采取了哪些不同的营销策略？试分析评价这些策略？

任务三　新产品开发策略

【任务引入】

世界著名消费品公司宝洁的营销能力早被营销所传颂，但2002年宝洁在中国市场却打了败仗。其推出的第一个针对中国市场的本土品牌——润妍洗发水一败涂地，短期内就黯然退市。

润妍洗发水的推出，是为了应对竞争对手对其持续不断发动的“植物”、“黑发”等概念的进攻下，宝洁旗下产品被竞争对手贴上了“化学制品”、“非黑头发专用产品”的标签。因为这些概念根植部分消费者的头脑中，无法改变，因此面对这种攻击，宝洁无法还击。为了改变这种被动的局面，宝洁从1997年调整了其产品战略，宝洁决定为旗下产品中引入黑发和植物等概念品牌。

在新策略的指引下，宝洁按照其一贯流程开始研发新产品。从消费者到竞争对手，从名称到包装，宝洁处处把关。经过了长达3年的市场调查和概念测试，2000年润妍终于登上了起跑线。而同是在2000年，联合利华推出了具有黑发植物概念的夏士莲品牌延伸产品——黑芝麻洗发水。

两年后，夏士莲的黑芝麻取代了奥妮百年润发留下的市场空白：而是宝洁推出的第一个本土品牌只能接受夭折命运。

润妍的失败和很多因素有关。润妍采用和主流产品不同的剂型，需要经过洗发和润发两个步骤，这种产品在20世纪80年代曾是主流，但现在已经被2合1产品惯坏了的消费者，并不喜欢把洗头时间拖长一倍。

润妍把目标消费群体定位在高知识城市白领女性，而这个群体现在对黑头发并不感冒；针对该人群的高价格，又不能被黑头发目标消费群体接受；润妍还沿袭了飘柔等旧有强势；品牌的价格体系，在这种价格体系下，经销商没有利润，又不能不做，但新品牌润妍并没有"压榨"经销商的资本，润妍的价格政策，导致经销商对其采取了抵制态度；润妍的概念推广比起夏士莲黑芝麻洗发水来，显得笨拙有余，锐利不足。对于黑发概念，夏士莲通过强调自己的黑芝麻成分，让消费者由产品原料对产品功能产生天然联想，从而事半功倍，大大降低了概念传播难度；而润妍在传播时，似乎并没有强调首乌成分。

润妍的市场运作也存在严重失误。在奥妮惨败、市场出现瞬间空白之际，比起规避风险来说，更重要的是用尽快的速度填补空白，但宝洁却把三年时间浪费在市场研究和概念测试上。试想如果润妍能在奥妮败退的一年内推出，那么市场上恐怕早没有夏士莲黑芝麻的生存空间。

◎**问题：**

1. 润妍失败的原因是什么？
2. 新产品开发应遵守的程序是怎样的？

【任务分析】

该款新产品上市时间迟于竞争品牌，另外消费者对洗发、护发分两步骤不适应，中间商利润低，激励措施不到位等。

【知识准备】

3.1　新产品的概念及类型

1. 新产品的概念

市场营销意义上的新产品涵义很广，除包含因科学技术在某一领域的重大发现所产生的科技新产品外，还有在生产销售方面，只要在功能或形态上比老产品有明显改进，或者是采用新技术原理，新设计构思，从而显著提高产品性能或扩大使用功能的产品，甚至只是产品从原有市场进入新的市场，都可视为新产品。

现代市场营销观念下的新产品概念是指凡是在产品整体概念中的任何一个部分有所创新、改革和改变，是能够给消费者带来新的利益和满足的产品，都是新产品。

2. 新产品的类型

（1）从营销的角度来考察，新产品是一个广义的概念，既指绝对新产品，又指相对新产品；生产者变动整体产品任何一个部分所推出的产品，都可理解为一促新产品。据此，新产品可分为四种类型：

①完全创新产品：指采用新原理、新技术和新材料研制出来的市场上从未有过的产品。如汽车、蒸汽机、电视机、飞机等。

②换代新产品：指采用新材料、新元件、新技术，使原有的产品的性能有飞跃性提高的产品。如机械洗衣机发展到全自动洗衣机；单冷空调发展为冷暖两用空调；计算机中央处理器从286一直到现在的“奔腾”系列。

③改革新产品：指从不同侧面对原有产品进行改革创新而创造的产品。如采用新设计、新材料改变原有产品的品质、降低成本，但产品用途不变；采用新式样、新包装、新商标改变原有产品的外观而不改变其用途；把原有产品与其他产品或原材料加以组合，使其增加新功能；采用新设计、新结构、新零件增加其新用途如在洗衣粉中推出加酶型或加香型产品；电熨斗加上蒸汽喷雾，电风扇改成遥控开关。

④仿制新产品：指企业未有但市场已有而模仿制造的产品。企业模仿市场上已经在销售的产品的性能、工艺而生产的产品。这类产品就市场来说已不是新产品，但对企业来说，生产的产品与企业原来的产品不同，所以它们仍然是企业的新产品。如上海大众在20世纪80年代引进德国大众公司的“桑塔纳”车型。

（2）按地区、范围来划分：

①世界性新产品：指世界上第一次试制成功，并生产和销售的产品。

②全国性新产品：指在国内试制生产并投入市场的产品。

③地区性新产品：指在其他地区已投入生产，但本企业所在地区是首次试制成功并投入市场的产品。

④企业新产品：指企业采用引进或仿制的方法首次生产和销售的产品。

3.2　新产品开发的意义

开发新产品是企业优化产品结构和增强竞争能力的重要途径。新产品开发体现了一个企业的创新能力，是企业核心竞争力的展示，也是贯彻现代营销观念的核心思想——满足消费者不断变化需求的具体体现。具体意义：

1. 新产品开发是推动社会进步，促进生产力发展的重要条件

新产品开发，尤其是全新型新产品的出现，是科学技术进步和社会生产力发展的结果。新产品的出现又可以进一步促进科学技术和社会生产力的发展，推动社会不断前进。因为有些新产品本身就是先进生产力的要素，人们利用这些要素可以取得科学技术的更大进步，生产效率的更快提高。

2. 新产品开发是满足消费需求，提高企业效益的根本途径

随着社会经济的发展，消费者的购买力水平不断提高，生活质量日益改善，消费需求的个性越来越突出，消费需求的变化周期也越来越短。市场变化要求企业不断地开发新产品，来适应消费需求新的变化，从而来扩大企业市场销售，提高企业盈利水平。

3. 新产品开发是巩固市场，保证市场占有率的主要手段

有战略眼光的企业经营者都会不惜代价，不断研制开发新产品，使企业同时拥有多种产品，做到生产一代，掌握一代，研制一代，设计一代，构思一代，由新产品不断补充老产品退出市场的位置。新产品开发的持续进行，能使企业的市场销售量和利润始终保持上升的势头，或至少保持平稳，避免生产经营上的大起大落。

4. 新产品开发是应对竞争，减少风险的有力武器

要使企业在激烈的市场竞争中立于不败之地，必须把新产品开发作为最基本、最重要的竞争策略。一个有竞争能力的企业必须能够持续地开发新产品，使企业在某些产品面临衰退之前，第二代产品已进入快速成长期；当第二代产品处在成熟期时，第三代产品已进入引入期；而第四、第五代产品又在构思酝酿之中。新产品一代接一代，源源不断地推向市场，就会使企业充满活力，长盛不衰。

3.3 新产品开发应遵循的原则

1. 新产品必须具有市场潜力
2. 企业必须有新产品开发和生产的能力
3. 新产品开发必须坚持开发与管理并重

3.4 新产品开发的方式

1. 独立研制

所谓独立研制，就是企业依靠自己的科研技术力量研究开发新产品。这种方式能够结合企业的特点，形成自己的产品系列，使企业在某一方面具有领先地位。但因独立研制要求企业有较强的技术力量和较多的资金投入，所以一般适宜于那些拥有较强科研力量的大中型企业或企业集团采用。

2. 协作开发

协作开发是指企业与科研机构、高等院校、社会上有关专家或其他单位联合进行新产品开发。这种方式可使科研人员迅速将其科技成果运用到实际中来，企业也可从产品设计和技术等方面得到指导和帮助，既充分发挥各自特长，又使双方都能受益。技术力量来自各个不同单位，各方有效协调是至关重要的，但在实践操作中往往很有难度。

3. 技术引进

技术引进是指企业引进国外或地区外的成熟技术进行新产品开发，或直接引进设备生产新产品。采用这种方式，企业可以节省研究费用，缩短开发时间，能够较快地掌握产品制造技术，及时生产出新产品并投放市场，成功率较高。但也应注意，企业引进的技术或设备，通常是别人正在使用或已经使用过的，引进前必须认真进行市场容量和产品发展前景分析，充分重视技术或设备的先进性和适用性，避

免盲目引进而造成不良后果。

4. 研制与引进相结合

研制与引进相结合是指企业在引进别人先进技术的基础上，结合自身专长研制新产品。这种方式可以使独立研制和技术引进相互补充，有机结合，加快消化吸收别人的先进技术，又能不断创新，不仅时间省、投资少、风险小，而且可使产品更具特色和吸引力，有利于促进企业的技术水平和提高经济效益。

3.5　新产品开发的程序

1. 创意产生。即提出新产品的设想方案，产生一个好的新产品构思或创意是新产品成功的关键。企业通常可以从企业内部和企业外寻找新产品创意的来源。

2. 创意的筛选。采用适当的评价系统及科学的评价方法对各种创意进行分析比较，选出最佳创意的过程。在这过程中，力求做到除去亏损最大和必定亏损的新产品构思，选出潜在盈利大的新产品创意。

筛选的标准：

市场成功的条件（潜在市场、竞争程度、前景）；

企业内部条件（人财物资源、技术、管理）；

销售条件（方式、分销网络）；

利润收益条件。

3. 概念发展和试制。新产品概念是企业从消费者的角度对产品创意进行的详尽描述，即创意具体化，描述出产品的性能、具体用途、形状、优点、价格、提供给消费者的利益等。同时将筛选出的创意发展成更具体，明确的产品概念，试制转变成真正的产品，而试制一般包括样品试制和小批量试制。

产品概念的测试：

产品概念是指已经成型的产品构思，即用文字、图像、模型等予以清晰阐述，使消费者心目中形成一种潜在的产品形象。一产品构思能够转化为若干个产品概念。

例1：某食品公司打算生产一种有特殊口味的营养奶制品

产品构思：

既有较高营养价值，又具有特殊味道，使用简单方便，只需加开水冲饮的饮品。

产品概念：

概念1——为中小学生提供一种快速营养早餐饮料；

概念2——供成年人中午饮用提神的可口快餐饮料；

概念3——供老年人夜间就寝时饮用的康复饮料。

例2："一种粉状牛奶饮品，用于成人即食早餐所需要的营养，且口味好、使用方便。该产品打算制成三种口味：巧克力、香草、草莓，产品使用盒装，一盒装十包，卖八元钱”。

是否清楚并相信产品所提供的利益？

是否认为该产品解决了你的某一类需求？

目前是否有其他产品偏好？

对价格、包装、口味等意见。

4. 营销战略制定。

5. 商业分析。即对新产品估计的销售量，成本和利润等财务情况，以及消费者满足程度，市场占有率等情况进行综合分析，判断该产品是否满足企业开发的目标。

6. 商品开发。主要解决产品构思能否转化为在技术上和商业上可行的产品。它通过对新产品的设计、试制、测试和鉴定来完成。

7. 市场测试。新产品试制后，须进行全面鉴定，对新产品从技术和经济上作出评价。鉴定的内容主要包括：设计文件的完整性和样品是否符合已批准的技术文件；样品精度与外观质量是否符合设计要求，并进行有关试验；对质量、工艺、经济性评价、改进意见、编写鉴定书。新产品只有通过鉴定合格，才可进行定型，正式生产产品。

8. 市场试销。是将研制成功的新产品进行少量生产，投放到有代表性的小范围市场上进行试销，旨在检查新产品的市场效应，再决定是否大批量生产。应做好以下工作：确定试销的地区范围和地点，试销市场应是企业目标市场的缩影。确定试销时间，一般应根据该产品的平均重复购买率决定。再购买率高的试销时间应长一些，试销中应收取的资料包括使用率、再购率、市场普及率、费用、产品及其有关因素，试销费用预算、试销的营销战略及试销成功后应进一步采取的战略行动。

9. 加速新产品开发。

3.6 新产品开发策略

1. 领先策略

领先策略是指企业要在其他企业的新产品还未开发成功或还未投放市场之前，抢先开发新产品，投放市场，使企业的某种产品处于领先地位，然后，千方百计地扩大战果，迅速扩大覆盖面。这是进攻型的新产品开发策略。

2. 跟随超越策略

即技术引进与自行研制相结合。这种策略是以跟随为先导、以超越为目标，善于利用外界条件达至事半功倍的最有效途径。跟随超越策略最大的好处是可以大大缩短新产品的研制周期，降低研制费用。日本在 1945 年至 1970 年期间，花费 60 亿美元引进国外技术，而这些技术的研制费高达 2000 亿美元，从而使日本付出的代价不到研究费用1/30。这些技术的研制时间一般为12—15年，而日本掌握这些技术只用了2—3年，只相当于研制时间的15%—25%。“先引进，后改进，不发明”已成为日本一些企业的主要开发策略。

3. 更新换代策略

指在老产品的基础上，采用新技术、新材料，开发具有更高技术经济性能的新产品。

4. 系列延伸策略

一种新产品的问世往往会延伸出与该产品的使用密切联系的一系列配套需求。如电冰箱的使用会延伸出对冰箱断电保护器、冰箱去臭剂、保鲜膜、冰糕盒的需求等。

【案例分析与讨论】

会洗地瓜的洗衣机

1996年，一位四川农民投诉海尔洗衣机排水管老是被堵。服务人员上门维修时发现，这位农民居然用洗衣机洗地瓜，泥土豆，当然容易堵塞！但服务人员并没有推卸责任，依然帮顾客加粗了排水管。农民感激之余，说：如果能有洗地瓜的洗衣机就好了。

技术人员一开始是把此事当笑话讲出来的，但是，海尔集团董事局主席兼首席执行官张瑞敏听了之后却不这样认为，张瑞敏对科研人员说：满足用户需求，是产品开发的出发点与目的。技术人员对开发能洗地瓜的洗衣机想不通，因为按“常理”论，客户这一要求太离谱乃至荒唐了！但张瑞敏说：开发创造出一个全新的市场。终于，“洗地瓜洗衣机”在海尔诞生了！它不仅具有一般双桶洗衣机的全部功能，还可以洗地瓜、水果！

海尔非常重视技术创新，仅1999年就开发出582项专利技术，平均每天就有2.3项专利问世，新产品开发287项，商品化率达90%以上，当年80%的销售收入来自新产品。目前，海尔拥有各项专利达2200多项，中国洗衣机行业2/3的专利属于海尔，新产品开发已具备了超前10年的能力。强大的技术创新能力为海尔的发展提供了充分的技术支持。

在海尔的产品中，直接源于顾客信息反馈，满足市场需求的技术创新层出不穷。比如小小神童洗衣机和“手搓式”洗衣机；“双动力”、“保健双动力”和不用洗衣粉的“环保双动力”洗衣机；从变频A8双动力到能让衣服跳舞的仿生双动力，从自动挡洗衣机到洗干一体机“阳光丽人”；从“大地瓜”洗衣机到“洗虾机”等。海尔多年来用行动生动地诠释了“将用户的潜在需求和抱怨变成创新产品”的诺言。

◎**思考**：海尔洗衣机的创新源于企业的什么精神？海尔新产品的构思对我们有什么启发？

任务四　品牌与包装策略

【任务引入】

美的集团的新产品品牌策略

美的集团是广东美的集团有限公司的简称。1980年时，它还只是广东省顺德县一个小镇的小作坊。“美的”创业之初，其条件并不是很好。在全国几千家电风扇厂中，论设备和技术，美的是小弟弟；论生产风扇的历史，美的是较短的。但是，美的人并不因此而裹足不前，相反他们敢于开拓，敢为人先。该公司在全国电风扇大战中，率先采用塑料外壳代替金属外壳，大大降低成本，使其在激烈的竞争中杀出一条生路。此时，美的人在市场风浪的搏击中逐渐意识到市场需求不断发生变化，电扇产品不应是公司的唯一产品。随着人们生活水平的提高，空调必将是其替代品，应该及早开发和生产自己的空调产品。空调是高科技产品，是高层次享受的象征，自己原来的形象显然过于落后，应当树立一个全新的形象。于是，1984年公司开始全面实施它的品牌战略。首先从企业的名称“美的”入手。“美的”美在其真善美，美在巧妙。它作为企业、产品、商标“三位一体”的统一名称，用于表述产品质量优和企业形象美恰如其分，定能博得市场大众的认可。

美的决策人还充分考虑到这个名称足以涵盖各种产品、各行各业、国内国际市场。它是一种“美的事业”，它的形象给社会公众和消费者以亲切感、优美感、愉悦感，并使人产生无尽的联想。其次，美的集团在沟通策略上，提高了广告和促销活动的档次，突出品位高、质量高，目标是造就名牌和名流企业形象。它除了在全国主要报刊和中央电视台做广告外还推出巩俐电视广告片，其核心是突出美的是以“创造完美”作为企业精神，经营理念的。美的人把创造美渗透到每一空间，贯穿全员行动，见诸一切媒体，同其他企业文化水乳交融。该集团的建筑文化广告文化、销售文化、车间班组文化均有特色。美的CIS中的标准色为蓝、白二色，犹如蓝天白云。美的工业城的现代建筑群、写字间、标牌、名片、办公用具、事务用品、运输工具、包装设计、食堂餐具、洗手间等，皆是一体的蓝白相间的色调，同其生产的“美的风扇”、“美的空调”等产品色泽相协，给人赏心悦目、清凉优雅的感觉。这样精心的设计对于消费者来说，不能不产生一种挡不住的诱惑，从而对该企业及其产品油然产生一种好感。

◎问题：

1. “美的”品牌名称有何特色？

2. 由“美的风扇”到“美的空调”，采用的是哪一种品牌决策？这种品牌决策有何优缺点？

【任务分析】

1. 品牌名称不仅仅是给产品起个名字，更重要的是它有一定的意义，品牌策略是公司整个战略规划的一个重要组成部分。“美的”品牌代表“美好的事物”，不管是“美的空调”还是“美的风扇”，都可以给人“美的享受”，通过“美”来吸引消费者。

2. 由“美的风扇”到“美的空调”，采用的是品牌延伸决策，而且是横向延伸，即利用成功的品牌来开发新产品。从美的集团来看，其采用统一品牌策略，即不管是什么产品，都采用“美的”品牌。这种策略的好处是，公司可借成功品牌来宣传新产品，降低介绍宣传新产品的费用；如果公司和品牌的名声好，新产品就容易畅销。这种策略的缺点是，如果新产品的质量不好，会影响原先的品牌形象，甚至造成失败。

【知识准备】

4.1　品牌及商标的涵义

1. 品牌

品牌是指企业的产品或劳务的名称、符号、术语、设计、图案或它们的组合，其基本功能是使企业的产品或劳务与竞争者的同类产品或劳务区别开来。其包括品牌名称和品牌标志。

品牌名称是指品牌中可以用语言称呼表达的部分。如“可口可乐”、“长虹”。

品牌命名的方式：效用命名、产地命名、人物命名、制法命名、好兆命名、外形命名、译音命名、夸张命名、企业命名、形象命名、数字命名、色泽命名等。

品牌标志是指品牌中可以被辨认，但不能用语言称呼的部分，如符号、图案、设计等。

品牌从本质上说，是销售者向购买者长期提供的一组特定的特点、利益和服务。最好的品牌传达了质量的保证。然而，品牌还是一个更加复杂的符号。一个品牌能表达6层意思：

属性：一个品牌首先给人带来特定的属性。例如，奔驰表现出昂贵、制造优良、工艺精良、耐用、高声誉、高的再出售价格、快捷等

利益：一个品牌不仅限于一组属性。顾客不是购买属性，而是购买利益。属性需要转化成功能和情感利益。

价值：品牌还体现了该制造商的某些价值感。如奔驰体现了高性能、安全、威

信等。

文化：品牌可能附加和象征了一定的文化。奔驰象征着德国文化：有组织、有效率、高品质。

个性：品牌还代表了一定的个性，是消费者个性的体现。

使用者：品牌还体现了购买或使用这种产品的是哪一类消费者。使用者将代表一项产品的价值、文化和个性。

据《金融世界》分析，按销售额、盈利和发展潜力来判断，世界上价值最高的15种品牌是：可口可乐，万宝路，IBM，摩托罗拉，惠普，微软，柯达，百威，凯洛格，雀巢，英特尔，吉列，百事可乐，通用电气，李维斯。

2. 商标是一个法律术语。企业在政府有关主管部门注册登记以后，就享有使用某个“品牌名称”和“品牌标志”的专用权。实质上，它是指受法律保护的一个品牌或一个品牌的一部分。商标是指整个品牌或品牌中的某一部分。注册商标是企业通过向国家有关管理机构提出申请，登记注册之后，便取得了使用整个品牌或品牌中某一部分的专用权。所以商标一般是一种法律名词。

3. 品牌与商标的联系主要表现为：

(1) 两者实质作用相同，都是无形资产，其目的都是为了区别于竞争者，有助于消费者进行识别；

(2) 表现形式基本一致，商标是品牌的一部分，甚至是全部。

品牌与商标两者的区别表现为：

(1) 品牌是商业概念，无须进行注册，其实质是企业对消费者在产品特征、服务和利益等方面的承诺。

(2) 品牌主要表明产品的生产和销售单位，而商标则是区别不同产品的标记。

(3) 品牌比商标有更广阔的内涵，品牌代表一定的文化，有一定的个性，而商标则是一个标记。

4.2 品牌设计的基本要求

能显示有关产品的优点——永久

简朴，易于拼读、辨认和记忆——海尔 Haier

有特色，与其他品牌比有显著的差异性——柯达

有充分的伸缩性，可适应于其他新产品——999（符合目标市场的消费心理和消费习惯）

易于申请和注册登记——老干妈

4.3 品牌的作用

(1) 识别产品。消费者购买产品，首先要知道该产品的产地和企业名称。品

牌就可以回答这个问题。

（2）保证质量。品牌代表着质量，消费者之所以要购买某个品牌的产品往往是因为这种产品有着较高的质量和良好的服务。

（3）维护权益。保护企业和消费者的利益。

4.4　品牌设计原则

1. 容易识别，便于记忆。

2. 表达产品特色与效益。

3. 激发消费者的购买欲望。

4. 适合国际市场。

5. 受法律保护。

4.5　品牌策略

1. 品牌化策略。是指企业的营销部门给其销售的产品确定相应的品牌。由于费用和产品原因，也采用非品牌化策略。

①通过品牌树立企业形象，促进企业产品信息的迅速传播，以吸引众多的品牌忠诚者。

②声誉良好的品牌能给企业带来较好的收益，名牌产品的销售价格往往较一般同类产品为高，且名牌本身就具有相当的价值。

③注册商标可以使企业的产品得到法律保护，防止产品被模仿和抄袭，以保持企业产品的差异性。

2. 品牌所有权策略。①生产商自己的品牌；②销售商的品牌；③租用第三者的品牌。

3. 家族品牌策略。决定使用自己品牌的企业，还面临着进一步的品牌策略选择。

①统一品牌策略：指企业决定其所有的产品使用同一个品牌。

②个别品牌策略：指企业决定其不同的产品采用不同的品牌。

③品牌延伸策略：指企业利用已成功的品牌来推出改良产品或新产品。娃哈哈集团从儿童营养液扩展到果奶、纯净水、营养八宝粥、AD 钙奶、红豆沙、绿豆沙等。这一策略多适用于推出同一性质的产品。

④多品牌策略：指企业决定对同一类产品使用两个或两个以上的品牌名称。广州宝洁公司就是这种策略的典型，它拥有海飞丝、飘柔、潘婷、沙宣等品牌。

4. 品牌更新策略。导致这种情况的原因有：原品牌产品出问题，倒了牌子；原品牌市场位置遇到强有力竞争，市场占有率下降；消费者的品牌偏好转移；等等。

①全部更新，即企业重新设计全新的品牌，抛弃原品牌。

②部分更新。即在原品牌基础上进行部分的改进。这样既可以保留原品牌的影响力，又能纠正原品牌设计的不足。

5. 名牌策略

（1）名牌的含义，著名品牌，通常称为名牌，是指知名度、信誉度和美誉度，高市场占有率和高利润率的品牌。

（2）实施名牌策略，主要是四个提高，即提高商标的知名度、信誉度、美誉度和产品的市场占有率。

（3）名牌的创立和保护。

企业首先要有名牌意识。要发展自己的名牌。加强对名牌的保护。名牌应具备的条件。经过正式登记和注册。产品质量和服务质量有足够的保证。为消费者公众所熟知。具有超常的市场占有率。具有超常的产权价值。有公众肯定倾向的客观依据或权威性客观公正的正式认定。

中国十大世界品牌榜中榜中国十大国际品牌（2007）

海尔 Haier（世界名牌，中国名牌，中国驰名商标）

联想 Lenovo（世界品牌，中国名牌，中国驰名商标）

青岛啤酒 Tsingtao Brewery（世界品牌，中国名牌，中国驰名商标）

中国移动 China Mobile（世界 500 强企业，行业性垄断企业）

格力 GREE（世界名牌，中国名牌，中国驰名商标）

五粮液 Wuliangye（世界品牌，中国驰名商标，中国名牌）

中国航空集团公司 Air China（旗下中国国际航空公司等）

中国银行 Bank of China（中国驰名商标）

华为 Huawei（世界名牌，中国名牌，中国驰名商标）

中兴 ZTE（世界名牌，中国名牌，中国驰名商标）

4.6 包装的概念

1. 产品包装有两层含义：一是指用不同的容器或物件对产品进行捆扎、保护；二是指包装用的容器或一切物件。

包装：产品的容器或外部包装物。

装潢：对产品包装的装饰和美化。

包装的作用主要有：保护产品；便于运输、携带和贮存；促进销售；增加利润。

2. 产品包装通常有三个层次：第一层次是内包装，它是直接接触产品的包裹物，如酒瓶、香水瓶、牙膏皮等；第二层次是中包装，它是保护内包装的包裹物，当产品被使用时，它就被丢弃，如香水瓶、牙膏等外面的盒子等，中包装同时也可起到促销的作用；第三层次是外包装，即供产品储运、辨认所需的包裹物，如装一打香水的硬纸盒等。

4.7　常用的包装方法和包装技术

1. 包装的大小。它主要受消费者的购买使用习惯及购买力的影响

2. 包装的形状。它主要取决于产品的形状和性质。

3. 包装的构造。包装的构造应能突出产品的特点，体现产品的功能，同时应开启方便。

4. 包装的颜色。研究表明，颜色能影响人们的情绪，进而影响人们的行为。

5. 包装的材料。包装材料的选用除了能有效地保护产品外，还应该考虑材料与环境保护的关系，应多选用多功能、简单化、容易回收的绿色产品包装物。

6. 符合销售地的风俗习惯。

7. 经济实用。(1) 选用的包装材料要尽量便宜。(2) 要设计多用途和多次使用的包装。(3) 要尽可能合理地利用包装空间。(4) 要避免过分的包装。

8. 显示出产品的特点。

9. 文字设计一目了然。

4.8　包装策略

1. 类似包装策略

就是指企业所生产的各种产品在包装物外形上采用相同的形状、近似的色彩和共同的特征，以便使消费者从包装的共同特点产生联想，一看就知道是哪个企业的产品。实行这种策略的优点是容易提高企业信誉，节约包装设计费用。缺点是一损俱损。

2. 等级包装策略

将产品分为若干等级，对高档优质产品采用优质包装，对一般产品采用普通包装，使产品的价值与包装相称。如人参。

3. 配套包装策略

也称为组合包装策略、多种包装策略。它是指将数种有关联的产品放在同一容器内进行包装，以方便消费者购买、携带和使用。例如，把乒乓球、球拍、球网配套包装。

4. 双重用途包装策略

也称为再使用包装策略。它是指将原包装的产品使用完以后，包装物可移作其他用途。如酒瓶。

5. 附赠品包装策略

指在产品包装物内，附赠小物品，目的是吸引顾客购买和重复购买，以扩大销

售，尤其是在儿童用品市场上最具有吸引力。如糖果和其他小食品包装内附有连环画、小塑料动物等。

【案例分析与讨论】

“康师傅”成功的品名与包装

在我国方便面市场上，“康师傅”似乎成了方便面的代名词，据报道，首创“康师傅”方便面的是坐落在天津经济开发区内的一家台资企业。其投资者是台湾的“顶宏集团”，他们之中90%是彰化县永靖镇人，大多数股东在台生产、经营工业用蓖麻油，并不熟悉食品业，而且在岛内也不那么风光，是一批所谓“名不见经传”的小业主。

顶宏集团的一位董事透露，1987年底，他们原本计划到欧洲投资。动身前，台湾当局宣布开放大陆探亲，他们灵机一动，立即改变行程，决定在大陆市场寻求发展的契机。开始，他们并不清楚搞什么行当最能走红。经过大陆之行的实地调查后，发现改革开放后的大陆，经济建设搞得如火如荼，“时间就是金钱”的口号遍地作响，人们的生活节奏日趋加快。于是，一个新点子涌上他们脑海：为什么不去适应大陆的快节奏，在快餐业上寻求发财的机会呢？

俗话说，名不正则言不顺。极富商品意识的台商，出师先算，冥思苦想要给新口味方便面取个吉利的名字。思来想去，淘汰了不少品牌。后来有人建议用“康师傅”，因为“师傅”是大陆人对专业人员的尊称，使用频率和广度不亚于“同志”。此外，“康师傅”方便面有个“康”字，也容易引起人们对“健康”、“安康”、“小康”等心理联想。“康师傅”方便面经广告媒体一阵爆炒，便不胫而走。

为了使“康师傅”在大陆市场畅通无阻，必须要在口味上下工夫。“最原始”的办法就是“试吃”，康师傅以牛肉面为首打面，先请一批人试吃，不满意就改，直到有1000人吃过后，他们才将“大陆风味”确定下来。当新口味的“康师傅”方便面正式上市销售时，人们才知道了原来方便面的大包装里还有小酱料包，一层层打开，配料在泡面，味道原来这么地道；吃方便面还可以这样吃，是一杯、一碗还是一桶？因为方便面设计出了杯面、碗面、桶面包装，康师傅“面霸120”成为方便面包装经典；康师傅“小虎队”让孩子们爱不释手，因为每一包方便面包装内附小虎队旋风卡，而且每包里的人物都不同，味道各异的康师傅方便面，随着五彩缤纷的旋风卡走进了千家万户；而康师傅的亚洲精选则在每种口味产品包装设计上都反映出此口味的地域文化特征，其中“书法和龙纹”、“四川脸谱”、“台湾版画”等都分别成为包装设计的元素，让人在品尝方便面的同时也品味各地的风情文化。

◎**思考**：透过“康师傅”的品牌包装策略，说明康师傅的品牌设计和包装策略有什么特别的地方？

【本学习情境小结】

整体产品的三个部分是核心产品、形式产品和附加产品。整体产品概念是市场经营思想的重大发展，对于企业的经营具有重大意义。

一种产品从投放市场开始一直到被市场淘汰为止的整个过程，称为该产品的生命周期。产品的生命周期可以分为投入期、成长期、成熟期和衰退期四个阶段。

新产品的开发策略有：领先策略、跟随超越策略、更新换代策略和系列延伸策略等。

品牌是产品内涵的一种外在表现形式。要重视品牌的设计和品牌策略的运用。

包装在营销中的作用在不断增强，包装的方法和技术也在不断更新，合适的包装可以使产品魅力大增。

【情境思考】

1. 什么是产品的整体概念？为什么要从整体上加以理解？
2. 产品市场生命周期分为哪四个阶段？
3. 以你熟悉的某产品的商标与包装为例进行分析与评价？
4. 生意经“货卖一张皮”说明了什么？

学习情境七　定价策略

工作任务

任务一　了解产品价格的形成

任务二　根据定价的方法学会制定产品价格

任务三　了解产品价格的形成

任务四　根据变化对价格进行调整

知识与技能目标

1. 了解影响产品定价的因素及产品成本构成；掌握定价的程序和方法；能够运用价格策略及价格调整策略。

2. 掌握定价的一般方法及技巧，能够根据企业定价目标、产品成本、竞争者价格策略、外部环境等因素确定企业的价格水平及采取价格策略；

3. 了解竞争者价格策略，并能调整制订对应的价格策略。

在20世纪50年代之后，由于科技和经济的发展，消费水平随之提高，非价格因素在现代市场营销过程中表现得越来越突出，但是价格仍然是市场营销组合中一个十分敏感而又难以控制的因素，它直接关系着需求量的多少和利润的高低，影响着营销组合的其他因素，一方面，定价高低影响着顾客的接受程度。物美价廉的商品，消费者购买后能够获得较大的利益，从而愿意购买；质次价高的商品，消费者购买后难以获利，从而拒绝购买。另外，定价水平高低决定着企业的竞争力。价格水平高低在很大程度上影响和决定着企业的竞争实力。同时，定价水平高低也决定了企业的盈利水平。利润的多少与企业销售收入密切相关，而销售收入又受价格水平高低的影响。

菲利普·科特勒（Philip Kotler）说过：没有降价两分钱抵消不了的品牌忠诚。由此可见，价格在市场营销中是个关系成败的因素，有非常重要的地位。并在一定程度上具有战略意义，决定着企业营销的成败。

任务一 了解产品价格的形成

【任务引入】

有一位消费者去发廊剪发，一不留神没能经受住发型师的劝诱，本是去剪发，却萌生了烫发之念。剪发师拿着一本装帧挺漂亮的产品价格目录单给消费者，让她选择烫发水，翻开产品目录单，看后吓了一跳，价格从300多元至1800多元不等，犹豫了一会儿，只听旁边那个发型师说："1800多元价格太高了，没必要那么好的，300多元的这款使用后头发易脆和断裂，你的发质本身不太好，我建议你选用580元的那款。"最终消费者选择了一款580多元的烫发水。

◎**分析**：消费者为什么会选择"580元"价格？"发型师"用了什么定价策略和技巧？

（资料来源：佘伯明主编：《市场营销实务》，东北财经大学出版社2011年版）

【任务分析】

消费者在选购时，总是要将价格同产品价值相比较，按照消费者对该产品价值的认知来定价。只有当消费者确认价格合理，物有所值时才会作出购买决策。"发型师"就是巧妙地运用了消费者的心理来确认定价策略。

【知识准备】

1.1 影响定价的因素

在市场经济条件下，企业作为独立的商品生产者和经营者，可以独立自主地自由定价。但是，这种自由定价并不是随心所欲、不受任何制约的。价格的制定要受一系列因素的影响。

1. 企业外部因素

（1）社会劳动生产率

劳动生产率是指劳动者生产某种产品的效率或能力。它有两种表示方法：一是以单位时间内所生产的产品数量来表示；二是以生产单位产品所耗费的劳动时间来表示。劳动生产率水平的高低取决于生产中的各种经济和技术因素。如劳动者的技术熟练程度、科学技术发展水平及其在生产上的应用程度，生产过程的社会结合（如分工协作、劳动组织、要素组合、指挥、协调等）形式、生产资料的质量和效能、自然条件的优劣等。

社会必要劳动时间也就是商品的价值量，会随着劳动生产率的变化而变化。劳动生产率越高，一定劳动时间内所生产的使用价值量就越多，但所形成的价值总量却不变，从而平均物化到单位商品内的劳动量越小，单位商品包含的价值量越少；反之，劳动生产率越低，单位商品包含的价值量越大。所以，单位商品的价值量同生产该商品的劳动生产率成反比，而与体现在商品中的社会必要劳动量成正比。因为商品价值量取决于社会必要劳动时间，而社会必要劳动时间取决于部门平均劳动生产率，不是取决于个别企业的劳动生产率。

社会劳动生产率即生产某一种商品时，在该行业所必须的平均劳动生产时间。时间越少则社会劳动生产率越高。如生产一双鞋，甲要1小时，乙要半小时，丁要一小时半，那么生产一双鞋的社会劳动生产率就是一小时。

因此当社会劳动生产率一定时，某一生产者提高自身的个人劳动生产率，就可以降低成本，提高经济效益，这便是企业发展生产的根本动力，社会劳动生产率是衡量全社会范围内生产先进和落后的重要尺度。

（2）市场的供求关系

产品价格除受成本影响外，还受市场供求的影响，即受产品供给与需求的相互关系的影响。供求关系指在商品经济条件下，商品供给和需求之间的相互联系、相互制约的关系，它是生产和消费之间的关系在市场上的反映。当产品的市场需求大于供给时，价格就高；当产品的市场需求小于供给时，价格就低。反过来，价格变动也会影响市场需求。价格上升，需求减少；价格下降，需求增加。（参见图7-1）

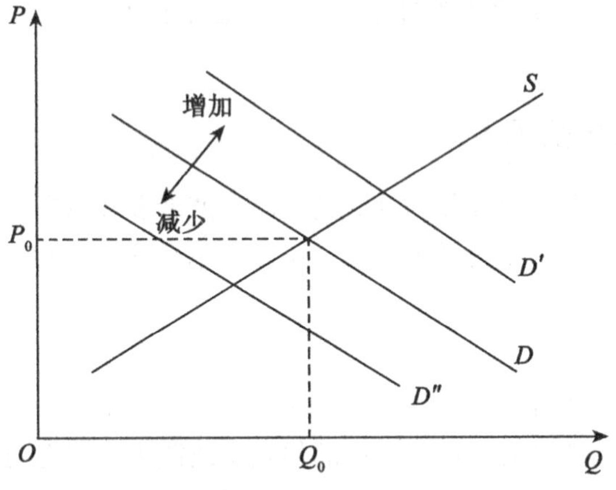

图7-1　市场的供求关系

不同产品价格对需求量的影响程度是不同的，反映这种影响程度的一个重要指标就是产品的价格需求弹性系数。

价格需求弹性系数是指由于价格的相对变动，而引起的需求相对变动的程度。

通常用需求弹性系数 E 表示，计算公式如下：

价格需求弹性系数 E=需求量变动百分比÷价格变动百分比

不同产品的价格需求弹性系数不同，包括缺乏弹性和富有弹性两种情况：

①当 E>1 时，叫富有弹性或弹性大。这类产品价格的变动会引起需求较大幅度变化。如时装，可以通过降低价格、薄利多销达到增加盈利的目的。

②当 E=1 时，叫单位价格需求弹性。它是需求弹性一种重要的特殊情形。

③当 E<1 时，叫弹性不足或弹性小。这类产品价格的变动只引起需求量微小的变化。如食盐，较高水平的价格往往会增加盈利，低价对需求量刺激效果不强，薄利不能多销，反而会降低收益水平。例如食盐、燃料、药品等。

需求价格弹性的强弱主要取决于以下影响因素：

①产品与生活的关系的密切程度。关系密切的必需品，需求弹性小；反之，弹性大。

②产品的独特性。产品独特稀有，需求弹性小，反之，则大。

③替代品和竞争者。替代品少、竞争者也少的产品，需求弹性小；反之，弹性大。

④支出比重。消费支出比重小，需求弹性小；反之，弹性大。

（3）社会经济状况

一般来说，经济高速发展，人们收入增长较快，易出现总需求膨胀，引起物价总水平上涨；而经济调整时期，经济发展速度放慢，人们收入增长减缓，易出现有效需求不足，引起物价总水平基本稳定。

（4）市场竞争者行为

价格是竞争者关注的焦点和竞争的主要手段，定价是一种挑战性行为，竞争者行为。任何一次价格制定与调整都会引起竞争者的关注，并导致竞争者采取相应对策。

（5）市场结构

产品价格受市场竞争环境影响，按照竞争的程度，市场竞争可以分为完全竞争、完全垄断、垄断竞争和寡头垄断四种形态，在不同竞争态势下，企业的定价策略是不同的。

①完全竞争市场。完全竞争是指在一种不受任何阻碍和干预的市场竞争状态下，价格完全由供求关系决定，企业几乎没有定价的主动权，各个卖主都是价格的接受者而不是决定者。这种情况一般只是一种理论假设，在现实生活中难以出现。

②完全垄断市场。完全垄断是指一种商品完全由一家或几家企业所控制的市场状态。在完全垄断状态下，企业没有竞争对手，市场价格由一家或与极少数几家企业控制。完全垄断在今天是极其罕见的，实际上，许多典型的垄断案例仅仅存在于那些受政府保护的产业。例如，如果一家制药企业研制出一种神奇的药品，那么它

可以获得一项专利，并在若干年内保持自己对这种药物的垄断权。

③垄断竞争。垄断竞争是指一种既有垄断又有竞争，是介乎完全垄断和完全竞争之间的市场结构。是在市场经济体制下普遍存在的典型竞争状态。在这种状态下，市场上的买主和卖主的数量比较多。由于产品差别的存在，每一个生产者对自己的产品有垄断权，但同时可替代的同类产品的生产者又为数众多，彼此之间展开激烈的竞争，价格就是在这种竞争中形成的。

④寡头垄断市场。寡头垄断是介乎垄断竞争与完全垄断之间的一种市场结构。为数不多的几家大企业供给该行业的大部分产品，因而它们对市场价格和供应量具有决定性的作用。在这种条件下，价格往往不是由供求关系直接决定，而是由少数寡头垄断者操纵的。操纵价格的方式有三种：一是由垄断者在定价上攻守同盟；二是由垄断者在定价策略上形成默契；三是由最大寡头先行定价，余者遵循。

（6）政府干预

价格影响到国家、企业、个人三者之间的利益，为了维护正常的市场经济秩序，约束企业的定价行为，维护三者的利益，每个国家的政府都会通过法律法规对价格实行一定的控制或干预。如《价格法》规定，企业定价行为不允许有价格欺诈、价格垄断、价格歧视、暴利或倾销定价等行为。因此企业在定价时，应注意货币政策、财政政策、贸易政策等对市场流通和价格的影响，尽可能的规避政策风险。

（7）消费者心理

消费者在选购商品时，总是要将价格同产品价值相比较，按照消费者对该产品价值的认知来定价。即消费者对产品有认知价值，它是消费者心理上对产品价值的一种评估和认识，它以消费者的产品知识、后天学习、消费经验及对市场行情的了解为基础。消费者如果认为产品价格高于其实际价值，就不会购买。只有当消费者确认价格合理，物有所值时才会作出购买决策。因此，消费者心理是企业在制定价格时必须考虑的因素。把握消费者的认知价值，制定出消费者乐于接受的“物有所值”的价格。

2. 企业内部因素

（1）产品成本

成本是产品在生产与流通过程中所耗费的物化劳动和活劳动的总和。产品成本是产品价格的下限，即最低限度。产品价格必须能够补偿产品生产、分销和促销的所有支出，并补偿企业为产品承担风险所付出的代价。

因此，成本是产品价格构成中最基本、最重要的因素。成本的构成及其表现形态，一般包括以下几种。

①生产成本。生产成本是企业生产过程中所支出的全部生产费用，是从已经消耗的生产资料的价值和生产者所耗费的劳动的价值转化而来。企业产品成本由两部

分组成，即固定成本和变动成本。固定成本是指短期内并不随产量变动而变动的成本费用，如折旧费、房租费、办公费用、管理人员报酬等；变动费用是指直接随产量变动而变动的成本费用，如原材料、动力、生产工人的工资等。

②销售成本。销售成本是商品流通领域中的广告、推销费用。广告、推销等是商品实现其价值的重要手段，用于广告、推销的费用在商品成本中所占的比重日益增加。

③储运成本。储运成本是商品从生产者手中所必须的运输和储存费用。

④机会成本。机会成本是企业从事某一项经营活动而放弃另一项经营活动的机会，从而丧失了从事另一项经营活动所应取得的收益。

（2）产品特征

产品特征好，该产品就有可能成为名牌产品、时尚产品、高档产品，就会对顾客产生极大的吸引力，企业定价的自由度较大。

（3）销售渠道与促销宣传

销售费用与促销费用的高低，直接影响着产品的价格。销售渠道与促销宣传。企业的整体营销战略与策略。

（4）企业的整体营销战略与策略

价格策略作为市场营销决策体系的重要组成部分，既要服从于市场营销战略目标的实现，又要配合其他诸如产品策略、销售渠道策略等各项决策的制定与实施。

1.2　定价目标

公司必须要决定自身的产品定价达到什么目标。公司在仔细甄别自己面临的各种因素后，确定自己的发展目标，那么价格就将是非常明确的。假如公司已经仔细地选定了它的利润和产品质量领先的目标，那时它的市场营销战略和定价都将十分的清楚。一个企业目标越清楚，定价越容易，企业的发展也将会更好。

定价目标是指企业通过制定一定水平的价格，所要达到的预期目的。影响定价的因素较多，定价的目标也因此有多种。

1. 利润目标

利润目标是企业定价目标的重要组成部分，获取利润是企业生存和发展的必要条件，是企业经营的直接动力和最终目的。因此，利润目标为大多数企业所采用。由于企业的经营哲学及营销总目标的不同，这一目标在实践中有两种形式：

（1）以追求最大利润为目标。它是指企业在综合分析市场竞争、消费需求量、费用开支等因素后，以总收入减去总成本的差额最大化的定价基点，确定单位商品价格，赚取最大利润。也可以直接为产品定一个较高价格。追求利润最大化必须具备一定条件，即产品声誉卓著，在目标市场上占有竞争优势。

（2）以获取适度利润为目标。它是指企业在补偿社会平均成本的基础上，适当地加上一定量的利润作为商品价格，以获取正常情况下合理利润的一种定价目标。按适度原则确定利润水平，并以此为定价目标。消费品价格适中，消费者愿意接受，符合政府的价格指导方针，企业又能获得长期利润，还可以避免不必要的竞争，协调投资者和消费者的关系，树立良好的企业形象，是一种兼顾企业利益和社会利益的定价方法。但适度利润的实现，必须充分考虑产销量、投资成本、竞争格局和市场接受程度等因素。否则，适度利润不可能得以实现。

2. 产品质量技术领先目标

产品质量领先地位目标的确立，要求有高的价格来作为提高产品质量和研究及开发高成本的后盾。一般来说，采用这种定价目标的企业，是已经在消费者心目中享有了一定声誉的企业，为维护和提高企业产品的质量和信誉，企业的产品必须有一个较高的价格，这样一方面可以通过高价格带来较高的利润，使企业有足够的资金发展产品、提高质量，保持技术的领先地位；另一方面，高价格本身就是产品质量、信誉的一种表现。这种定价目标利用了消费者的求名心理，制定一个较高的价格，有利于保持产品内在质量和外部形象的统一。

3. 市场占有率目标

不少企业想获得更高的市场份额，并取得市场份额的控制地位。这样，有利于它们享有最低的成本和最高的长期利润。所以，他们一般是尽可能定低价来追求市场份额的领先地位。

市场占有率，又称市场份额，是指企业的销售额占整个行业销售额的百分比，或者是指某企业的某产品在某市场上的销量占同类产品在该市场销售总量的比重。

在实践中，市场占有率目标被国内外许多企业所采用，其方法是以较长时间的低价策略来保持和扩大市场占有率，增强企业竞争力，最终获得最优利润。但是，以市场占有率为目标必要具备以下条件：企业有雄厚的经济实力，可以承受一段时间的亏损；企业生产成本低于竞争对手；企业对竞争对手情况充分了解，有从其手中夺取市场份额的绝对把握。

作为定价目标，市场占有率与利润的相关性很强，从长期来看，较高的市场占有率必然带来高利润。美国的营销研究表明：当市场占有率在10%以下时，投资收益率大约为8%；市场占有率在10%—20%时，投资收益率在14%以上；市场占有率在20%—30%时，投资收益率约为22%；市场占有率在30%—40%时，投资收益率约为24%；市场占有率在40%以上时，投资收益率约为29%。因此，以市场占有率为定价目标具有获取长期较好利润的可能性。

4. 稳定价格目标

稳定的价格代表着经营风险小。通常大多数企业希望减少经营风险。稳定价格目标的实质即是通过本企业产品的定价来左右整个市场价格，避免不必要的价格波动，减少企业之间因价格竞争而发生的损失。

为达到稳定价格的目的，通常情况下是由那些拥有较高的市场占有率、经营实力较强或较具有竞争力和影响力的领导者先制定一个价格，其他企业的价格则与之保持一定的距离或比例关系。对大企业来说，这是一种稳妥的价格保护政策；对中小企业来说，由于大企业不愿意随便改调价格，竞争性减弱，其利润也可以得到保障。在钢铁、采矿业、石油化工等行业内，稳定价格目标得到最广泛的应用。

【案例分析与讨论】

汰渍新上市三重功能洗衣皂价签标明，238克一块装是3.2元。按常理，两块装应当是6.4元或更低。但是238克两块装超市标价却是6.9元。这个标价超出了常理和人们对产品价格策略的理解。是不是写错了？一位中年女顾客两手各拿着一种洗衣皂，询问营业员价签是不是写错了，营业员看了看回答说，没错。

这位中年顾客把两块装的放下，拿着一块装的洗衣皂走了。为什么一块装标价3.2元，两块装却标价6.9元呢？是不是价签写错了？之后确定标价是没有错的。

如果价签没有写错，那是不是宝洁公司制定价格策略的人头脑发晕，犯了糊涂？这个可能性基本上为零。

◎**思考**：汰渍三重功能洗衣皂为什么这样定价？这样定价的目的究竟是什么？

任务二　根据定价的方法学会制定产品价格

【任务引入】

“平价药店”掀起价格冲击波

2002年8月31日，作为江西第一家平价药房的“开心人”大药房在南昌首次亮相。“开心人”承诺：16大类、5000多种药品售价比国家核定零售价平均低45%。“开心人”开张五天，每天客流量超过1万人，最高日销售额达10万元。“开心人”经媒体报道在南昌城内一夜成名。

9月24日，200多名供货商在医院、药店等联手施压下，突然从“开心人”集体撤货，有的还自己掏钱买走自己的药品。一位供货商说：“我如果不来撤货，其他药店就会威胁我，不销售我的药。”

与此同时，恶意的投诉举报致使工商等执法部门对“开心人”频繁检查，据说有人质疑“开心人”有不规范经营行为。“开心人”的经营受到重挫。其间威胁电话更是不断：要么调价，要么关门。

对于此类“平价药店”的出现，业界褒贬不一，各执一词。它的出现打破了原有的市场平衡，被同行视为是一种“抢钱”行为，因此受到了同行业者的质疑与排挤。除了供货商的围攻，在武汉、成都，甚至有药品平价超市遭打砸抢、遭火焚。

（资料来源：《成功营销》，2003 年第 1 期）

背景资料：

一般医药产品进入零售药店的通路要经过以下几个环节：

生产企业——总经销——大区或省级代理——地市级代理——医药批发公司——配送中心——药店——消费者。

目前市场上近 90%的药价已经放开，实行市场自由调节价。

国家计委（现为发改委）多次颁布限价令，根据药品的成本进行限价。政府也在医疗机构大力推行招标采购。

◎讨论：

1. 药店怎样能够做到“平价”？

2. 平价药店为什么会出现？

3. 平价药店出现后对药品流通业会产生什么影响？

【任务分析】

减少中间环节可以使药店做到平价，但是会引起竞争对手的强烈反击。因此要对商品进行合理的定价。

【知识准备】

2.1 企业定价程序

由于影响企业定价的因素众多，企业定价就应该遵循一定的程序。

1. 确定定价目标。因为定价目标不同，商品价位高低和采用的定价方法就会有所不同。如以追求产品质量领先为定价目标，就必须把价格定得高一些；以扩大市场占有率为目标，就意味着价格必须比较低。企业确定定价目标，必须做到具体情况具体分析。

2. 估算成本。不仅要考虑生产总成本，要考虑所有的成本。大多数情况下，随着产量的上升，产品平均成本会相应下降（称为规模效应）。如果企业的目标是取得市场销售份额，那么企业就要降低自己的成本，用低价格进入市场，争取得到更大的市场份额。

3. 分析市场需求。所谓定价就是确定价格的具体数值，因此，要确定合适的价格，就必须对需求作出正确的估计，以便进一步确定购买者的接受程度。一般说来，需求的大小随价格而变。因此，所谓分析市场需求，是指分析某种产品在不同价格下的需求量，或者说，估计需求量与价格之间的函数关系。在此基础上，再进一步分析价格的上限，也就是价格制定多高也能被购买者所接受，并能使企业获得最大利润。

4. 分析竞争对手的产品、成本和定价策略。如果说产品成本为企业定价确定了下限，市场需求为产品定价确定了上限，竞争对手的定价策略则是为企业树立了一个参考的标准，尤其是在为新产品制定价格时。

5. 选择基本定价方法。成本导向、需求导向和竞争导向是制定价格的基本方法，它们各有其合理性和便利性，也各有其最适合的条件。现实中，三方面因素都要考虑，但具体操作起来只能用一种方法。定价方法确定后，产品的价格就基本确定了。

6. 运用定价技巧和策略，确定最终价格。最终价格是面对顾客的价格，所以在确定了产品的基本价格后，有时需要使用一些定价策略和技巧来使产品的价格更有吸引力。

2.2　定价方法

产品常用定价方法包括成本导向定价、需求导向定价、竞争导向定价。

成本导向定价法，就是以成本作为定价的基础。此处的成本，指产品的总成本，包括固定成本和变动成本两部分。成本导向定价法中最常用的有成本加成定价法、售价加成定价法和目标利润率定价法。

1. 成本导向定价法

（1）成本加成定价法

成本加成定价是在单位成本基础上加一定百分比的加成率来制定价格，这个加成率相当于成本毛利率。产品单价计算公式为：

产品单价＝单位产品总成本×（1+进价加成率）

例如：某百货商店经营的某品牌照相机单位成本为 1000 元/部，加成率为 20%，则每部照相机的价格为：

照相机的单位价格＝1000×（1+20%）＝1200 元

这种方法的优点是计算简便，因为各企业的成本和目标利润率差不大，制定出的价格也相差不大，成本加成定价能够避免出现过度的价格竞争。但是，这种定价方法是从企业的角度出发来考虑定价的问题的，没有考虑市场需求、竞争者定价及消费者心理，缺乏灵活性，难以适应市场竞争的变化形势。

（2）售价加成定价法

售价加成定价是在单位售价基础上加一定百分比的加成率来制定价格，这个加成率相当于销售商品毛利率。产品单价计算公式为：

产品单价＝单位产品总成本÷（1−售价加成率）

例如：某商品进货价为 100 元，加成率（毛利率）为 30%，则该商品的销售价格：

价格＝100÷（1−30%）＝142.9 元

由于商品零售企业在定价过程中，价格往往取决于毛利率水平，以售价加成即毛利率为依据定价，便于实际操作，被广大的零售商采用。

（3）目标利润定价法（收益率定价法）

目标利润率定价法的要点是使产品的售价能保证企业达到预期的目标利润率。企业根据总成本和估计的总销售量，确定期望达到的目标收益率，然后推算价格。即根据估计的总销售收入（销售额）和估计的产量（销售量）来制定价格。

产品价格=（总成本+目标利润）÷预计销售量

例如：某企业生产A产品其固定成本为700万元，变动成本为300万元，预期销售量为60万个，假如企业的目标收益率，即成本利润率为20%，问A产品的单价应为多少？

解：目标利润=总成本×成本利润率

=（固定成本+变动成本）×成本利润率

=1000×20%=200（万元）

单价=（700+300+200）÷60=1200÷60=20（元）

因此，该企业产品的定价应为20元。

这种方法计算简便，如果企业能按制定的价格实现预计的销售量，就能达到预定的利润目标。在产品销售情况比较稳定的条件下，可以采用这种方法。但企业根据销售量倒推价格，而价格又是影响销售量的一个重要因素，销售量的估计缺乏较可靠的依据，这是运用此种定价方法的一个明显缺陷。

2. 需求导向定价法

需求导向定价是指按照顾客对商品的认知和需求程度制定价格，而不是根据卖方的成本定价。

需求导向定价是根据市场需求状况和消费者对产品的感觉差异来确定价格，主要的方法包括：认知价值定价法、反向定价法和需求差异定价法三种。

（1）认知价值定价法

认知价值是指消费者对某种商品价值的主观评判。认知价值定价法是指企业以消费者对商品价值的理解度为定价依据，运用各种营销策略和手段，影响消费者对商品价值的认知，形成对企业有利的价值观念，再根据商品在消费者心目中的价值来制定价格。

认知价值定价法主要需要掌握的，是获得消费者对有关商品价值理解的准确资料。企业如果过高估计消费者的理解价值，其价格就可能过高，难以达到应有的销量；反之，若企业低估了消费者的理解价值，其定价就可能低于应有水平，使企业收入减少。

因此，企业必须通过广泛的市场调研，了解消费者的需求偏好，根据产品的性能、用途、质量、品牌、服务等要素，判定消费者对商品的理解价值，制定商品的初始价格。然后，在初始价格条件下，预测可能的销量，分析目标成本和销售收入，在比较成本与收入、销量与价格的基础上，确定该定价方案的可行性，并制定最终价格。

（2）需求差异定价法

就是对同一产品或服务定出两种或多种不同的价格，这种差价并不反映产品成本的变化，而是根据不同顾客、不同时间和场所来调整其产品价格。

差异定价法形式主要包括：

①以不同的顾客群为基础。同一种产品，对某些顾客照价收款，而对另一些顾客则给予优惠，如军人票、老年票、学生票。

②以地点不同而异。如娱乐场所与餐饮场所对啤酒的需求是不一样的，前者价格高于后者。

③以时间效用为基础。许多产品的需求有时间性，例如商场的衣服一般根据旅游的淡旺季采取不同定价策略。

④以产品特征为基础。对同种产品不同的花色、式样定价不同，对产品不同的部位定价不同。如同一个剧场的座位，前后左右的座位定价不同。

（3）反向定价法

反向定价法，是指企业依据消费者能够接受的最终销售价格，计算自己从事经营的成本和利润后，逆向推算出产品的批发价和零售价。

这种定价方法以市场需求为定价出发点，力求使价格为消费者所接受。其特点是：价格能反映市场需求情况，有利于加强与中间商的良好关系，保证中间商的正常利润，使产品迅速向市场渗透，并可根据市场供应情况及时调整，定价比较灵活。

3. 竞争导向定价法

竞争导向定价法是指根据竞争者的价格来确定企业的定价，或与主要竞争者价格相同，或高于、低于竞争者的价格。

（1）随行就市定价法

随行就市定价法是指企业产品价格水平与本行业同类产品价格水平保持一致。这种随大流的定价方法，主要适用于需求弹性较小或供求基本平衡的产品。在这种情况下，单个企业提高价格就会失去顾客；而降低价格，需求和利润也不会增加。因此同行之间能和平共处，市场风险小，也易为消费者接受，是一种较稳健的定价方法，被中小企业所普遍采用。

（2）密封投标定价法

密封投标定价法是指买方在报刊上登广告或发出函件，说明需采购的商品的品种、数量、规格等要求，邀请卖方在规定的期限内投标。买方在规定的时间开标，并选择报价最低，最有利的卖方成交，签订采购合同。

在投标交易中，投标方根据招标方的规定和要求进行报价的方法。一般有密封投标和公开投标两种形式。主要适用于提供成套设备、承包建筑工程、设计工程项目、开发矿产资源或大宗商品订货等。

例如，某企业准备参加某项工程招标，在确定投标报价时，企业须根据同行业竞争对手的数量、实力及其可能采取的投标策略，预测分析本企业的报价、成本水平、预期利润、中标概率和期望利润等状况，从而选择最佳报价（见表7-1）。

表7-1　**投标报价分析表**　单位：元

报价成本	成本	预期成本	中标概率	期望利润
(1)	(2)	(3) = (1) - (2)	(4)	(5) = (3) × (4)
88000	85000	3000	0.8	2400
90000	85000	5000	0.7	3500
95000	85000	10000	0.4	4000
100000	85000	15000	0.1	1500
105000	85000	20000	0.5	1000

从表7-1可知，该企业最佳报价应为95000元，其期望利润为4000元，高于其他四个报价，但其中标概率为0.4。若企业急需中标，其报价应为88000元，其中标概率最大，为0.8。企业的具体报价应视实际情况而定。

【案例分析与讨论】

一个珠宝定价的有趣故事

位于深圳的异彩珠宝店，专门经营由少数民族手工制成的珠宝首饰。位于游客众多，风景秀丽的华侨城（周围有著名的旅游景点：世界之窗，民族文化村，欢乐谷等），生意一直比较稳定。客户主要来自两部分：游客和华侨城社区居民（华侨城社区在深圳属于高档社区，生活水平较高）。

几个月前，珠宝店店主易麦克特（维吾尔族）进了一批由珍珠质宝石和银制成的手镯、耳环和项链的精选品。与典型的绿松石造型中的青绿色调不同的是，珍珠质宝石是粉红色略带大理石花纹的颜色。就大小和样式而言，这一系列珠宝中包括了很多种类。有的珠宝小而圆，式样很简单，而别的珠宝则要大一些，式样别致、大胆。不仅如此，该系列还包括了各种传统样式的由珠宝点缀的丝制领带。

与以前的进货相比，易麦克特认为这批珍珠质宝石制成的首饰的进价还是比较合理的。他对这批货十分满意，因为它比较独特，可能会比较好销。在进价的基础上，加上其他相关的费用和平均水平的利润，他定了一个价格，觉得这个价格应该十分合理，肯定能让顾客觉得物超所值。

这些珠宝在店中摆了一个月之后，销售统计报表显示其销售状况很不好，易麦克特十分失望，不过他认为问题原因并不是在首饰本身，而是在营销的某个环节没有做好。于是，他决定试试在中国营销传播网上学到的几种销售策略。比如，令店中某种商品的位置有形化往往可使顾客产生更浓厚的兴趣。因此，他把这些珍珠质宝石装入玻璃展示箱，并将其摆放在该店入口的右手侧。可是，当他发现位置改变之后，这些珠宝的销售情况仍然没有什么起色。

他认为应该在一周一次的见面会上与员工好好谈谈了。他建议销售小姐花更多的精力来推销这一独特的产品系列，并安排了一个销售小姐专门促销这批首饰。他不仅给员工们详尽描述了珍珠质宝石，而且还给他们发了一篇简短的介绍性文章以便他们能记住并讲给顾客。不幸的是，这个方法也失败了。

就在此时，易麦克特正准备外出选购产品。因对珍珠质宝石首饰销售下降感到十分失望，他急于减少库存以便给更新的首饰腾出地方来存放。他决心采取一项重大行动，选择将这一系列珠宝半价出售。临走时，他给副经理匆忙地留下了一张字条。告诉她："调整一下那些珍珠质宝石首饰的价格，所有都乘以 1/2。"

当他回来的时候，易麦克特惊喜地发现该系列所有的珠宝已销售一空。"我真不明白，这是为什么"，他对副经理说，"看来这批首饰并不合顾客的胃口。下次我在新添宝石品种的时候一定要慎之又慎"。而副经理对易麦克特说，她虽然不懂为什么要对滞销商品进行提价，但她惊诧于提价后商品出售速度惊人。易麦克特不解地问："什么提价？我留的字条上是说价格减半啊。""减半？"副经理吃惊地问，"我认为你的字条上写的是这一系列的所有商品的价格一律按双倍计。"结果，副经理将价格增加了一倍而不是减半。

（资料来源：《市场营销》，郑州轻工业学院市场营销学课题组）

◎**思考：**

1. 请解释这种情况下发生了什么事情，为什么珠宝以原价 2 倍的价格出售会卖得这么快？

2. 异彩珠宝店是在哪一种市场类型中运作经营的？是垄断竞争市场、寡头市场还是完全垄断市场？是什么让你得出这样的结论？

3. 心理定价法的观念对易麦克特有什么帮助？你在未来的定价决策方面会给易麦克特提出什么建议？

4. 还有哪些情况下可能会发生这样"因提价而畅销"的有趣故事。

5. 请你谈谈贵公司的定价策略，对目前中国市场"价格战"的看法？如果你的对手突然大幅降低价格，你会如何应对？如果你的对手作了较大幅度的提价，你会如何应对？

任务三　了解产品价格的形成

【任务引入】

撇脂定价　输了两家

两款在中国上市不足一年的合资品牌轿车——长安福特嘉年华和福建东南菱帅相继于2003年8月1日和8月8日宣布降价，这一事件引出了业内人士的诸多话题。当然，有一点大家却是众口一词的，即“这完全是意料中的事”。

2003年以来，在定价问题上引发人们议论最多的要数年初上市的广本新雅阁和4月份上市的一汽—大众奥迪A4。一个是贴近民意，以超低价入市，撼动了整个中国车市，其市场份额一路飘红；一个是高举高打，决意要鹤立鸡群，坚持守在大多数消费者只能仰视的价格制高点。

显而易见，就价格策略而言，广州本田汽车有限公司所采用的是典型的渗透法定价，而一汽—大众汽车有限公司所采用的则是一种典型的撇脂法定价。我们不得不承认，国内这两大汽车企业在这场价格战略中可谓各取所需，都成了现实的赢家。尽管奥迪A4上市以来曾招致全国一片骂声，且上半年有不低的压库现象；而对广州本田汽车而言，他们所渴求的市场扩张眼下已成囊中之物；一汽—大众奥迪A4则通过这样的定价，不仅捍卫了奥迪品牌的高端性，同时，她既定的目标客户想逃也无处可逃（目前尚无第二竞争品牌）！但同样一个原理，同样的上市时机，长安福特嘉年华和福建东南菱帅却成了路人皆知的输家（尽管当事者并不承认）。

定价为本，降价为末。单从两款车的入市价格策略而言，他们均采用了撇脂定价法，这也是双双败落的源头。撇脂定价法成立的一个最重要前提是短期内几乎没有竞争的危险。就目前而言，恐怕只有奥迪A4尚存有几分这样的优势。对嘉年华与菱帅而言，不仅竞争品牌林林总总，且个个都在中国已被养得膘肥体壮，亦如猎豹般矫捷。而嘉年华与菱帅自身反倒身世驳杂，并不纯正。

先来看看福特嘉年华。

这款车在欧洲虽号称集万千宠爱于一身，曾创下“金方向盘奖”、“年度汽车奖”、“设计理事会奖”、欧洲区销售冠军、英国销量冠军、德国销量冠军、西班牙销量冠军——但撷取这些荣耀的年份却被主人无意间忽略了，眼下的消费者大部分恐怕早已清楚。另外，最让中国人如鲠在喉的还有嘉年华萎靡不振的三厢车外型居然来自印度！

我们再来看看菱帅。

从台湾中华汽车转手引进日本三菱LANCER整车技术，以动力纯粹而闻名于世，最大输出功率高达74千瓦，0—100公里加速时间仅需12.36秒。该车由厂家全力推介的价值亮点在于，日本三菱汽车曾以此车为基础平台开发出夺取WRC比赛冠军的LANCEREVO车型；该车在中国的配置诸如ABS+四轮碟刹、双SRS气囊、电动除雾后视镜、倒车雷达、HUD抬头显示器等也是菱帅的抢眼点，且整车尺寸已达4.43/1.7/1.41米，与捷达相当。于是东南汽车借此就向消费者开出了12.38万—18.8万元的天价；对于此定价，有消费者戏言："相对于18.8万元的高价，不要说菱帅开个天窗，就是在车内开个花园也不值！"

总而言之，中国有句俗话，叫"不怕不识货，就怕货比货"，就福特嘉年华而言，它的荣耀不仅年代稍远，车型也并非原汁原味，远比不了大众高尔夫，近比不了波罗；而东南菱帅在开发年代上很难讲与世界同步，在造型与配置上更不是别克凯越、雪铁龙赛纳、日产阳光等车型的对手，不仅如此，无论东南汽车还是长安福特，其在渠道及售后服务整体素质上也不是国内几大主力轿车企业的对手。

如此，两大品牌在上市半年就不得不舍本求末大幅降价，这不仅对硕果仅存的老客户的忠诚度带来重大挫败，其品牌形象的大幅缩水也已成定局。

（资料来源：田毅：《中国汽车报》，2003年9月23日第29版）

◎**思考**：新产品采取这种"撇脂"定价方法存在什么困难？

【任务分析】

高价产品的需求规模有限，过高的价格不利于市场开拓、增加销量；不利于占领和稳定市场，不容易让新产品迅速推广和扩散，易导致新产品计划的失败。高价高利会导致竞争者的大量涌入，仿制品、替代品迅速出现，从而迫使价格急剧下降，使企业错失良机。价格远远高于价值，在某种程度上损害了消费者利益，容易招致公众的反对和消费者抵制，甚至会被当作暴利来加以取缔，诱发公共关系问题。

【知识准备】

3.1 新产品定价策略

企业开发新产品和打开销路是一种在市场竞争中保持不败的方法。企业如何通过新产品获得满意的利润，这不仅是企业产品策略的问题，还和价格策略有着重要的关系，两者要相互配合。

一般来说，新产品定价有以下两种策略：

1. 撇脂定价策略

撇脂定价又称定高价，是指在产品生命周期的最初阶段，针对新产品的定价策略，指企业在产品寿命周期的投入期或成长期，利用消费者的求新、求奇心理，抓住激烈竞争尚未出现的有利时机，有目的地将价格定得很高，以便在短期内获取尽可能多的利润，尽快地收回投资的一种定价策略。其名称来自从鲜奶中撇取乳脂，含有提取精华之意。企业之所以在新产品上市之初制定高的价格，原因有：

（1）新产品有足够的购买者而且愿意接受较高的价格。

（2）新产品仿制困难使得竞争者难以迅速进入市场。

（3）新产品与同类产品、替代产品相比具有较大的优势和不可替代的功能。

（4）新产品采取高价策略获得的利润足以补偿因高价造成需求减少所带来的损失。

企业要在新产品上市之初制定高的价格，存在诸多的困难：

（1）高价产品的需求规模有限，过高的价格不利于市场开拓、增加销量；不利于占领和稳定市场，不容易让新产品迅速推广和扩散，易导致新产品计划的失败。

（2）高价高利会导致竞争者的大量涌入，仿制品、替代品迅速出现，从而迫使价格急剧下降，使企业错失良机。

（3）价格远远高于价值，在某种程度上损害了消费者利益，容易招致公众的反对和消费者抵制，甚至会被当做暴利来加以取缔，诱发公共关系问题。比如：柯达走进日本。

柯达公司生产的彩色胶片在20世纪70年代初突然宣布降价，立刻吸引了众多的消费者，挤垮了其他国家的同行企业，柯达公司甚至垄断了彩色胶片市场的90%。到了80年代中期，日本胶片市场被“富士”所垄断，“富士”胶片压倒了“柯达”胶片。对此，柯达公司进行了细心的研究，发现日本人对商品普遍存在重质而不重价的倾向，于是制定高价政策打响牌子，保护名誉，进而实施与“富士”竞争的策略。他们在日本发展了贸易合资企业，专门以高出“富士”1/2的价格推销“柯达”胶片。经过5年的努力和竞争，“柯达”终于被日本人接受，走进了日本市场，并成为与“富士”平起平坐的企业，销售额也直线上升。

2. 渗透定价策略

渗透定价策略又称定低价，是指企业把新产品价格定得相对较低，以吸引大量顾客，使新产品在短期内迅速占领市场，提高市场占有率。

采用渗透定价策略的条件是：

（1）产品的市场规模较大，有较大的市场潜力。

（2）产品的市场竞争激烈，有强大的竞争对手。

（3）产品的需求弹性够大，低价格带来高增长。

（4）产品的成本习性明显，销量增加可以促使成本明显的下降。

其优点：

（1）产品能迅速为市场所接受，打开销路，增加产量，使成本随生产发展而下降；

（2）低价薄利，使竞争者望而却步、减缓竞争，获得一定市场优势。

对于企业来说，采取撇脂定价还是渗透定价，需要综合考虑市场需求、竞争、供给、市场潜力、价格弹性、产品特性，企业发展战略等因素。

3.2 折扣定价策略

折扣营销定价策略是通过减少一部分价格以争取顾客的策略，在现实生活中应用十分广泛，用折让手法定价就是用降低定价或打折扣等方式来争取顾客购货的一种售货方式。折扣定价分为直接折扣定价和间接折扣定价两种。直接折扣定价包括数量折扣、现金折扣、功能折扣、季节折扣；间接折扣定价包括回扣和津贴。

1. 数量折扣

指按购买数量的多少，分别给予不同的折扣，购买数量愈多，折扣愈大。其目的是鼓励大量购买，或集中向本企业购买。

数量折扣包括累计数量折扣和一次性数量折扣两种形式。

累计数量折扣规定顾客在一定时间内，购买商品若达到一定数量或金额，则按其总量给予一定折扣，其目的是鼓励顾客经常向本企业购买，成为可信赖的长期客户。一次性数量折扣规定一次购买某种产品达到一定数量或购买多种产品达到一定金额，则给予折扣优惠，其目的是鼓励顾客一次大批量购买，促进产品多销、快销。

数量折扣定价策略的难点是如何确定合适的折扣标准和折扣比例。折扣的比例低，不能打动顾客，顾客不能享受优待，定价策略无法实施；折扣的比例高，企业又无法实现盈利目标。因此，企业应结合产品特点、销售目标、成本水平、资金利润率、需求规模、购买频率、竞争者手段以及传统的商业惯例等因素来制定科学的折扣标准和比例。

2. 现金折扣

是对在规定的时间内提前付款或用现金付款者所给予的一种价格折扣，其目的是鼓励顾客尽早付款，加速资金周转，降低销售费用，减少财务风险。采用现金折扣一般要考虑三个因素：折扣比例；给予折扣的时间限制；付清全部货款的期限。

3. 功能折扣

中间商在产品分销过程中所处的环节不同，其所承担的功能、责任和风险也不同，企业据此给予不同的折扣称为功能折扣。对生产性用户的价格折扣也属于一种功能折扣。

功能折扣的主要目标是鼓励中间商大批量订货，扩大销售，争取顾客，并与生产企业建立长期、稳定、良好的合作关系。功能折扣的比例，主要考虑中间商在分销渠道中的地位、对生产企业产品销售的重要性、购买批量、完成的促销功能、承担的风险、服务水平、履行的商业责任、以及产品在分销中所经历的层次和在市场上的最终售价等决定。

4. 季节折扣

季节折扣是企业对于购买非应季产品或劳务的用户的一种价格优惠。一些产品常年性生产、季节性消费，宜采用此策略。季节折扣的目的是鼓励买方在淡季提前订购和储存产品，使企业生产保持相对稳定，也减少因存货所造成的资金占用负担和仓储费用。

5. 回扣和津贴

回扣是间接折扣的一种形式，它是指购买者在按价格目录将货款全部付给销售者以后，销售者再按一定比例将货款的一部分返还给购买者。津贴是企业为特殊目的，对特殊顾客以特定形式所给予的价格补贴或其他补贴。

3.3 心理定价策略

每一件产品都能满足消费者某一方面的需求，其价值与消费者的心理感受有着很大的关系。这就为心理定价策略的运用提供了基础。心理定价策略一般包括：

1. 尾数定价

又称“奇数定价”、“非整数定价”。即给产品定一个以零头结尾的价格。大多数消费者在购买产品时，乐于接受尾数价格。消费者会认为这种价格经过精确计算，在价格上不会吃亏，消费者对价格有信赖感，符合消费者求廉的心理愿望。同时，价格虽离整数仅相差几分或几角钱，但给顾客一种便宜的感觉，尾数定价策略还给人一种定价精确、值得信赖的感觉。这种策略通常适用于基本生活用品。

2. 整数定价

整数定价与尾数定价相反，即按整数而非尾数定价，是指企业把原本应该定价为零数的商品价格该定为高于这个零数价格的整数，一般以“0”作为尾数。这种舍零凑整的策略实质上是利用了消费者按质论价的心理、自尊心理与炫耀心理。一般来说，整数定价策略适用于那些名牌优质商品。

整数定价是利用顾客“一分钱一分货”的心理，是针对的消费者的求名、求方便心理，将商品价格有意定为整数，由于同类型产品，生产者众多，花色品种各异，在许多交易中，消费者往往只能将价格作为判别产品质量、性能的指示器。同时，在众多尾数定价的商品中，整数能给人一种方便、简洁的印象。

整数定价会抬高商品的价值，百货商品对名牌产品可采用此法，该策略适用于高档、名牌产品或者是消费者不太了解的产品。

这是一种以整数来确定商品价格、维护商品形象的定价策略。有些商品如高档商品、耐用品，价值较高，顾客也难以掌握其质量性能，因此在外观条件相近情况下，消费者会产生价高品质也高的心理。如 2 台彩电，分别标价 1995 元和 2000 元，消费者可能认为 2000 元的彩电货真价实，质量要好于标价为 1995 元的那一台。

3. 声望定价

是根据产品在消费者心中的声望、信任度和社会地位来确定价格的一种定价策略。购买名贵商品的顾客，往往不在意商品价格，而是关心商品能否显示其身份和地位，价格越高，心理满足的程度也就越大。如金利来领带，一上市就以优质、高价定位，对有质量问题的金利来领带他们决不上市销售，更不会降价处理。给消费者这样的信息，即金利来领带绝不会有质量问题，低价销售的金利来绝非真正的金利来产品，从而极好地维护了金利来的形象和地位。

如德国的奔驰轿车，售价 20 万马克；瑞士莱克司手表，价格为五位数；巴黎里约时装中心的服装，一般售价 2000 法郎；我国的一些国产精品也多采用这种定价方式。

当然，采用这种定价法必须慎重，一般商店、一般商品若滥用此法，弄不好便会失去市场。

4. 招徕定价

招徕定价是将少数产品价格定得很低，甚至低于成本价格，吸引顾客前来购买“便宜货”，并同时带动其他商品的销售。这一定价策略被综合性百货商店、超级市场、甚至高档商品的专卖店经常使用。采用这种策略，商家虽然在几种低价产品上不赚钱，甚至亏本，但由于低价产品带动了其他产品的销售，对扩大销售，实现总体盈利是非常有效的。

采用招徕定价策略时，必须注意以下几点：

（1）降价的商品应是消费者常用的，最好是适合于每一个家庭应用的物品，否则没有吸引力。

（2）实行招徕定价的商品，经营的品种要多，以便使顾客有较多的选购机会。

（3）降价商品的降低幅度要大，一般应接近成本或者低于成本。只有这样，才能引起消费者的注意和兴趣，才能激起消费者的购买动机。

（4）降价品的数量要适当，太多商店亏损太大，太少容易引起消费者的反感。

（5）降价品应与因伤残而削价的商品明显区别开来。

例如：北京地铁有家每日商场，每逢节假日都要举办“一元拍卖活动”，所有拍卖商品均以 1 元起价，报价每次增加 5 元，直至最后定夺。但这种由每日商场举办的拍卖活动由于基价定得过低，最后的成交价就比市场价低得多，因此会给人们产生一种“卖得越多，赔得越多”的感觉。岂不知，该商场用的是招徕定价术，它以低廉的拍卖品活跃商场气氛，增大客流量，带动了整个商场的销售额上升。

5. 习惯定价

习惯定价是指按照消费者的习惯性标准来定价。有些产品在长期的市场交换过程中已经形成了为消费者所适应的价格，成为习惯价格。企业对这类产品定价时要充分考虑消费者的习惯倾向，采用“习惯成自然”的定价策略。对消费者已经习惯了的价格，不宜轻易变动。降低价格会使消费者怀疑产品质量是否有问题。提高价格会使消费者产生不满情绪，导致购买的转移。在不得不需要提价时，应采取改换包装或品牌等措施，减少抵触心理，并引导消费者逐步形成新的习惯价格。

3.4 地区定价策略

许多企业生产的产品不仅销售给当地的顾客，而且也销售给外地的顾客。销往外地的产品，会发生运输、仓储、装卸、保险等费用。这时，企业就面临着地区性定价问题。企业地区定价策略有：

1. 产地交货价格

是指卖方按出厂价格交货或将货物送到买方指定的某种运输工具上交货的价格。在国际贸易术语中，这种价格称为离岸价格或船上交货价格。交货后的产品所有权归买方所有，运输过程中的一切费用和保险费均由买方承担。产地交货价格对卖方来说较为便利，费用最省，风险最小，但对扩大销售有一定影响。

2. 目的地交货价格

是指由卖方承担从产地到目的地的运费及保险费的价格。在国际贸易术语中，这种价格称为到岸价格或成本加运费和保险费价格。还可分为目的地船上交货价格、目的地码头交货价格以及买方指定地点交货价格。目的地交货价格由出厂价格加上产地至目的地的手续费、运费和保险费等构成，虽然手续较繁琐，卖方承担的费用和风险较大，但有利于扩大产品销售。

3. 统一交货价格

也称送货制价格，即卖方将产品送到买方所在地，不分路途远近，制定统一的价格。这种价格类似于到岸价格，其运费按平均运输成本核算。这样，可减轻较远地区顾客的成本负担，使买方认为运送产品是一项免费的附加服务，从而乐意购买，有利于扩大市场占有率。同时，能使企业维持一个全国性的市场价格，易于市场维护和管理。

4. 分区运送价格

也称区域价格，是指卖方根据顾客所在地区距离的远近，将产品覆盖的整个市场分成若干个区域，在每个区域内实行统一价格。这种价格介于产地交货价格和统一交货价格之间。

5. 运费津贴价格

是指为弥补产地交货价格策略的不足，减轻买方的运杂费、保险费等负担，由卖方补贴其部分或全部运费。该策略有利于减轻边远地区顾客的运费负担，使企业保持市场占有率，并不断开拓新市场。

3.5　产品组合定价策略

对于生产经营多种产品的企业来说，定价须着眼于整个产品组合的利润实现最大化，而不是单个产品。所以产品定价不仅仅只考虑单一产品定价，而必须考虑产品组合定价策略。

1. 产品线定价

产品线定价是指对产品线内的不同产品，根据不同的质量和档次，顾客的不同需求及竞争者产品的情况，确定不同的价格。例如，男西装分别定价 1280 元、680 元、380 元三个水平，顾客自然会把这三种价格的西装分为高、中、低三个档次进行选购。企业进行产品线定价时，产品线中不同产品的价差要适应顾客的心理要求，价差过大，会诱导顾客趋向于某一种低价产品上，价差过小，会使顾客无法确定选购目标。

2. 互补产品定价

互补产品是指两种或两种以上功能互相依赖、需要配合使用的商品，例如，彩色打印机与墨盒。同时生产这两种相关产品的企业，一般会将主体产品价格定得较低，以吸引顾客购买，而将附带产品的价格定得较高。顾客一旦购买了主体产品以后，还须购买附带产品，企业可以通过提高附带产品的价格来弥补主体产品低价造成的损失，并获取长期的利益。

3. 系列产品定价

有时企业向顾客提供一系列相关的产品和服务，如一家宾馆既为顾客提供住宿、餐饮服务，也提供娱乐、健身服务，为了促进销售，企业往往把一组产品连在一起出售。如饭店不单独出租客房，而是将客房、膳食和娱乐一并收费，其价格比单独购买要低得多。

【案例分析与讨论】

格兰仕，手持“价格屠刀”的主导者

价格战，向来备受关注，因为每一次价格战的结束，就意味着市场格局调整，行业“洗牌”，消费者成为最大的受益者。而在人们津津乐道的价格战中，号称“价格屠夫”的格兰仕是不能不提及的“大鳄”。

1. 价格战后的“风景”

消费者应该对格兰仕这样的企业心存感激，是格兰仕在五年时间内把原本 2000—3000 元一台的普及型微波炉降到 500 元，最便宜的仅为 200 多元，连一个刚工作的年轻人都能轻松地拿出第一个月的薪水买一台微波炉来享受享受。是格兰仕让微波炉以几何级递增速度进入千家万户，使中国的老百姓提早享受这一现代厨

具带来的便利与无油烟清洁烹饪的快乐，大大降低了烹饪繁琐程度，提高了生活质量。

竞争者对咄咄逼人的格兰仕多少有点无奈。格兰仕1993年进入微波炉市场，当时整个中国的市场容量仅为20多万台，而龙头老大蚬华内销规模为12万台，且大半市场集中在上海，许多百姓连微波炉为何物都不清楚。格兰仕进入市场的第一年实现销量1万台，1994年10万台。到1995年销量达25万台，市场占有率为25.1%，以0.6%的微弱优势超过蚬华—惠而浦，荣登微波第一宝座，成为全国第一。到了1998年，格兰仕总产量达315万台，内销213万台，市场占有率为61.43%。到2005年，格兰仕以2000万台的销量夺取了国外50%以上、国内70%以上的市场份额，继续称雄全球，

2. 价格战“屠刀”飞舞

格兰仕在微波炉市场上，从来没有真正放下过“价格屠刀”。

1996年8月，格兰仕微波炉发动第一次降价，平均降幅达40%，推动微波炉在国内的普及。当年实现产销65万台，市场占有率超过35%。

1997年10月，格兰仕微波炉第二次大幅降价，降幅在29%-40%，使其当年的市场占有率扩大到47.6%，产销量猛增到198万台。

1998年5月，格兰仕微波炉以“买一赠三”和抽奖等形式进行变相降价，并逐步将市场重心转移到海外。其时，微波炉年产达到450万台，是世界上最大的微波炉生产厂家。当年，国内市场占有率达到60%以上。

2000年6月，格兰仕微波炉第四次掀起大规模的价格大战，降幅仍高达40%，以“五朵金花”系列等中档机为主。2000年10月，格兰仕微波炉第五次大降价利刃直指高端市场，高档黑金刚系列微波炉降幅接近40%，高档机型需求率迅猛提高。全年国内市场占有率高达76%；国际市场占有率突破30%，晋升中国家电出口二强之一。

2001年4月，格兰仕推出300元以下微波炉，再次令淡季市场空前火爆。

2002年1月，格兰仕数码温控王系列微波炉降价30%，使“高档中价”的高档机价位直逼其他品牌中低档产品的价格，加上数码光波、太空金刚、白金刚等高新技术产品的上市及热销，格兰仕“封杀”整个微波炉市场。

2002年3月7日，“黑金刚”系列中高档微波炉价格全面下调，最高降幅超过30%，平均降幅25%左右。

2004年6月，格兰仕推出购600元格兰仕光波炉可获赠价值1280元的钻石手表后，后又推出买600元光波炉送价值1680元的“派力特”太阳镜的促销活动，掀起抢购狂潮。

（案例来源：佘伯明主编：《市场营销实务》，东北财经大学出版社2011年版）

◎**思考**：格兰仕发动价格战的前提是什么？为什么价格战能让格兰仕登上微波

炉“行业老大”的宝座?

任务四 根据变化对价格进行调整

【任务引入】

20世纪末，小鸭滚筒洗衣机曾搞降价促销活动，但因为事前缺乏周密的策划和舆论造势，以致于一出招，就被竞争者暗箭所伤——各大报纸上发表的“软性文章”以专家的口气暗示，在目前的成本水平下，滚筒洗衣机价格降至2000元以下不可能，谁以这个价格出售，就极可能是以较低的产品质量和较少的售后服务为代价的。小鸭公司虽然极力辟谣，但滚筒洗衣机的销量不但未见上升，反而出现滞销的状况。

（资料来源：周建波：《营销管理：理论与实务》，山东人民出版社2002年版）

如果作为小鸭公司的营销经理，你将如何从价格方面入手扭转产品滞销的局面?

【任务分析】

企业确定商品价格后，并不是就结束了定价。随着外部环境和市场形势的变化，企业的价格政策也必将进行适当的调整，主动或被动降价或提价，或对竞争者的调价做出适当的反应。

【知识准备】

4.1 削价及提价策略

企业调整价格，可以用减价及提价策略。企业产品价格的调整可能是因为外部原因，也有可能是内部原因。

1. 降价策略

降价，是企业价格策略中杀伤力最大的武器，会打乱竞争平衡，引发价格战。其结果是市场重新“洗牌”。所以企业采取较大幅度降价策略时，须慎重。

（1）降价的动因：

企业选择降价，一般有几方面考虑：急需回笼资金；开拓新市场；排斥现有竞争者；生产能力过剩；满足中间商要求；成本大幅度降低等。

（2）降价策略

①降价方式：有直接降价和间接降价两种方式。直接降价是直接降低产品价格，间接降价是在价格不变的情况下，增加额外服务、馈赠物品、改进产品性能等。

②降价幅度：降价幅度要适宜，幅度过小，不能引起消费者注意和兴趣，起不到降价的效果；降价幅度过大，则会引起消费者对产品质量的疑虑，同样达不到降

价的目的。一般情况下，降价幅度在10%–30%，效果较明显。

③降价频率：降价频率要稳定。降价频率过快，降价不是一步到位，而是连续反复降价，容易使消费者产生不信任的心理效应，不利于销售稳定增长。

④降价时机：由于影响降价的因素较多，企业经营者必须审慎分析和判断，并根据降价的原因选择适当的降价时机。如流行性商品，当流行高峰期一过就可以考虑降价，而对一般性商品，可以选择产品进入成熟期后的峰点为降价的最佳时机。

2. 提价策略

提价在短期内可以提高企业的利润，但也有不少的弊端，比如会引起产品竞争力下降、消费者不满、销售下跌、经销商抱怨，甚至还会受到政府的干预，尤其会直接影响顾客对企业的忠诚度，是一种弊大于利的做法。企业在以下情况下，会考虑提价。

（1）提价的原因

产品成本剧增；市场通货膨胀；严重供不应求；竞争者提价。

（2）提价策略

①提价方式：包括直接提价和间接提价。直接提价就是把产品的价格直接提高。间接提价是指产品标价不变，通过改变产品内容，如降低服务标准，取消运费补助，降低质量等级等，以达到变相提高价格的目的。

②提价时机：提价时机可选择这样几种情况：当企业的产品在市场竞争中处于优势地位时；当竞争对手产品价格上调时；当物价上涨、通货膨胀时；当企业经营成本增加时等。

4.2 消费者对价格变动的反应

不论是降价还是提价，消费者都会有不同的反应。企业要根据消费者的反应采取相应的对策。不同市场的消费者对价格变动的反应是不同的，即使处在同一市场的消费者对价格变动的反应也可能不同。研究消费者对调价的反应，要注重分析消费者的价格意识。

价格意识是指消费者对商品价格高低强弱的感觉程度，直接表现为顾客对价格敏感性的强弱，包括知觉速度、清晰度、准确度和知觉内容的充实程度。它是掌握消费者态度的主要方面和重要依据，也是解释市场需求对价格变动反应的关键变量。

消费者可接受的产品价格界限是由其价格意识决定的。这一界限也就规定了企业可以调价的上下限度。在一定条件下，价格界限是相对稳定的，若条件发生变化，则价格心理界限也会相应改变，因而会影响企业的调价幅度。

依据以上原理，可以将消费者对价格变动的反应归纳为：

1. 在一定范围内的价格变动是可以被消费者接受的，提价幅度超过可接受价格的上限，则会引起消费者的不满，产生抵触情绪；降价幅度低于下限，会导致消费者的种种疑虑，对购买行为产生抑制作用。

2. 在产品知名度因广告而提高、收入增加、通货膨胀等条件下，消费者可接受价格上限会提高；在消费者对产品质量有明确认识、收入减少、价格连续下跌等条件下，下限会降低。

3. 消费者对产品价格变动的反应

（1）消费者对某种产品削价的可能反应是：产品可能因为式样陈旧、质量低劣而被淘汰；企业遇到财务困难，很快将会停产或转产；价格还要进一步下降；产品成本降低了。

（2）消费者对某种产品提价的可能反应是：这种产品很紧俏，我也应赶快购买，以免价格继续上涨即买涨不买落的心理；提价还可能意味着产品质量的改进；因为是名牌所以价格应该高一些；各种商品价格都在上涨，提价很正常。

4.3　竞争者对价格变动的反应

企业在制定调价策略时，还须考虑竞争对手的反应，考虑由于降价后，竞争者可能会采取的对应的价格策略，以及竞争者的价格策略对企业的定价的影响程度。

4.4　企业对竞争者调价的反馈

在市场竞争尤其是面对价格竞争时，企业经常会面临竞争者调价的挑战。如何对竞争者的调价作出及时、正确的反应，是企业定价战略的一项重要内容。

1. 企业面对竞争者调价的冷静思考

竞争对手在实施价格调整策略之前，一般都要经过长时间的深思熟虑，仔细权衡。而一旦调价成为现实，则这个过程相当迅速，并且在调价之前大多要采取保密措施，以保证价格战的突袭效果。企业面对突如其来的价格调整，正确的做法是尽快搞清以下问题：

（1）竞争者调价的目的是什么？

（2）竞争者调价是长期的还是短期的？

（3）竞争者调价将对本企业的市场占有率、销售量、利润、声誉等方面有何影响？

（4）同行业的其他企业对竞争者调价行动有何反应？

（5）企业有几种反应方案？竞争者对企业每一个可能的反应又会有何反应？

2. 面对竞争者降价的反馈战略

面对竞争者的降价和突发的价格进攻，企业可以考虑的价格反馈战略一般可选择：

（1）维持原价，任其自然。维持原价的依据是靠顾客对产品的偏爱和忠诚度来抵御竞争者的价格进攻。

(2) 维持原价，加强非价格竞争。比如，企业加强广告攻势，增加销售网点，强化售后服务，提高产品质量，或者在包装、功能、用途等方面对产品进行改进。

(3) 相应降价。与竞争对手一样降低价格，但同时保持产品质量和服务水平稳定不变。

(4) 提高价格，改善质量。对现有产品实行高价重新定位，同时引进较高价位的新品牌。

(5) 推出低价位的新品牌。在产品线中引进低价产品，围攻竞争对手的品牌，以对抗竞争者的降价压力。

3. 面对竞争者提价的策略选择

面对竞争者的提价和突发的价格进攻，在对于价格策略方面要结合企业经营的产品特性确定对策。一般说来，在同质产品市场上，对竞争者的提价，企业既可以跟进，也可以暂且观望。在异质产品市场，针对竞争者提价，企业更多则通过非价格手段，如质量、服务、功能、渠道等多方面策略与之抗衡，当然也不排除使用价格策略进行反击的可能性。

【案例分析与讨论】

掌上电脑：风云突变

2000年10月19日，恒基伟业在京举行新闻发布会，正式对外宣布其旨在推广掌上电脑普及的“商务通A计划”：将其主流的商务通602的价格从原来的1980元降至1280元，商务通801的价格则降至980元，跌破千元大关……由此，一场掌上电脑领域真正意义上的价格大战正式打响。

1. 让更多的人买得起掌上电脑

恒基伟业此次降价的产品，均为其在市场上的畅销产品，销售量和消费者的认知都十分令人满意。恒基伟业何以要降价呢？对此，恒基伟业总裁张征宇博士介绍说，截至最近的统计，商务通的用户已逾120万人。但整个掌上电脑市场的规模还很大，行业专家已经非常大胆地预计，今年中国掌上电脑市场的销售量将达到200万台以上的规模。市场经过初期的启蒙，普及的时机和条件都已经成熟。为了让更多的人学会使用掌上电脑，恒基伟业觉得自己有义务、有责任进行掌上电脑的普及工作，把价格降下来，让更多的人买得起掌上电脑，这是恒基伟业发动此次价格战的重要原因之一。

据透露，恒基伟业对此次价格大战做了精心充分的准备。几个月前，一直对降价沉默不语的恒基伟业就在郑州、上海、石家庄等七个城市的商场进行静态销售（不做广告，只在柜台前以消息形式告知的状态下销售）试点。试点当天，一些地方甚至出现了排队购买现象。一位上海消费者表示，一直想购买这类产品，但商务通太贵了。现在商务通降价，他也就不打算买其他品牌了。另一位郑州消费者不但在此期间为自己购买了一台商务通，还向他周围的同事、朋友大力推介，连带多人购买。看来此次商务通降价的消息对消费者来说的确有吸引力。有专家预计，商务通此次降价将有众多同类厂商在短期内迅速跟进。对此，恒基伟业已经在原材料、产品、渠道、服务上作了充分的准备，严阵以待。

2. 打假手不软，让消费者得益

从1999年起恒基伟业所造就的市场奇迹，为众多厂商开辟了一块新兴市场，一时间掌上电脑品牌数量激增，快译通、好易通、名人、桑夏、震旦……各路诸侯纷纷出马。众多厂商参与竞争本来对行业和消费者是有好处的，但有些厂商为了能迅速占领市场，将模仿成功者作为他们首先选择的方式，造成各种不规范行为的屡屡发生。

商务通面市后，就有许多产品被称做“商务总理”等；当商务通推出连笔王的时候，市场上冒出许多“全屏连笔王”、“旋风连笔王”、“一指连笔王”等产品，类似的广告宣传使很多消费者一头雾水；同时，某些产品在功能、外观上极力模仿商务通，但性能却差强人意。行业缺乏自律的阴影笼罩着刚刚起步的国内掌上电脑市场。为此有人悲观地说，掌上电脑市场的发展结果将如同VCD一样。

所以，当恒基伟业宣布降价的时候，引起了行业内外广泛的关注，有业内人士分析，本次降价将是对国内掌上电脑市场进行第二次洗牌。它将树立新的行业门槛，对掌上电脑的生产厂商在产品技术和企业实力上提出更高的要求。一方面避免了小作坊式的企业的进入，使一些试图捞一把就走的企业知难而退，减少了消费者莫名其妙的损失。另一方面，通过降价使现有市场中不合理产品淘汰，使整个市场进行大规模的调整，让消费者可以享受到最好的性价比产品。可以预计，在未来的短期时间内，一些生产规模小、成本高、性能差、服务不成体系的厂商将因此变得几乎没有市场生存空间，很多企业和产品将被淘汰出局，因此会在一定的时间内将出现“跳楼价”的甩货现象。再次洗牌之后，商务通的霸主地位将会更加巩固，现有的众多品牌只会剩下一两家有实力留下来和商务通进行竞争，由此而形成一个相对成熟和健康的竞争环境。

3. 营造良好的市场竞争秩序

从经验和调查来看，价格战始终有三大特征：一是针对竞争对手采取价格行动；二是不惜血本地抛售；三是它的结果或是消灭竞争对手，或被对手吃掉。由于在市场竞争中，第一品牌占有品牌、市场、渠道、产品、资金等诸多优势，可以凭借规模最大限度地降低生产和销售的成本，因此其他品牌想要通过价格战打掉第一品牌几乎是不可能的；也因此只有领导品牌才有能力来决定价格和行业标准，其他品牌是无力挑起价格战，也无力承受价格战的。即使其他品牌想要通过价格战扩大市场份额，一旦领导品牌开始反击，其结果往往也是无疾而终。

恒基伟业就是要凭借其第一品牌的规模和实力规范目前混乱的市场状况，营造一个良好的市场竞争秩序，将其他品牌淘汰出局。降价从短期来看是一种商家争夺市场的手段，但从长期来看，降价是为产品的进一步发展铺平道路。掌上电脑这个20亿元的大市场还有着极大的潜力和很大的发展空间。关键是要培育和建立这个市场健康有序的发展方向。

◎分析：

1. 为什么恒基伟业掌上电脑采用降价策略？

2. 谈谈你对恒基伟业的降价决策的理解。

【本学习情境小结】

随着消费者收入水平提高，非价格因素在买方购买行为中的作用变得越来越重要。但是，对于大多数的消费者而言，价格仍然是影响消费者购买的首选因素。价格策略成为市场营销组合中最活跃的一个因素，它不仅影响产品的销售，而且直接影响到企业盈利目标的实现。定价是否适当，往往直接关系到产品能否被市场所接受，直接影响产品在市场上的竞争力，从而影响企业的生存与发展。在价格理论基础上，从消费者角度出发，结合企业营销目标，研究产品进入市场、占领市场、开拓市场的定价策略是本章要解决的主要问题。

价格是现代市场营销中的重要策略。企业在考虑为产品定价时，首先应明确自己的市场营销目标，目标越明确，定价越明晰。企业一般可以维持生存、利润最大化、提高市场占有率、保持最高产品质量、打击或防御竞争等作为自己的定价目标。其次应正确选择定价方法，可供企业选择的定价方法主要有：成本导向、竞争导向、需求导向定价法。

企业在以上定价的基础上，还应根据市场环境的变化，运用定价策略及时地对价格进行修正。适用的价格策略主要有：心理定价策略；差别定价策略；折扣与让利定价策略；新产品定价策略；产品组合定价策略等。企业可根据具体情况选用。

产品价格确定后，不可能永久不变。当企业需要变动产品价格时。必须认真分析顾客和竞争对手的反应。当竞争对手率先发动变价时，企业应作出迅速反应，并采取相应对策予以反击。

【情境思考】

1. 企业的价格策略与企业定价目标有什么关系？哪些因素影响着企业定价策略？

2. 什么叫需求价格弹性？需求价格弹性对企业价格制定有何影响？

3. 简述企业定价的流程。

4. 简述企业定价的基本方法有哪些？

5. 折扣定价及心理定价各包括哪几种方法？
6. 面对竞争者的降价挑战，企业应该如何应对？
7. 如何理解各种定价策略？
8. 你认为价格在营销中可发挥哪些作用？试举例说明。

学习情境八

市场营销组合策略——渠道策略

工作任务

任务一　概述分销渠道

任务二　走入直销

任务三　走入中间商

任务四　选择与管理分销渠道

知识与技能目标

1. 理解掌握分销渠道的主要模式，具有选择分析分销渠道模式的能力
2. 熟悉直销与分销的区别，能够识别直销和分销
3. 掌握中间商的分类及批发商与零售商的区别
4. 理解影响分销渠道的因素，能够调整并管理分销渠道
5. 掌握分销渠道的设计及管理
6. 熟悉窜货管理

任务一　概述分销渠道

【任务引入】

西安杨森的销售渠道

一、调研，市场的开路先锋

西安杨森的达克宁霜早在1989年就进入了中国市场，是该公司的主

导产品之一。在上市初期，该公司就如何使人们简单明确地了解这个品种，做了大量的市场论证和消费者调研工作。他们通过问卷、面访、电访等手段，综合各类人群对脚气的反映，发现药物不仅要止痒，使其不再复发也非常关键。于是在达克宁霜的广告中特别强调减少复发的可能性，准确地抓住了消费者对消除脚气困扰的关键所在，因而成功地建立了达克宁霜功效优越的地位。

长期以来，西安杨森形成了自己一套完整的市场调研方案：根据公司产品的不同适应症，对影响人们用药水平的诸多因素，如人口、年龄、性别、心理、地理位置等进行了系统研究和分析，决定采取销售活动地区化的策略，这样就能对市场的需求变化作出更快、更准确的反应。

二、宣传攻势，创造爆发性的销售力

“让每一个中国医生了解西安杨森产品”是杨森公司宣传工作的目标。通过召开各种产品的座谈会、宣讲会、研讨会，面对面地向医务人员，特别是有处方权的中青年医生进行宣传，有效地扩大了企业产品的影响面。同时有计划、有步骤地利用每次医药全国订货会的良机并应用大众宣传媒介在全国各大报刊、广播电台、电视台大作企业形象和产品的宣传广告，覆盖面广并带有科普性、趣味性，大大提高了西安杨森和杨森产品的知名度。

三、医药代表，走专家销售之路

西安杨森能取得如此佳绩，这是与公司的医药代表的工作分不开的。该公司有140名既具有专业知识，又具备销售技巧、一专多能的人才组成医药代表，他们大多毕业于医药院校。

西安杨森公司的用人哲学包括四个方面的内容：选择优秀的人才加入组织；培训使之成长；管理使之成功；通过员工的成功来保证公司的成功。

为保证医药代表工作的高效性，西安杨森十分重视员工的培训工作。1994年，该公司花费150万元举办了一次为期10天的大规模的销售人员的培训活动。培训的内容包括：企业文化、销售策略、客户服务等。

通过严格的培训和第一线生产劳动的实践，西安杨森的销售人员都成为既懂医药知识又精于销售技巧的专家，在杨森的产品销售工作中发挥了巨大的作用，真正做到了“我们西安杨森的每一位推销人员都有独当一面的本领”。

对医生培训是外资医药企业市场推广的重要组成部分，也就是人们常说的召开临床推广会。组织者邀请当地医院医务工作者，由销售代表从病理和药理的角度讲解新产品的研制、原理、临床使用及有关注意事项。西安杨森公司在进入我国时，就注重临床推广会这种销售方式。由于杨森公司销售人员本身就是学医出身，又经过公司的严格培训，推广会都能取到很好的效果，深受人们的欢迎。这在无形之中增加了产品的销售，因此推广会也成为一种成功率极高的说服活动。

如杨森公司还成立了“科学委员会”，这些成员都是医药界名流、权威人士。

他们主要是在全国各地举办学术交流活动，凭借这些医学界权威的推介，杨森的产品很容易就得到医院和患者的认可。

另外，上门拜访也是外资医药企业在开展推广工作中重要的一环。他们的销售代表定期拜访区内的医生，一方面进行市场调查，了解产品临床应用情况；另一方面可以联络公司与用户之间的感情，同时还可以促进产品销售。如西安杨森公司的销售代表在拜访时，他们会带去一些纪念品，并不失时机地宣传杨森的产品和企业形象。

四、销售渠道，畅通无阻

西安杨森根据中国国情，除了在全国各地自建销售公司外，还十分重视对分销商的开发工作，并且注重分销商的商誉。

在建设市场网络方面，杨森公司坚持依靠国有商业主渠道销售自己产品的销售策略。对大量经销西安杨森产品的客户在价格上实行优惠，对付款及时者实行现金折让。在与分销商的长期业务交往中，西安杨森的销售政策不但保证了其产品销售渠道畅通无阻，同时也培育了西安杨森和分销商之间互惠互利、相互依赖的新型伙伴关系，调动了经销商销售杨森产品的主动性和积极性。

如达克宁霜凭借该公司强大的分销网络，使达克宁霜在任何医院、药店都有销售。而且杨森公司也定期派员走访药店，即使最偏僻的村镇药店也有达克宁霜销售。当广告引起消费者兴趣而消费者又能轻易买到时，产品才能真正完成销售全程。这充分体现了分销网络的强大，而广告口碑也吸引了各药店、各级经销商的购入要求，实现了被动渗透过程。两者合一就是几乎百分之百的渗透率。

保罗·杨森有句名言：“我们生产的是药品，销售的是健康。”这种以大众健康为己任的企业精神，才是他们在市场竞争中立于不败之地的法宝。

（资料来源：北京大学《市场营销学 60 例》案例精选，经济学电子书）

◎**分析**：西安杨森的销售渠道策略。

【任务分析】

解决面临的问题，要求西安杨森必须建立一套能集成现有各销售层次和环节的分销渠道系统，将企业内外部资源有机结合起来，从而提高企业的市场竞争力，帮助企业适应动态的、变化的、复杂的市场环境。

【知识准备】

1.1 定义分销渠道

美国市场营销学权威菲利普·科特勒认为：“一条分销渠道是指某种货物或劳务从生产者向消费者移动时取得这种货物或劳务的所有权或帮助转移其所有权的所有企业和个人。因此，一条分销渠道主要包括商人中间商（因为他们取得所有权）和代理中间商（因为他们帮助转移所有权）。此外，它还包括作为分销渠道的起点和终点的生产者和消费者，但是，它不包括供应商、辅助商等。”简单地说，分销渠道（Distribution channels），是指由商品和服务从生产者向消费者转移过程中，所经过的各个环节和机构所组成的通道组合。分销渠道的起点是生产者，终点是消费者，中间环节包括各种批发商、零售商、商业中介机构（交易所、经纪人等）。图 8-1 是使用中间商与不使用中间商的比较示意图。

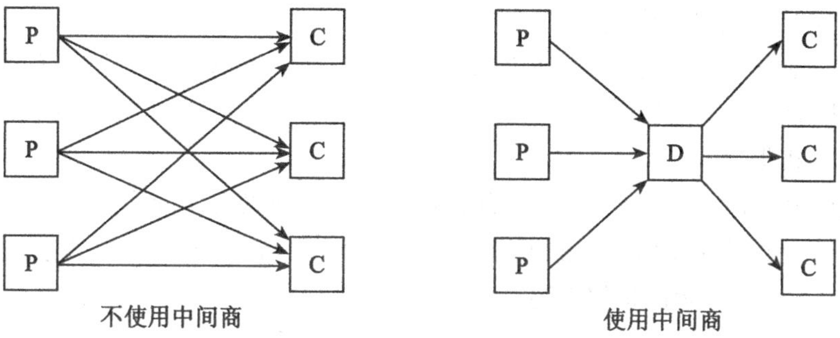

P—生产者　C—消费者　　D—中间商

图 8-1　使用中间商与不使用中间商的比较示意图

左图：不使用中间商，联系次数：$P\times C=3\times 3=9$；

右图：使用中间商，联系次数：$P+C=3+3=6$。

1.2　理解分销渠道的作用

分销渠道系统是商流、物流、信息流、资金流、促销流，“五流合一”的系统，它的主要作用是把商品和服务从生产者转移到消费者那里。具体表现如下：

1. 商流

渠道成员间的接洽、配合、谈判等，共同促进促成最终协议的签订，实现产品所有权的转移。

2. 物流

分销渠道各成员共同完成商品的储藏、管理和运输，更好地满足目标顾客需求。

3. 信息流

通过分销渠道可以了解顾客、竞争对手及其他市场参与者的信息。

4. 资金流

渠道成员共同收集和分散资金，以负担分销工作所需的部分费用或全部费用。

5. 促销流

渠道成员共同设计和传播有关商品的信息，鼓励消费者购买。

1.3 掌握分销渠道的主要模式

由于消费者市场和生产者市场存在不同的特点，所以根据市场具体情况的不同，我们将分销渠道的主要模式分为消费品分销渠道模式和工业品分销渠道模式。分销渠道不是一成不变的，随着社会经济的发展，分销渠道系统突破了传统渠道的模式，出现了新的分销渠道系统。

1. 消费品分销渠道模式

消费品分销渠道模式，如图 8-2 所示。从图 8-2 中可以看出，消费品的分销渠道模式可以分为以下四种类型：

（1）零级渠道

零级渠道（Direct Channel），又称直接渠道，意指没有中间商参与，产品由生产者直接售给消费者（用户）的渠道类型。即由生产者（Producer）直接到消费者（Customer）。这是最短的销售渠道。

（2）一级渠道

生产者先将产品卖给零售商，再由零售商专卖给消费者。即由生产者（Producer）通过零售商（Retailer）到消费者（Customer）。这是通过一个中间环节的渠道模式。

（3）二级渠道

即由生产者（Producer）——批发商（Wholesaler）——零售商（Retailer）——消费者（Customer）。这是通过两个中间环节的渠道模式。

（4）三级渠道

即由生产者（Producer）——代理商（Agent）——批发商（Wholesaler）——零售商（Retailer）——消费者（Customer），或者是由生产者（Producer）——批发商（Wholesaler）——专业批发商（Professional Wholesaler）——零售商（Retailer）——消费者（Customer）。这是通过三个中间环节的渠道模式，也是最长的分销渠道。

2. 工业品分销渠道模式

工业品分销渠道模式如图 8-3 所示。从图 8-3 中可以看出工业品的分销渠道模式可以分为以下三种类型：

（1）零级渠道

零级渠道即生产者直接把产品出售给最终顾客，不通过任何中间环节的渠道模式。这是工业品主要的分销渠道模式。

（2）一级渠道

工业品的一级渠道有三种情况，即生产者通过批发商、代理商或生产者的销售机构这个中间环节将产品转手给最终顾客（见图 8-2）。

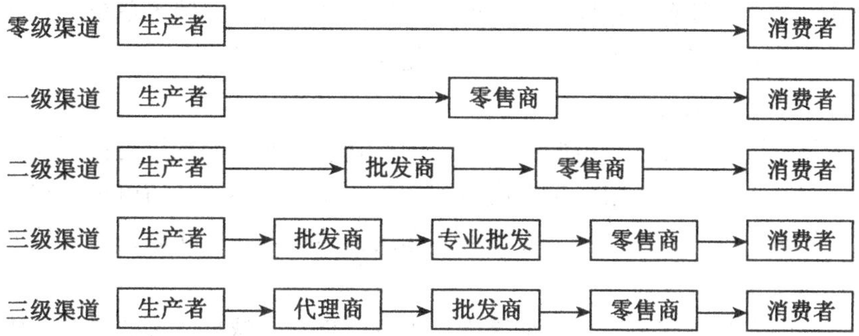

图 8-2　消费品分销渠道模式

（3）二级渠道

工业品的二级渠道有两种情况，即生产者委托代理商或本企业的销售机构，再由代理商通过批发商把产品卖给最终顾客。这是工业品最长、最复杂的一种分销渠道模式（见图 8-3）。

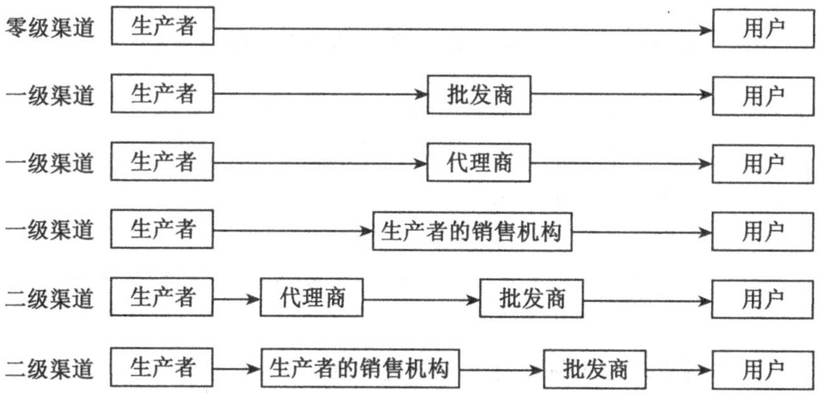

图 8-3　工业品分销渠道模式

3. 分销渠道系统

20 世纪 80 年代以来，分销渠道突破了由生产者、批发商、零售商和消费者组成的传统模式和类型，有了新的发展，产生了分销渠道系统，即原有各分销机构紧密联合所形成的有机组织体系，如垂直渠道系统，水平渠道系统，多渠道营销系统等。

（1）垂直分销渠道系统

垂直分销渠道系统是近年来渠道发展中最重大的发展之一，它是由生产企业、批发商和零售商组成的统一系统。它主要有公司式、管理式、合同式等三种不同形式的渠道系统，都具有可控性、连锁性、计划性强的特点，销售系统中的各成员为共同的利益目标，都采用不同程度的一体化经营或联合经营。

(2) 水平分销渠道系统

水平分销渠道系统是指由两家以上的生产者、批发商或零售商在不改变所有权和经营权的前提下，自愿组成长期或短期的联合关系，共同开拓市场。它们可实行暂时或永久的合作。这种系统可发挥群体作用，共担风险，获取最佳效益。

(3) 多渠道系统

过去，许多企业都采用单一渠道进入市场，现在，越来越多的企业采用两条或更多的分销渠道。多渠道系统是指对同一或不同的分市场采用多条渠道营销系统。这种系统一般分为两种形式：一种是生产企业通过多种渠道销售同一商标的产品，这种形式易引起不同渠道之间激烈的竞争；另一种是生产企业通过多渠道销售不同商标的产品。这种多渠道分销，比通过某一单一渠道推销更能实现市场渗透，在市场商品供过于求以及竞争较为激烈时，采用此种策略往往能收到较好的效果。

【案例分析与讨论】

“精耕细作”——双汇肉制品市场的渠道运作

得渠道者得天下，渠道是企业的命脉。

当企业高举着产品战、价格战、品牌战等大旗杀得热火朝天时，一直暗藏着的渠道竞争也浮出水面，开始了一轮新的厮杀。

一、时代背景

双汇集团提出了实施精耕细作的战略，其市场运作正在由“做大做强”向“做精做强”转变。

首先，从市场大环境来讲：随着市场竞争的日益激烈，肉食品市场已由专业垄断向数强相争过渡。为了能够在第一时间抢占市场，打击竞争产品，如何更大程度地控制网络成为企业制胜的法宝。所以，实施精耕细作战略，对于企业提高市场占有率，加强参与市场竞争的能力，都具有极其重要的战略意义。

其次，从企业内部机制来看：企业运作机制已经完成了由粗放型向集约型转变的过程，这就需要原有渠道也随之改革，进而符合企业发展要求，即由原来相对粗放的市场销售渠道向有层次，有深度的市场营销渠道转变，在这种情况下，实施精耕细作战略对于渠道改革来说起着重要作用。

再次，从企业自身发展来看：一个企业要想保持发展的高速度，一种方法是实施产业多元化战略，多业并举。但选择的行业必须具有高速发展的潜力；另一种方法是立足本业，从市场出发把市场做透做细，从而保持企业发展的高速度。双汇集团在实施产业多元化的同时，重在立足本业，加快把肉制品市场的网络做透做细，进而维持企业发展的高速度，那么这就需要实施精耕细作战略。

最后，从市场现状来看：随着市场消费者特征（消费者行为的差异性和多元化性）的不断变化，肉食品市场销售渠道和零售终端日益呈现多元化的趋势，伴随着终端市场上的竞争加剧，销售重心下移成为一个不可逆转的趋势。如何能够更好地控制这个市场和消费终端，成为企业下一步工作的一个重点，精耕细作战略的议题也被提到日程上来。

总而言之，企业要随着市场的不断变革制定相应战略，而市场渠道也应该随着市场变化和企业战略转移而不断变革。精耕细作战略的实施是符合市场发展的，合乎时代背景。双汇集团实施精耕细作的战略工程也成为新阶段的发展重点。

二、渠道策略的设计

精耕细作是指在特定的区域市场，通过整合的营销手段，充分地挖掘市场潜力，对分销商市场进行培育和支持，提高网点的覆盖率和渗透率，加强网点的产品群建设和生动化管理，并利用广告宣传及促销活动等手段来拉动市场，最终达到分销商主推，终端主推的目的，从而提高市场占有率和品牌影响力。

双汇集团的精耕细作策略包含以下四个层次：

1. 加强网络配送的建设，完善市场空白点，提高网络覆盖率。这是对市场实施精耕细作的根本所在。

2. 积极开拓新的销售渠道，实现网络渠道的多层次化。市场需要细分，渠道同样也需要细分。在开发主流渠道（批发市场）的同时，挖掘新的渠道。

3. 积极推广新产品，加强产品群的合理性。精耕细作，耕的不仅仅是渠道，还包括在渠道中运动的产品，这是对精耕细作的更深层次的理解。目前，大多数终端商经营两三个主导产品，没有形成合理的产品群。新产品的推广也比较缓慢，致使市场运作没有形成一个从上到下相对统一的产品群网络。

4. 增强精耕细作的整体认识，在市场中正确运作。通常，一提及精耕细作，就是要细分市场，把市场分成若干个小块，在小块中单独运作。这种实际的业务操做本无可厚非，但是由于每个小块中的个体利益，使得每个独立的小块相互间成了一对矛盾体。例如无休止的区域窜货，例如对区域交界处的互相扯皮，不负责任现象。精耕细作战略要求每一个个体都要有大市场观念。

三、实际操作与管理

精耕细作战略在具体实施过程中，不是一蹴而就的，即使完成了，也不是一劳永逸的。这期间需要管理和维护，也需要不断创新。

对公司来说，应该改变“大而全”便是好的思想（“大而全”思想是指任一流通渠道内存在所有高中低档产品或者经销商经销所有高中低档产品越多越好的思想），逐渐转向“大而强”“小而专”的思想认识。经销商工作效率已经越来越成为影响销量的重要因素，加强和提高经销商敏锐的市场思维能力是新时期公司运作市场的一项重要工作。

对业务员来说，需要由看销量转向看市场，从对销量的注意力上转移到对市场的开发和维护，以及产品群的培育上来。

对经销商来说，需要有一个身份的转移，即由原来的单纯量的销售转向配合公司开发市场，从终端网络上要量。

具体操作如下：

（一）提高网点覆盖率，消灭市场空白点。这是实施精耕细作的基本工作，实际操作过程为：

1. 经销商区域划分和运作规则的设定。精耕细作的主体是各地经销商。公司、业务员以及联盟商应围绕市场协助经销商开展工作。在实际操作中，首要的是经销商区域的划分，特别是在某地设有两家或多家经销商的，在实施精耕细作，打造网络终端时，为了避免因为地域不明造成的内耗现象，地域划分是首要的。同时无论是同一区域经销商还是相邻区域经销商在运作时，都有可能因为利益的原因发生窜货等现象，引起相互间的冲突和摩擦，这时运作规则的制定，便成为协调经销商之间关系的权威性规则。

2. 加强经销商配送人员和车辆的配置，提高配送效率和能力。精耕细作的核心就是要使经销商送货出去，改变原来等靠要被动送货的思想。所以对于大多数经销商来说，加强人员和车辆配置是实施精耕细作的保证。配送的时效性和合理性在网络建设中是相当重要的。目前为止，全国大多数经销商还缺乏这方面的认识和作为，特别是县一级的经销商。所以，必须加强经销商配送人员和车辆的配置，提高配送效率和能力。

3. 制定良好的配送服务制度，提高配送质量。配送质量的好坏直接影响精耕细作的实施进程。配送包括两方面内容：配和送。首先要由各经销商业务员为终端商配货，再由送货人员把产品运送到终端客户形成配送。配送服务包括：业务人员为客户介绍产品（特别是新产品）情况，业务人员配货合理性，配送人员的工作态度，配送人员在运送过程中是否存在野蛮行为（丢砸货物）等，都会影响配送质量，阻碍精耕细作的进程。

在提高网点覆盖率时，应注意以下问题：

1. 经销商区域的合理划分，确保网点布局合理性。在设置经销商时，应控制网点的数量，避免过多过滥，从而影响经销商的销售积极性。

2. 网点的各种业态应均衡。由于消费群体具有不同文化背景和消费习惯，各地的饮食文化的差异，使得各公司在具体销售过程中，应协调产品的合理分配，兼顾各种网点业态，使产品在各网点均有销售，不可有漏网之鱼。

3. 加强主流渠道和主推网点的协调发展，互为补充。实施“巩固批发，开拓终端”的营销战略。

（二）提高终端店内双汇产品占有率。通过推广新产品，建立健全产品群，不断调整产品结构，最大限度地挖掘网点的市场潜力，提高各网点的销量。在实际运作过程中应把握以下几点：

1. 确保政策的可行性和连贯性，充分调动终端商的积极性和挖掘其最大潜能，提高终端店内双汇产品占有率。

2. 积极推广新产品，健全产品群。适度开展针对经销商的促销活动，以加强经销商向终端客户推广新产品的力度，相应提高网点售量。

3. 加强售点生动化管理。通过网点特别是商超进行生动化管理，加强促销效果，刺激顾客购买欲望，突出品牌形象，进而提高网点的销量。

终端店的占有率是精耕细作工程中比较复杂的一项工程，同时也是最见成效的一项工作，在进行这项工作中应注意以下几点：

1. 促销要注意节奏和分寸，千万不能形成“不促不销”的尴尬局面。

2. 避免因人事调动造成的政策中断，出现产品断档断货现象，给竞争品可乘之机。

（三）加强对经销商的培训，提高其经营管理水平。市场竞争的根本在于人，提高经销商的经营管理水平，胜过盲目的政策支持，正所谓“授之以鱼，不如授之以渔”。加强对经销商自身的培训和对其员工的培训都将成为使经销商保持与企业发展同样速度的重要工作，同时也增强了企业的市场竞争能力。目前比较好的方法有：

1. 定期召开经销商会议（可以各分公司各自进行），加强经销商与企业的沟通和交流，提高经销商思维能力。经销商会议不仅能加强双方沟通，重要的是通过会议向经销商传达总部的各种政策和信息，提高经销商思维认识。

2. 创办针对经销商的内部期刊，传递各地市场信息和方法经验，加强经销商对市场的认知能力。信息在当今社会已经成为一种财富，各地市场信息和方法经验，开拓了经销商眼界，提高其认识市场的高度。

3. 聘请知名专家，对经销商进行市场讲座。现在的经销商越来越认识到把握好市场，要比厂家多给些返利要好得多。聘请知名专家讲座，一方面，满足了其精神需求；另一方面，提高其市场知识水平，更有利于对市场的控制。

4. 定期对经销商员工培训。双汇的经销商实力一般都比较大，发展规模在不断扩大，由于其自身水平，人才需求成为其发展的瓶颈。通过对经销商员工的培训，一方面加强了同经销商的客情关系，另一方面，也有利于更好地对网络进行维护。

（四）加强网络的公共关系建设，巩固网络渠道。“只有扎根，才能生存”，公共关系建设的目的，就是要通过良好关系的建立，形成一个良好的网络渠道。精耕细作在公共关系方面也许要精耕关系。精耕关系是精耕人的关系，精耕我们同每个卖场的关系，精耕我们同每个售点的关系，精耕我们同媒体的关系，精耕我们同一切有利于市场，有利于销售的关系。

（五）确保向上传递市场动态信息的时效性和准确性，保证市场决策的正确性，推动市场快速发展。对渠道进行精耕细作决不是一劳永逸的事情，也不是几个步骤就能完成的。精耕细作是一项复杂的工作，需要集团上下一致运作。确保向上传递市场动态信息的时效性和准确性，是为了使决策层能有一个动态的参考指标，从而制定出精耕细作的合理决策，这样才能确保精耕细作的顺利完成。

（资料来源：原玉明，成功营销网，2010-05-17）

◎思考：

1. 从渠道的作用看，双汇举措加强了其渠道的哪些作用？

2. 案例中提到生动化管理，假设不考虑成本因素，发挥你的想象力和创造力，为双汇想出五种“足够生动”的方法。

任务二　走入直销

【任务引入】

Dell公司度身定制的网络直销

一、公司概况

Dell计算机公司是世界上最成功的网络直销的计算机公司。这个公司于1984年由企业家Mickel Dell创立，他是目前计算机业内任期最长的首席执行官。他的理念非常简单：按照客户要求制造计算机，并向客户直接发货，使Dell公司能够更有效和明确地了解客户需求，继而迅速地作出回应。

正是这种大胆的直接与客户接触的网络营销观念使得Dell成为20世纪90年代最成功的公司之一。这种革命性的举措和独到的先见之明已经使Dell公司成为全球领先的计算机系统直销商，跻身业内主要制造商之列。Dell公司的网址每周被顾客访问的次数超过80万次，Dell公司因此每天获得平均收入超过4000万美元，而1997年，这一数字只有100万美元。

今天，在美国，Dell公司是商业用户、政府部门、教育机构和消费者市场名列第一的主要个人计算机供应商。在亚太地区，该公司的业务覆盖了中国、澳大利亚、印度、印度尼西亚、韩国、马来西亚、新西兰、新加坡、菲律宾、泰国及亚太地区的其他国家和地区。在全球，这个公司在34个国家拥有36500名员工。1999年Dell公司实现营业额252.65亿美元，比1998年的182.43亿美元增长38%，净收入达18.6亿美元，成为全球名列第二、增长最快的计算机公司。

Dell公司通过首创的革命性“直线订购模式”，与大型跨国企业、政府部门、教育机构、中小型企业以及个人消费者建立直接联系。公司的管理者认为，Dell公司的网站带来了巨大的商机，并且将会继续在整个业务中占据越来越大的比重，在今后的几年中，预计公司50%的业务将在网上完成。Dell公司一直在进行广泛的市场调研，以便使因特网这一销售渠道更加完善。

Mickel Dell认为，直接和用户打交道，提供更好的服务和产品，提高效率，最终建立更低的成本架构是至关重要的。互联网是Dell公司实现以上目标的理想方式。利用这种新型的方式，Dell公司很好地消除了不必要的中间环节和传统经济体制中的内耗，并能够始终保持与客户的密切联系。

二、网站建设

Dell公司的网络业务小组的一个主要目标就是创建一个在访问量增加时可以很容易伸缩容量的站点。Dell公司采用了分布式方案，使用Cisco的分布式控制器在各个服务器之间平衡负载。这些服务器的内容彼此镜像，在网站访问量急剧上升时，Dell公司可以在一个小时内增加需要的硬件容量满足技术服务高速运转的要求。这个方案同时保证客户可以以最少的等候时间尽快得到他们正在查找的数据，例如价格和样品信息。

Dell公司大部分的前端服务器存放的是HTML格式的静态页面。前端服务器将顾客的需求输入不同的应用服务器以处理不同的任务。这其中包括Dell的Premier页面（SM）服务。这种页面是专门为公司客户的销售而设计的。上面包括订购信息，订购历史，已经被公司客户认可的系统配置，甚至账户信息。Dell公司的Premier页面向几千家公司提供服务，为这些公司中的每一个提供单独的网址。Premier页面帮助Dell公司为公司客户提供更好的服务，这减少了公司电话中心的负担，并帮助公司将它的市场扩展到全世界。大约30%的Premier页面是为海外客户服务的。

为了处理数据库业务，Dell公司采用Microsoft SQL Server作为数据库引擎。

三、营销策略

Dell公司为消费者设计了完善的服务功能。Dell公司的消费者可以自己配备计算机，选择合理的价格，然后购买。企业消费者通过建立一个Premier页账户就可以看到基于特定合同的目录和价格。这些事务通过集成在商业服务器的定单处理管道从商业服务器发送到Dell公司的定单数据库，消费者可以回到站点并查询直接由Dell公司的生产部门更新的定单状态。一旦客户提交了定单，他们可以登录到网站并且查到他们的一个或多个定单状态。这些状态信息从Dell公司的定单维护系统和分销商那里提取到，然后通过因特网信息服务器反馈给客户。那些不喜欢经常检查他们定单状态的客户可以使用定单查看窗口（Order Watch），输入一个定单号和一个E-mail地址，一旦订购的货物发出，系统就会自动地给客户发送一个电子邮件通知。

Dell公司使用分析功能来处理日志文件和关于站点使用情况的报告文件。Dell公司现在正在研究如何最好地使用分析后得到的数据，以将其和访问者的个人爱好结合起来，使公司不但知道客户最喜欢访问哪些页面，而且能知道为什么。有了这些信息，销售人员就能更好地对顾客情况作出报告，这对于公司向顾客提供他们需要的产品和服务以及创建更有效的网站大有裨益。

四、营销服务

Dell公司成功的最大关键在于它对顾客需求的快速反应和与PC机的新需求相应地调整发展策略。从每天与约200000个客户的直接洽询中，Dell公司掌握了客户需要的第一手资料。Dell公司提供广泛的增值服务，包括安装支持和系统管理，并在技术转换方面为客户提供指导服务。Dell公司灵活地使用它的PowerEdge硬件和微软产品来处理顾客的信息请求，购买请求和发货请求，以及站点内容的开发和发布。在前端，分布着许多Dell公司的部门级的PowerEdge服务器，它们负责管理整个网站。

与此同时Dell公司与顾客在技术开发上建立了一对一的直接关系，为顾客带来更多好处。直线订购模式使Dell公司能够提供最佳价值的技术方案：系统配置强大而丰富，性能表现绝对是物超所值。同时，也使Dell公司能以更富竞争力的价格推出最新的相关技术。Dell公司设计、开发、生产、营销、维修和支持一系列从笔记本电脑到工作站的个人计算机系统。每一个系统都是根据客户的个别要求量身订制的。

Dell公司认为，把技术服务和售后服务搬到网上，不但缩短了与客户的关系，还能收集客户信息，降低销售成本。为此，Dell公司主要做了三方面的工作：第一，通过网站提供产品的信息和知识，方便客户获取所需的资料，特别是技术资料。第二，设立在线客户反馈，方便客户及时寻求帮助。第三，编制客户邮件列表，方便客户了解产品的最新动态和注意问题。

（资料来源：北京大学《市场营销学60例》案例精选，经济学电子书）

◎**分析：**

1. Dell的网站建设有哪些主要特色？

2. 你认为Dell的网络直销模式是否能在中国得到推广？为什么？

【任务分析】

Dell计算机公司作为世界上最成功的网络直销的计算机公司，其在中国乃至世界范围内的成功，既取决于其独特的网站建设模式，也取决于其对于直销模式的精准把握。

【知识准备】

2.1　定义直销的概念与形式

从世界直销范围来看，2008年世界直销业业绩增长平稳，合计达到了1140亿美元，从业人员62922430人；而2006年的这个数字分别为1020亿美元和58089876人。(注：以上数据仅含世界直销协会联盟会员区域的市场统计)

据《中国直销》杂志预估，2008年中国大陆直销市场业绩高达450亿元人民币左右，按目前的汇率折算约合58亿美元。这个数字相对以上公布的数据，排在美国、日本、巴西、韩国、德国5个国家之后，列第六位。看来，虽然尚未加入世界直销协会联盟，但中国直销市场已经成为世界直销的中坚力量之一。

美国直销协会对直销的描述为：是指没有固定的销售场所，而是以销售人员直接面向消费者销售商品或服务的一种销售模式。其形式包括家庭展示会、聚会和面对面销售。直销（Direct Selling），按世界直销联盟的定义，直销指以面对面且非定点的方式，销售商品和服务，直销者绕过传统批发商或零售通路，直接从顾客接受订单。2005年8月23日，我国第一部《直销管理条例》颁布实施，其中对直销的定义是，直销是指直销企业招募直销员，由直销员在固定营业场所之外直接向最终消费者推销产品的经销方式。

直销方式主要有：①专营店铺专门销售自己生产的或厂家生产的产品的直销形式；②专卖店+直销员的上下呼应的直销形式；③以店铺为销售中心+辐射四方的推销员登门推销的内外呼应的直销方式；④经销商招聘直销员层层推销、层层购买、层层发展下线的直销方式；⑤电话直销；⑥邮递直销；⑦电视直销；⑧网上直销；⑨面对面直销。

2.2　区分直销与传销

根据第444号国务院令，公布的《禁止传销条例》中定义了什么是传销：传销是指组织者或者经营者发展人员，通过对被发展人员以其直接或者间接发展的人员数量或者销售业绩为依据计算和给付报酬，或者要求被发展人员以交纳一定费用为条件取得加入资格等方式牟取非法利益，扰乱经济秩序，影响社会稳定的行为。

近些年来，直销与传销，让普通消费者雾里看花，水中望月，分不清直销与传销有何区别。随着《直销管理条例》、《禁止传销条例》的颁布实施，消费者应该从以下四个方面辨别直销和传销：

1. 推销的商品不同。直销的商品大多为一些著名的品牌，在国内外有一定的认知度。而非法传销以拉人头牟利或借销售伪劣或质次价高的产品变相拉人牟利，产品大多是一些没有什么品牌，属于质次价高的商品，甚至根本无产品。

2. 推销员加入的方式不同。直销企业的推销员无需缴付任何高额入门费，也不会被强制认购货品。而在非法传销中，要求推销员加入时上线要收取下线的商品押金，一般以认购一定数量的产品或者缴纳高额入门费作为参与的条件，鼓励不择手段地拉人加入以赚取利润。其公司的利润也是以入门费为主，实际上是一种变相融资行为。

3. 营销管理不同。直销企业设立开架式或柜台式店铺，推销人员都直接与公司签订合同，实行按劳分配，对其管理比较严格，推销员是不直接跟商品和钱接触的，且推销人员可根据个人意愿自由选择继续经营或退出，企业为顾客提供完善的退货保障。而非法传销通过发展人员、组织网络从事无店铺或“地下”经营活动，其营销管理很混乱，采用“复式计酬”方式，上线推销员是通过欺骗下线推销员来获取自己的利益，且通常强制约定不可退货或退货条件非常苛刻，消费者已购的产品难以退货。

4. 根本的目的不同。从根本上来讲，直销是一种商业活动，属于营销范畴，它最终面对的终端用户是客户，进行商品交易。而非法传销是一种金融活动，属于商业诈骗范畴，其根本目的是无限制地发展下线，千方百计通过扩大下线来赚钱。

【案例分析与讨论】

广西三生万公司的“消费积分奖励”

广西三生万购销服务有限公司注册于2004年4月，经营范围为营销策划、商品购销服务，属购销中介服务企业。公司宣传如下：曾获“广西承诺诚信企业”、“中国信誉示范单位”、中国“诚信经营示范单位”等称号。总资产2500万元，净资产500万元，利税1500万元，年产值2亿元。企业规划三年内年产值超过100亿元，缴税超过10亿元，并升级为“中国三生万”公司，拟在全国建立500家分支机构。至2005年12月止，三生万公司发展了近40万名消费者为持卡会员、1万多加盟商家和1万多名商务代表，涉及餐饮、娱乐、医药、百货等多个行业，并已蔓延到桂林、玉林、钦州等大部分市县。

三生万不销售任何有形实物商品，而是专门为中小企业提供助销服务。根据西方经济学家乔治．阿克尔洛夫荣获诺贝尔经济学奖的“信息不对称”理论和以纳什均衡为核心的“多赢博弈论”；借鉴欧美发达国家稳定运行多年的成熟经验；移植人寿保险行业数百年来行之有效的“大数法则”和精算技术；结合我国市场的实际情况经潜心研究制订并推出了一套“自生动力良性循环”助销模式，然后依仗一套拥有自主知识产权的电子计算机网络统计核算专用软件将多方信息汇集而变得对称，让价值再现，效益倍增，这就是“三生万购销服务系统”。

这个系统通过消费积分奖励制度的奖金，让消费者花出去的钱去而复返——可能复返一部分，也可能全部复返，还可能超额复返，换句话说可以让消费者通过消费也能赚钱，将传统消费者（花钱）转变为生产消费者（花钱中赚钱），从而达到鼓励消费，扩大内需的目的。

三生万的具体做法是把每个城市中80%以上的市民发展为金卡会员（即生产消费者），然后以消费积分奖金引导会员到各行各业约占市场总量1/3的三生万诚信商家联盟成员商家去正常消费，按与非会员相同或更优惠的价格购买商品或服务，会员额外免费获得相应消费积分，无限期累计200积分时可达成一个兑奖权，再于隔月起分期分批领取总额达1500元的消费积分奖金。

三生万公司由于有效助销，为其商家联盟成员扩大了销售，商家按合同约定的比例付给三生万助销佣金和销售提成。然后三生万公司按比例返还给会员消费者。消费者、商家和三生万的三方互动中，任何一方都只有好处没有坏处，只有利益没有风险，其结果就必然形成了良性循环的三赢局面，从而达到了一个更高层次的良性循环的多赢局面。由于三生万兑付每个兑奖权总额1500元的奖金是不设定总期限的，且消费者不必为了得此奖金而付出任何专门代价，故而三生万购销服务系统排除了损害消费者合法权益和发生群众性经济纠纷等不安全或不稳定的因素。

2005年12月，三生万公司被广西工商部门查处，并定性为违法经营行为。

（案例来源：根据广西桂龙新闻网及三生万公司宣传材料整理）

◎**思考：**

1. 三生万公司采取的是一种什么样的“经营模式”？这种“经营模式”有什么特点？

2. 三生万公司自称为一种直销服务，这种“直销”是否合法？其欺骗性和隐蔽性体现在哪些方面？类似的“经营模式”还有哪些？

任务三　走入中间商

【任务引入】

娃哈哈童装遭遇的渠道尴尬

娃哈哈进军童装的第一炮并没有打响，其专卖店最终只开设了800家，距离娃哈哈集团的最初开2000家的战略目标差了一大截。更令人感到沮丧的是，尽管开展了一系列的卖点宣传和市场公关活动，可是其“健康童装”品牌对市场依旧未形成杀伤力，不但消费者漫不经心，就连经销商也显得有些三心二意。

娃哈哈之所以豪言进军童装市场，从做钙奶、做水、做饮料到做童装，实现产业拓展，也在情理之中。娃哈哈有几大“优势”，一是娃哈哈做儿童饮料起家，产品及品牌名称都是定位于儿童的，做健康饮品，和做健康童装，乃是一脉相承；二是娃哈哈经过18年的市场历练，密布全国各地的销售网络，以及网络成员个个身经百战，在销售娃哈哈饮料方面的经验老道，这都是童装市场拓展的重要资源；三是不惜千金的广告做法，能保障童装新品的快速渗透。

娃哈哈推广健康童装新品，理论上不存在障碍，但市场消费者能否接受又是另一回事了，毕竟卖水和卖服装是有区别的。娃哈哈专卖店的老板们这头要卖饮料，另一头还要卖服装，最终的结果是面对众多的品牌童装专卖，其童装市场显然不会有明显的竞争力。

（资料来源：http：//124.227.192.116：4309/ViewInfo.asp？id=527）

◎**分析**：娃哈哈健康童装为什么市场销售没有“火”起来？

【任务分析】

经过18年的市场拓展，娃哈哈已经建立起来一张密布全国各地的销售网络。这批人大多是在饮料界身经百战的主儿，但是遗憾的是，他们对于怎样销售儿童服装，却是擀面杖吹火——一窍不通。于是，娃哈哈的童装渠道成了一手拿饮料，一手拿服装的渠道怪胎。

【知识准备】

中间商是指那些处于生产者和消费者之间，通过将购入的产品再销售或租赁的形式参与产品交易活动，促进买卖行为发生和实现以获取利润的具有法人资格的经济组织或个人。他们创造时间、地点及所有权效用。中间商为其顾客扮演采购代理人的角色，购买各种产品来转售给顾客。中间商按其在流通过程中所起的作用，可分为批发商和零售商。

3.1 分析批发商（wholesaler）

批发是指一切将物品或服务销售给为了转卖或者商业用途而进行购买的人的活动。以批发经营活动为主业的企业和个人称为批发商（Wholesaler）。批发商把来自生产商和零售商（代表消费者）的购销信息汇集在一起，成为沟通信息的中枢。扩大了产品质量、价格等方面的可比性，提高了市场的透明度，从而减少了生产商、零售商因盲目推销、采购所造成的巨大损失。批发商主要有三种类型：

1. 商人批发商

商人批发商是指自己进货，取得商品所有权后再批发出售的商业企业，也就是人们通常所说的独立批发商。商人批发商是批发商的最主要类型。商人批发商按职能和提供的服务是否完全来分类，可分为两种类型：①完全服务批发商，这类批发商执行批发商业的全部职能，他们提供的服务，主要有保持存货，雇用固定的销售人员，提供信贷，送货和协助管理等，他们分为批发商人和工业分销商两种；②有限服务批发商，它为了减少成本费用，降低批发价格，因而只执行批发商的部分职能，他们分为现购自运批发商、承销批发商、卡车批发商、托售批发商、邮购批发商和农场主合作社五种。

2. 代理商和经纪人

代理商和经纪人是从事购买或销售或二者兼备的洽商工作，但不取得商品所有权的商业单位。其主要职能在于促成产品的交易，借此赚取佣金作为报酬。代理商和经纪人主要分为以下几种：①商品经纪人，它的主要作用是为买卖双方牵线搭桥，协助双方进行谈判，成交后向雇用方收取一定的费用；②制造商代理商，也称制造商代表，代表两个或若干个互补的产品线的制造商，分别和每个制造商签订有关定价政策、销售区域、订单处理程序、送货服务和各种保证以及佣金比例等方面的正式书面合同；③销售代理商，是在签订合同的基础上，为委托人销售某些特定产品或全部产品的代理商，对价格、条款及其他交易条件可全权处理。

3. 制造商及零售商的分店和销售办事处

随着企业规模扩大、实力增强，或者是力图更有效控制产品销售过程，不少企业也组建自己的有相对独立经营权的销售组织来自行经营批发业务。这种由买方或卖方自行经营批发业务，而不通过独立的批发商进行。这种批发业务可分为两种类型：①销售分店和销售办事处；②采购办事处。

3.2　分析零售商（retailer）

零售是指所有向最终消费者直接销售产品和服务，用于个人及非商业性用途的活动。以零售经营活动为主业的企业和个人称为批发商（retailer）。零售商是分销渠道中将商品送达消费者的出口，是商品流通的最后环节。零售业务与批发业务的本质区别就在于零售面对个人消费者市场，由于消费者市场的特点，零售商也就具有了小批量进货、零星售出、网点分散、经营形式灵活多变的特点。其主要功能是收购、储存、拆零、分装、销售、信息传递、方便购买和促进销售等。随着社会经济的发展，科学技术的进步，零售的组织形式和经营方式千变万化，层出不穷，成为变化最大、最快的行业之一。从经营形式看，主要分为以下三种类型：

1. 商品零售商

商品零售商（Store Retailing）历史悠久，是零售的主体。其形式繁多，主要有如下一些类型：

（1）专用品商店

指专门经营某一类商品或某一类商品中的某一品牌的商店，经营的产品线较为狭窄，但产品的花色品种较为齐全，经营富有特色、个性，突出“专”。

（2）百货商店

指综合各类商品品种的零售商店，一般销售几条产品线的产品，商品种类齐全，客流量大，资金雄厚，人才齐全，重视商誉和企业形象，注重购物环境和商品陈列。

（3）超级市场

是以主、副食及家庭日用商品为主要经营范围，实行敞开式售货，顾客自我服务的零售商店，规模相当大、成本低、毛利低、销售量大的自我服务的经营机构，主要经营各种食品、洗涤剂和家庭日常用品等。

（4）方便商店

是设在居民区附近的小型商店，营业时间长，以经营方便品、应急品等周转快的商品为主，并提供优质服务，商品品种有限，价格较高，但因方便，仍受消费者欢迎。

（5）超级商店、联合商店和特级商场

超级商店比传统的超级市场更大，主要销售各种食品和非仪器类日用品。联合商店的面积比起超级市场和超级商店更大，呈现一种经营多元化的趋势，主要向医药和处方领域发展。特级商场比联合商店还要大，综合了超级市场、折扣和仓储零售的经营方针，其花色品种超出了日常用品。

（6）折扣商店

以低价、薄利多销的方式销售商品的商店，通常设在租金便宜但交通繁忙的地段，经营商品品种齐全，多为知名度高的品牌，设施投入少，尽量降低费用，实行自助式售货，提供服务很少。

（7）仓储商店

是一种以大批量、低成本、低售价和微利促销的连锁式零售商店，通常位于郊区低租金地区，建筑物装修简单，货仓面积很大，一般不低于1万平方米。以零售的方式运作批发，又称量贩商店，通常采取会员制销售来锁定顾客。

（8）产品陈列室推销店

将产品目录推销和折扣原则用于品种繁多、加成高、周转快和有品牌的商品。

2. 无店铺零售商

无店铺销售（None-store Retailing）又称为“无固定地点的批发和零售行为”。非商店零售商，它有四种形式：直复市场营销、直接销售、自动售货和购货服务。

（1）直复市场营销

直复市场营销是使用一种或多种广告媒体宣传商品信息，以使广告信息所到之处迅速产生需求反应并最终达成交易的市场营销系统系统。直复市场营销主要有以下几种形式：①邮购目录；②直接邮购；③电话市场营销；④电视市场营销；⑤其他媒体市场营销；⑥电子销售；⑦顾客订货机销售。

（2）直接销售

直接销售是指直销企业招募直销员，由直销员在固定营业场所之外直接向最终消费者推销产品的经销方式。

直销方式主要有：①专营店铺专门销售自己生产的或厂家生产的产品的直销形

式；②专卖店+直销员的上下呼应的直销形式；③以店铺为销售中心+辐射四方的推销员登门推销的内外呼应的直销方式；④经销商招聘直销员层层推销、层层购买、层层发展下线的直销方式；⑤电话直销；⑥邮递直销；⑦电视直销；⑧网上直销；⑨面对面直销。

（3）自动售货

自动售货（Vending Machine）是指通过自动售货机进行商品售卖活动的零售业态。第二次世界大战以来，自动售货已被大量运用在多种商品上，而使用硬币控制的机器自动售货是一个主要的发展领域。

（4）购物服务公司

购物服务公司是不设店堂的零售商，专为某些特定顾客，主要服务于学校、医院、政府机构等大单位特定用户，零售商凭购物证给该组织成员一定的价格折扣。

3. 联合零售商

（1）连锁店

指两个或者更多的共同所有和共同管理的商店，在核心企业（连锁总部）的领导下，以经济利益为连接纽带，统一领导，实行集中采购和分散销售，还可能具有相似的建筑风格，通过规范化经营管理，实现规模经济效益的现代流通组织形式。

（2）自愿连锁店和零售店合作社

自愿连锁店是由批发商牵头组成的以统一采购为目的的联合组织；零售合作组织是独立零售商按自愿互利原则成立的统一采购组织。它们不同于团体连锁商店，主要在于这两种组织中成员的所有权是各自独立的。

（3）消费者合作社

这是一种由消费者自身所拥有的零售公司，由社区居民自愿出资成立的零售组织，实行民主管理，这种商店按低价供应社员商品，或制定一定价格，社员按购物额分红。

（4）特许专卖组织

特许专卖组织是在特许人和特许经营者之间的契约式联合，是一种根据合同进行的商业活动，体现互利合作关系。一般是由特许授予人（简称特许人）按照合同要求，约束条件给予被授予人（简称受许人，亦称加盟者）的一种权利，允许受许人使用特许人已开发出的企业象征（如商标、商号）和经营技术、诀窍及其他工业产权。

（5）商店集团

它是在一个控股公司的控制下包括各行业的若干商店，以集中所有的形式将几种不同的零售商品类别和形式组合在一起，并将其分销、管理功能综合为一整体。它这是零售业的组织规模化形式，没有固定的模式，通常采用多角化经营。

中国零售业态类型参见图 8-4。

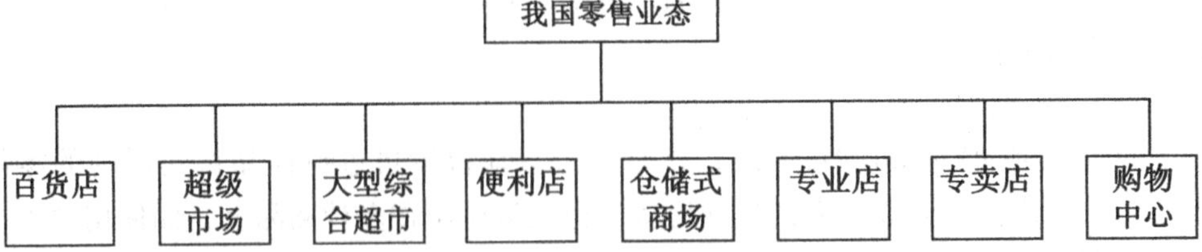

图 8-4　中国零售业态类型

【案例分析与讨论】

九阳公司是如何选择经销商的

济南九阳电器有限公司是一家从事新型小家电研发、生产与销售的民营企业。公司设立于 1993 年下半年，起步资金仅有数千元。1994 年 12 月份推出产品豆浆机后，市场连年大幅度扩大，公司已发展成全国最大的家用豆浆机生产厂家，市场遍及除西藏、贵州、甘肃、新疆以外的大部分省市。虽然近年来消费品市场一直处于低迷状态，但 1998 年该产品市场销量仍保持了 50%的增长率。这样一家品牌知名度并不高的中型企业，6 年来把豆浆机从无到有，做成了一个产业，创造了每年近百万台的市场需求。虽然现在市场上有了 100 多家生产豆浆机的企业，但无论从产品性能还是市场营销上，他们还不能对九阳构成真正的威胁。九阳公司销售总经理许发刚说，九阳有技术优势，但与技术上的领先优势相比较，九阳在市场营销上更为成功。特别是在全国 160 多个地级城市的营销网络，不仅是实现销售和利润的渠道，而且是构筑自身的安全体系，锤炼企业核心竞争力的“法宝”。

通过 160 多个地级市场的建设，九阳形成了一套寻找和管理经销商的思路。

九阳公司根据自身情况和产品特点采用了地区总经销制。以地级城市为单位，在确定目标市场后，选择一家经销商作为该地独家总经销。为达到立足长远做市场、做品牌、共同发展的目标，九阳公司对选择总经销商提出了较严格的要求：

1. 总经销商要具有对公司和产品的认同感，具有负责的态度，具有敬业精神。这是选择的首要条件。一个好的产品，不仅能给经销商创造一定的经营效益，而且能给其带来更大的市场空间和发展动力。经销商只有对企业和企业的产品产生认同，才能有与企业基本一致的对产品及市场的重视程度，才能树立起开拓市场、扩大销售的信心，将九阳的产品作为经营的主项，主动投入所需的人力、物力、财力，同时，对企业经营理念的认同，有助于经销商与企业的沟通和理解，自觉施行企业营销策略，与企业保持步调一致。这些是企业建立成功的网点和良好的合作关系的根本。九阳销售人员注意在帮助经销商分析认识企业的发展前景和产品的市场潜力，培养经销商的这种认同感方面做工作。

负责的态度是指经销商要对产品负责、对品牌负责、对市场负责，这是经销商完成销售工作的保障。惟有如此，经销商才能尽心尽力地推广产品，努力将市场做好，也才能不断提高企业网点的质量，提高企业品牌和市场美誉度。九阳公司在开发重庆市场时，曾有一家大型国有批发企业提议担任总经销，公司在对其全面考察后，认为其虽然具备较强的实力但缺乏这种负责的态度，不利于公司市场发展的需要，否决了这项提议。敬业精神是推动一个企业不断发展的重要动力，具备敬业精神的经销商能够积极主动地投入市场销售与拓展，克服销售障碍，协助企业开展各项市场活动，充分发挥能动性和创造性，通过自身的发展来带动企业销售业绩的提升及市场占有率的扩大，巩固销售网络基础，提高销售网络水平。

2. 总经销商要具备经营和市场开拓能力，具有较强的批发零售能力。这涉及经销商是否具备一定的业务联系面，分销通路是否顺畅，人员素质高低及促销能力的强弱。企业选择总经销商，就是要利用其开拓市场、扩散产品的能力。总经销商的市场营销能力直接决定着产品在该地市场能够在多大范围和程度上实现其价值，进而影响到企业的生产规模和生产速度。在一种新产品进入一个新市场时，如果经销商不具备经营及开拓的能力以打开市场空间，仅靠企业一方的努力是不足以取得成功的。同时，总经销商作为企业产品流通中的一个重要环节，不仅要能够实现一部分终端销售，掌握第一手的市场消费资料，更重要的是要具有经销产品的辐射力和批发能力，拓宽产品流通的出路。

3. 总经销商要具备一定的实力。实力是销售网点正常运营，实现企业营销模式的保证，但是要求实力并不是一味地求强求大。九阳公司在如何评价经销商实力上，采用一种辩证的标准，即只要符合九阳公司的需要，能够保证公司产品的正常经营即可，并不要求资金最多。适合的就是最好的，双方可以共同发展壮大。适用性原则扩大了选择的余地。

4. 总经销商现有经营范围与公司一致，有较好的经营场所。如经营家电、厨房设备的经销商，顾客购买意向集中，易于带动公司产品的销售。由于经销商直接面对顾客，经销商的形象往往代表着企业的形象和产品的形象，对顾客心理产生影响，所以对经销商的经营场所亦不能忽视。九阳公司要求总经销商设立九阳产品专卖店，由九阳公司统一制作店面标志，对维护公司及经销商的形象产生了积极的作用。

九阳公司的业务经理们对于开拓市场首先树立了三个信心：第一，提供的是好产品，满足了消费者的生活需要，有市场需求。产品质量过硬，售后服务完善。第二，公司的一切工作围绕市场开展，考虑了经销商的利益，拥有先进的营销模式。

第三，坚信有眼光的经销商必定会和九阳公司形成共识，进行合作。这三个信心保证了业务经理在同经销商的谈判中积极主动，帮助经销商分析产品的优势和市场潜力，理解并认同公司的经营理念和宗旨；认识合作能带来的近期利益及长远利益，研究符合当地市场特征的营销方案，并且在谈判中坚持公司对经销方式的原则要求，在网点选择上不做表面文章，奠定了整个网络质量的基础。

九阳公司与其经销商的关系，不是简单的立足于产品买卖的关系，而是一种伙伴关系，谋求的是共创市场、共同发展。因而公司在制定营销策略时，注意保证经销商的利益，注重的是利益均衡，不让经销商承担损失。如公司规定总经销商从公司进货，必须以现款结算，一方面保证公司的生产经营正常进行，另一方面可促使总经销商全力推动产品销售。那么，如何化解经销商的经营风险？一是公司的当地业务经理可以协助总经销商合理确定进货的品种和数量及协助到货的销售，二是公司能够做到为经销商调换产品品种，直至合同终止时原价收回经销商的全部存货，通过这些措施解除经销商的疑虑。

（资料来源：汤定娜等：《中国企业营销案例》，高等教育出版社 2001 年版）

◎**思考：**

1. 你对九阳公司选择经销商的条件如何评价？为什么？
2. 九阳公司和经销商能否达到双赢的目的？为什么？

任务四　选择与管理分销渠道

【任务引入】

柯达与富士在中国市场上的竞争

说起中国的感光业市场，人们通常都说是“黄、绿、红”之争，指的就是柯达、富士、乐凯之争，其他品牌还有柯尼卡、爱克发等。但霸主地位的争夺只是柯达与富士之间。伊斯曼·柯达公司是目前全世界最大的感光材料生产厂商，创办于 1880 年，至今占据着世界感光业的霸主地位，占世界市场的 42% 左右。而富士则是“二战”后才成立，直到 20 世纪 80 年代才有影响力，占据世界第二位。两家公司的竞争一直都是非常激烈的。首先体现在产品上，就是针锋相对——两家公司的产品结构几乎完全一样，都包括以下四类产品：

民用影像产品：民用普通胶卷，民用相机等。

专业影像产品：专业胶卷，专业照相机，数码影像产品等。

磁记录产品：录音、录像带，电脑存储媒介等。

医疗产品：各类 x 光胶片，医疗成像系统等。

双方在中国市场的争夺非常激烈。在中国，本来是柯达先进入，但开始可能没有重视富士的实力；富士在80年代后期发起大规模攻势，反而占了优势。目前，在中国的民用普通胶卷（特别是100度）市场，富士的份额超过40%，而柯达低于40%，但在其他产品系列上，特别是专业产品和医疗产品，则是柯达占了绝对的优势。因为中国在感光产品市场上存在巨大的发展潜力，两家公司对中国市场都志在必得，在产品的促销、分销等策略上展开了激烈的竞争。以下仅在分销策略上对两家公司进行一些比较。

1. 柯达在中国市场的主要分销策略

柯达在中国市场的基本目标，是保持其在专业、医疗产品上的绝对优势，力争在民用产品上打败富士，以达到对中国市场的占领。在销售渠道策略上，柯达在多数产品上都采用垂直型营销系统，其中较突出的特点是采用较短的销售渠道：中国设厂——区域分销——零售商。柯达一直想在中国直接设厂，到1997年5月，柯达已先后兼并了汕头公元胶卷厂和福建福达胶卷厂，从而直接在中国生产胶卷。这样，胶卷从出厂到到达最终消费者，经过的渠道很短。而在渠道宽度上，柯达选择的经销商数量并不多，其特点是经销商专业化，不同类别的产品由不同专业公司代理。在广州，柯达的民用、专业、磁记录和医疗产品分别由相关行业专业性很强的公司代理。而在民用产品零售点上，则主要集中在两方面：一是柯达专卖店，一是百货大楼的摄影器材部。柯达在中国的很多大城市直接设立办事处，办事处市场部按不同产品设立不同产品部，负责所在区域的产品相关工作。办事处与经销商联系紧密，因为不同产品由不同专业经销商负责，权责分明，整个销售网络比较完善。

在对专卖店的管理上，柯达公司在地点选择、赞助、技术培训等方面，都投入更多的人力、财力、物力。柯达很多专卖店的位置选择在一个城市中的黄金地段。例如，广州的世贸中心附近，中信大厦、天河城，深圳的地王大厦，都有柯达的专卖店，外观华丽，给人以大公司的形象感。总体上，从产品出厂到到达最终消费者，或者说在整个市场后勤管理上进行了有效的管理。

2. 富士在中国市场的主要分销策略

富士目前在100度胶卷上占有优势，其他产品虽然市场占有率低于柯达，但由于绝大数人熟悉的就是胶卷，因而富士品牌形象也是深入民心的。其在中国的目标是保持胶卷上的领先优势，以此为基础，扩大其他产品的市场占有率。具体分销策略中，富士在多数产品中也采用垂直营销系统，但在销售渠道的长度上，富士与柯达明显不同，采用较长的销售渠道：日本厂家——中港澳总代理——中国区域代理——主要城市代理——零售商。富士在中国销售的产品，除了少数以外，例如相片的冲洗液，是在新加坡生产，其他绝大多数产品都在日本原地生产。在经销商选择上，也与柯达不同。富士的中港澳总代理——香港富士摄影器材有限公司，是其在中国、香港、澳门的独家经销商。而在中国的区域分销上，除医疗产品等少数产品，因为专业性很强而由专业医疗公司代理，其他产品并没有像柯达那样严格按不同产品选择专业代理商，仅少数由一家公司经销。在民用产品的零售点上，富士与柯达是一样的，主要都集中在自己的专卖店和百货大楼的摄影器材部。

与柯达相比，另一大区别是富士在中国的绝大部分工作，由其中港澳总代理负责，自己不直接参与管理。在中国北京、广州、上海和成都的四大办事处，是直属于香港富士摄影器材有限公司的，分别负责华北、华南、华东、华西地区的相关工作。这样，日本富士公司没有直接接触在中国的经销商，市场开拓工作亦都由总代理的办事处负责。富士采用这种方式，在总体上可以节省资源，但不足之处亦显而易见，那就是自己不能完全把握一切工作，因为总代理并不能总是与自己一致。所以相对而言，富士与中国各级经销商的联系不够紧密，近年来在开设影像专门店的成绩不如柯达。

3. 柯达、富士不同竞争策略分析

一个企业在竞争中采取怎样的策略，受很多因素影响，其中起决定性作用的是企业在该行业中的地位。菲利浦·科特勒在《营销管理》中提出竞争中企业的四种地位：领导者、挑战者、跟随者和补缺者。若说在全世界，那么无疑柯达是领导者，而富士是挑战者。在中国市场的医疗产品和专业产品上，柯达是领导者，但在普通胶卷市场上，则两家公司的地位非常接近。目前富士市场份额仍占第一位，因而可以说富士是领导者，柯达是挑战者。作为世界范围的领导者，柯达在中国普通胶卷上稍逊于富士，它无论如何是不会心甘情愿，因而近年来大举进攻富士。1997年，柯达公开表示，要在未来5年内在中国投入15亿美元而不求回报，以达到最终挤垮乐凯、打败富士的目的。虽然柯达在美国本土和其他国家的经营面临重重困难，宣布要在全球裁员一万人，以降低成本；但在中国并不裁员，反而大规模增加投入，这可见柯达对中国市场的高度重视。兼并公元、福达，是其全面进攻策略的体现之一。在其新产品，如数码相机、电脑光碟的大规模推广上，亦可看出柯达占领中国市场的决心。而富士也不甘示弱，不会把在胶卷市场的领先优势拱手让给柯达，它凭着在中国市场已有的基础，全面反击，特别体现在胶卷产品上。在1997年5月至10月半年之间，富士连续推出两代胶卷新产品，5月份推出SUPER-HG系列胶卷，取代原来的HR系列胶卷。而仅仅几个月后，又推出SUPER晶彩胶卷系列，与柯达推出的金胶卷系列全面对抗。同时，针对柯达对专卖店的大规模投入，富士在1997年下半年推出新的影像服务专卖店形象，原来的专卖店全部进行新的装修，形象焕然一新。目的很明显，就是要保持胶卷的领先地位。

（资料来源：北京大学《市场营销学60例》案例精选，经济学电子书）

◎**分析：**

1. 请比较柯达与富士使用的分销策略有什么不同？
2. 柯达与富士哪个是胜者，为什么？

【任务分析】

在激烈的市场竞争中，分销渠道决策是企业最重要的决策之一，它将直接影响所有的其他营销决策。生产者在设计分销渠道时，必须在理想的渠道和可能得到的渠道之间作出抉择，最后确定达到目标市场的最佳渠道，使目标市场的顾客满意程度最高、对生产者能提供较多利润的渠道。从上面两家公司的比较中可见，富士的销售渠道较长，市场后勤管理上稍逊于柯达，这在客观上造成很多负面影响。目前，在中国市场，两家公司在不同产品的地位没有改变。但比起几年前，柯达的影响已越来越大。

【知识准备】

4.1　影响分销渠道的重要因素

要对企业的分销渠道进行设计，首先必须分析影响其分销渠道选择的重要因素。

1. 顾客因素

顾客是企业设计分销渠道时首先应考虑的问题，也是影响分销渠道选择的最重要的因素之一。对于规模大、分布分散和每次购买量少、购买频率高的顾客，宜采用长渠道；规模大、分布集中和每次购买量大、购买频率低的顾客，可采用短渠道；而规模大、分布分散、购买频率高宜采用长而宽的渠道。此外，顾客的购买习惯直接影响着企业分销渠道的选择。

2. 产品因素

产品因素对销售渠道的选择起决定性的作用。产品单价越低，产品越轻、越小，产品款式不易发生变化，产品不易毁、不易腐，技术越不复杂，标准化程度越高，宜采用长且宽的分销渠道；产品单价越高，产品越重、越大，产品款式易发生变化，产品易毁、易腐，技术越复杂，标准化程度越低，宜采用短且窄的分销渠道。此外，随着商品生命周期的演进，分销渠道要经历从短到长、从窄到宽的变化过程。

3. 企业因素

企业因素是选择分销渠道的立足点，如果企业服务能力有限，规模小、声誉差、资金短缺、销售力弱，营销经验不足，无意控制分销渠道，宜采用长而宽的分销渠道；如果企业有能力为最终消费者提供各项服务，规模大、声誉高、资金雄厚、销售力量强，具备管理销售业务的经验和能力，市场营销经验丰富，希望控制分销渠道，宜采用短而窄的分销渠道。

4. 中间商因素

不同类型的中间商有各自的优势和劣势，选择分销渠道时要考虑不同中间商的特点；同时，中间商的质量也直接影响企业的产品销路及经济效益，所以企业选择分销渠道时要慎重考虑中间商的因素。在本行业中，符合要求的中间商易寻觅，中间商能够提供顾客满意的服务，宜采用长而宽的分销渠道；如果符合要求的中间商难寻觅，中间商不能够提供顾客满意的服务，宜采用短而窄的分销渠道。

5. 竞争因素

除非竞争特别激烈，通常，同类产品应与竞争者采取相同或相似的销售渠道。这是因为消费者购买某些产品，往往要在不同品牌、不同价格的产品之间进行比较、挑选，这些商品的生产者就不得不采用竞争者所使用的分销渠道。有时则应避免“正面交锋”，选择与竞争对手不同的分销渠道，实力不如对手，可避开对手使用的分销渠道；对手控制了传统的分销渠道，可采用新的渠道。

6. 环境因素

分销渠道的选择还受到经济、技术、法律环境等营销环境的影响。当经济形势好、技术革新缓慢时，可采用长而宽的分销渠道；当经济萧条、技术革新快时，可采用短而窄的分销渠道。政府对各类商品所采取的购销政策与企业销售渠道的选择有重要关系。由政府实施专卖的卷烟、食用盐等，实行的是纵向的封闭型窄渠道；政府实行计划供应的商品，则采取定点的单一渠道；政府采取统购包销的商品，则采取纵向的宽渠道。

4.2 设计分销渠道

在知晓了影响分销渠道选择的重要因素、确定了渠道目标后，下一步就是设计分销渠道方案。分销渠道的设计包括三个方面的决策：

1. 确定渠道的长度

确定渠道的长度是指生产者根据影响渠道选择因素、渠道目标，决定分销渠道的长短，也就是确定是否需要中间商，是派推销人员上门推销或以其他方式自销，还是通过中间商分销，如果决定中间商分销，还要进一步决定选用什么类型和规模的中间商，需要几个层次的中间商的问题。

2. 确定渠道的宽度

分销渠道的宽度是指渠道的每个层次使用同种类型中间商数目的多少。确定渠道主要取决于产品本身的特点，市场容量的大小和需求面的宽窄。通常有三种可供选择的形式：

（1）密集性分销（Intensive distribution）。实施这一策略的企业尽可能多地通过批发商、零售商销售其产品，使渠道尽可能加宽。密集分销策略的主要目标是扩大市场覆盖面，使消费者和用户可以随时随地买到商品。消费品中的便利品（卷烟、火柴、肥皂等）和工业用品中的标准件，通用小工具等，适于采取这种分销形式，以提供购买上的最大便利。

（2）独家分销（Exclusive distribution）。实施此策略的企业在一定区域仅通过一家中间商经销或代销，通常双方协商签订独家经销合同，独家经销公司在享有该产品经销的特权下，其经营具有排他性，制造商规定经销商不得经营竞争产品。在一定地区内只选定一家中间商经销或代理，实行独家经营。独家分销是最极端的形式，是最窄的分销渠道，通常只对某些技术性强的耐用消费品或名牌货适用。独家分销对生产者的好处是，有利于控制中间商，提高他们的经营水平，也有利于加强产品形象，增加利润。但这种形式有一定风险，如果这一家中间商经营不善或发生意外情况，生产者就要蒙受损失。这种独家经营妨碍竞争，因而在某些国家被法律所禁止。

（3）选择性分销（Selective distribution）。这是介乎上述两种形式之间的分销形式，即生产厂家在某一销售区域精选几家最合适的中间商销售公司的产品。这种形式对所有各类产品都适用，它比独家分销面宽，有利于扩大销路，开拓市场，展开竞争；比密集性分销又节省费用，较易于控制，不必分散太多的精力。因此，这种分销形式效果较好。这一策略的重点在于着眼稳固企业的市场竞争地位，维护产品在该地区的良好声誉。同时，促使中间商之间彼此了解，相互竞争，能够使被选中的中间商努力提高销售水平。

3. 确定渠道成员的权利和责任

制造商在决定使用间接渠道时，必须同渠道成员在价格政策、销售条件，区域权利等方面达成共识。

（1）价格政策

价格直接关系到渠道成员各自的经济利益，制造商在制定价格政策时要充分考虑其敏感性，谨慎从事，本着公平与效率兼顾的原则，制订详细的目录和折扣明细表，以减少（避免）渠道冲突，提高中间商积极性。

（2）销售条件

它主要指付款条件和生产者对产品的保证。大多数生产者对于付款较早的分销商给予现金折扣。生产者也可以向分销商提供有关商品质量不好或价格下跌等方面的担保。

（3）区域权利

它是指生产企业给予中间商的在某一区域的专门销售权。中间商一般都希望自己取得某一区域的完全销售权，即独家经销、代理和销售的权利，以提高自己的业绩。

4.3　管理分销渠道

分销渠道方案确定后，企业还必须对渠道进行有效地管理，渠道才能更好地发挥效用。

1. 渠道成员的选择

渠道成员的选择即中间商选择，渠道成员直接影响企业分销的效率与分销成本，以及企业在消费者和用户心目中的品牌形象与产品定位。所以，生产企业在选择渠道成员时要注意评价中间商的情况，例如服务对象、地理位置、经营范围、销售能力、物质设施与服务条件、财务状况、合作诚意、营销经验等，且必须秉持实力优先、业态对路、形象吻合、文化认同等原则来选择，选择确定由哪几家中间商充当渠道成员，执行产品的销售任务。

2. 渠道成员的激励

渠道成员一经选定，为了使他们有良好的表现，应建立一套相对完善的长久的激励机制，建立一种与中间商荣辱与共的长期合作（伙）关系。具体的激励措施有：

（1）向中间商提供适销对路、价廉物美的产品。只有经销畅销商品，中间商才能加速资金周转，增加企业盈利。适销对路的产品意味着销售成功的一半，符合生产者和中间商的共同利益。提供适销对路的优质产品就是对中间商的最好激励。

（2）做必要让步。企业应了解中间商的经营目标和需要，充分尊重中间商的利益，在必要时作一些让步，以满足中间商的某些要求，鼓励中间商努力经营。

（3）对中间商的扶持。信息方面，生产者将所获得的市场信息及时传递给中间商，同时中间商也将相关的信息及时反馈给制造商；资金方面，生产者为中间商提供部分融资服务，灵活运用付款方式；促销方面，制造商承担宣传推广产品的全部或部分费用，协助中间商安排商品陈列、展览，帮助他们培训推销人员。

3. 对渠道成员的绩效评估

为了及时了解中间商的履约情况，肯定并鼓励先进、努力的中间商，鞭策落后的中间商，必须从了解中间商的心理状态与行为特征入手，定期评估中间商的工作成绩，通过检查，发现问题，分析原因，并采取相应的改进措施。对渠道成员的绩效评估标准有：销售额和销售增长率、平均存货水平、交货速度、对损坏与遗失货品的处理、对顾客服务的表现、在促销上与生产者的合作等。在这些指标中，比较重要的是销售指标，它表明企业的销售期望。企业还可以进行动态的分析比较，从而进一步分析各个不同时期各中间商销售状况。

4. 渠道调整

市场总是瞬息万变的，为了保持渠道的高效、畅通，制造商还应根据环境的变化，对分销渠道进行调整。渠道调整的前提是评估各种可能的渠道交替方案。其评估标准是：经济性、控制性、适应性。

这是最常见的渠道调整方式之一。由于个别中间商的经营不善而造成市场占有率下降，影响到整个渠道效益时，可以考虑对其进行削减；市场占有率的下降，有时可能是由于竞争对手分销渠道扩大而造成的，这就需要考虑增加中间商数量。

（2）增加或剔除某些销售渠道

当生产企业通过增减个别中间商不能解决根本问题时，就要考虑增减某一分销渠道，它也是最常见的渠道调整方式之一。以不同分销渠道绩效评估为基础，增加绩效好的渠道，剔除绩效差的渠道。

（3）更改整个渠道策略

这是渠道调整中最复杂、难度最大的一类，因为它企业对原有分销体系、制度进行全盘调整，而不只是在原有基础上缝缝补补。这种调整不仅是渠道策略的彻底改变，而且产品策略、价格策略、促销策略也必须作相应调整，以期和新的分销系统相适应。

4.4　管理窜货

窜货是经销商置经销协议和制造商长期利益于不顾而进行的产品跨地区降价销售造成市场倾轧、价格混乱，严重影响厂商声誉的恶性营销现象。它是商业行为，其目的是赢利也称为冲货。

1. 窜货的原因

窜货现象产生的原因是多种多样的，但根源还是在于利益驱动和人为因素。产生窜货的原因主要有：

（1）生产者方面

企业盲目为经销商定销售指标；企业实施普遍经销制；企业的一些营销人员鼓励经销商违规；企业在资金、人力等方面的不足，造成不同区域之间渠道发展的不平衡；广告拉力过大而渠道建设没有跟上；生产者给予中间商的优惠政策各不相同；供应商对中间商的销货情况把握不准。

（2）中间商方面

多拿回扣，抢占市场；市场报复：辖区销货不畅，造成积压，厂家又不予退货，经销商只好拿到畅销市场销售；运输成本不同，自己提货，成本较低，有窜货空间；市场报复：目的是恶意破坏对方市场。

2. 窜货的危害

窜货的危害很多，但主要是对企业的生产经营利益产生致命性的影响，具体有：

（1）一旦价格混乱，将使中间商利润受损，导致中间商对厂家不信任，对经销其产品失去信心，直至拒售。经销商销售某品牌产品的最直接动力是利润，而当渠道受到攻击，经销商的正常销售受到严重干扰，经营利润降到期望值以下时，就会挫伤经销商的积极性。

（2）窜货会导致产品质量和服务品质的下降。当窜货发生时，供应商对假货和窜货现象监控不力，地区差价悬殊，受损害的经销商不仅不会对产品的售后承担责任，而且通常会要求从上游渠道得到一些让步，比如说价格上的保护等，由此引发一系列的连锁反应，使消费者怕假货、怕吃亏上当而不敢问津。

(3) 窜货现象导致价格混乱和渠道受阻，严重损害品牌形象和企业的正常经营，使先期投入无法得到合理的回报，竞争品牌也会乘虚而入，取而代之。

3. 窜货的治理

窜货产生的诱因主要来源于生产者自身及中间商两个方面，那么要从根源上治理窜货问题，也应从这两方面着手：

(1) 生产者方面

制定完善的营销政策，包括完善的价格、专利权、返利及促销政策，完善的营销政策可以从根本上杜绝窜货现象；创造良好的销售环境，包括制定科学的销售计划、合理划分销售区域及建立科学的、地区内部分区的业务管理制度，加强对销售渠道的管理，设立市场总监并建立市场巡视员工作制度，实行奖罚制，实行产品代码制，外包装区域差异化，发货车统一备案，统一签发控制运货单。

(2) 中间商方面

要与中间商签订不窜货乱价协议，采取各种策略要明确的原则就是避免窜货主体出现或增加。生产者要合理制定并详细考察经销商的资信和职业操守，除了从经销的规模、销售体系、发展历史考察外，还要考察经销商的品德和财务状况，防止有窜货记录的经销商混入销售渠道。此外，企业一定不能让经销商给市场拓展人员发工资，企业独立承担渠道拓展人员的部分工资。

【案例分析与讨论】

TCL 集团：构建深广兼容的分销渠道

TCL 集团于 1981 年靠一个小仓库和 5000 元贷款起家，1999 年发展成为拥有 100 多亿元总资产，销售收入、出口创汇分别达到 150 亿元、2.4 亿美元，在中国电子行业雄居三强的企业集团。该集团前十年集中生产经营通讯产品，占据了电话机市场龙头地位；后十年进军家电、电工市场，在十分激烈的竞争中，年均销售增长率持续超过 50%。进入新世纪，集团正在策划新的目标：再用十年时间，使公司从传统的电子企业向以“3C”整合为核心、信息产业为主导的互联网接入设备主流供应商转移，销售规模达到 1500 亿元，进入世界 500 强企业行列。

集团决策者觉得需要全面审视公司的经营观念和分销战略与策略管理问题。为此，回顾、总结过去的经验是必要的。

多年来，集团一直将市场视为企业的生命，提出并奉行“为顾客创造价值”的核心观念，赢得了宽广的市场空间。公司不断推出适合市场需求的新产品，严格把好每一个产品和部件的质量关，并十分重视建立覆盖全国的分销服务网络，为顾客提供了优质高效的购买和保障服务。显然，经营产品的扩展，必须与经营渠道建设结合起来。这是一条重要经验。

TCL在连续不断的市场大战中主动认识和培育市场，逐渐形成了“有计划的市场推广”、“服务营销”和“区域市场发展策略”等市场拓展新理念，建立了覆盖全国的营销网络，发展自己的核心竞争力。到1998年底，TCL已在全国建立了28家分公司，130个经营部（不包括县级经营部），还有几十个通讯产品、电工产品的专卖店，销售人员3000多人，这个网络既销售王牌彩电，也销售集团内的多种产品，1998年的销售额达到50多亿元。为了进一步开拓国际市场，除利用在香港、美国原有子公司外，近年来又成立了“国际事业本部”积极策划在东欧、东南亚设立自己的销售网点。

建立营销网络加快了TCL集团的发展步伐。TCL坚持经营变革与管理创新，不断推进企业产权制度的改革。集团通过授权经营，落实了企业经营风险责任机制和利益激励机制。尤其是进入20世纪90年代以来，TCL抓住机遇，通过灵活机动的资本运营机制，先后兼并了香港陆氏彩电、河南美乐电视机、内蒙古彩虹电视机、金科集团和翰林软件公司，并与美国Lotus Pacific合作，进入信息网络终端产品和信息服务领域。TCL投资创办了爱思科微电子集成电子公司，介入了通讯系统设备制造、移动电话和锂离子电池等高科技领域。TCL已开始的产业结构调整，目标是使公司由传统家电产品制造商向互联网设备的主流厂商转变。集团领导层对这个转变充满信心，其中一个理由是营销网络为这个转变的实现提供了有力的保证。

经过多年苦心经营，TCL的营销网络已建立了能及时发现市场、开拓市场、保障服务质量、有效改进品牌推广，并灵活适应市场变化的机制。90年代初TCL王牌彩电成功介入竞争白热化的国内市场，名列“三甲”，营销网络功不可没。在1996年彩电市场降价竞争中，TCL整个网络迅速作出统一行动，调整价格，加强促销，不仅稳定公司的销售，而且争取到市场的扩展，给人留下深刻印象。

TCL集团在主导产品战略转移的同时，同步营造营销渠道网络，使之成为公司扩大经营规模、提高竞争优势的重要战略组成部分。首先，集团强制推行“项目计划市场推广战略”。要求所有项目必须制定详尽的市场推广战略，自觉、主动地认识市场、培育市场和占有市场。其次，导入“区域市场推广战略”。将国内市场划分为7大区域，按“大区销售中心-分公司-经营部-经营办事处”模式构建区域分销网络，禁止跨区违规操作，规范市场开发管理。第三，实施“深耕细作”策略。按各区域网络做细经营管理，开展“千店工程”，将销售网遍布广大城乡。第四，实施营销网、服务网“双网络”拓展，产品品牌、服务品牌“双品牌”经营计划。将原售后服务部改成“用户服务中心”并相对独立运作；建立客户档案，主动回访；在一些城市装配维修生产线，配合公司配件供应中心，提高服务效率；严格履行“三月包换、三年免费维修、中心城市上门服务”的承诺。第五，提高网络的兼容性。以家电营销服务网络为基础，整合家电网、电工网和通讯产品网，方便顾客，降低成本。

TCL强大的营销网络吸引了国内外一些公司上门来要求合作。建伍、NEC分别找上门来要求TCL代理其音响、手机。TCL营销网络不仅是TCL产品的“市场高速公路”，而且成了TCL最重要的一块无形资产。

（资料来源：卜妙金、张传忠：《分销渠道管理》，高等教育出版社2001年版）

◎**思考：**

1. 根据本章的学习，综合分析TCL分销渠道网络有何特点？
2. 为实现新的目标，TCL分销系统还有哪些可以改进之处？
3. 从本案例中总结分销渠道对企业发展的战略意义？

【本学习情境小结】

现代市场环境的改变，使得营销渠道管理在企业营销运作中的地位日趋重要，成为企业获取竞争优势的一个战略要素。“渠道为王，谁拥有渠道，谁就拥有了市场，谁就占有了顾客。”本章主要介绍了分销渠道含义、作用及主要模式，从直销和中间商两个角度系统概括了现有分销渠道的现状，并通过对影响分销渠道建设的因素——市场因素、产品因素、企业自身因素和客观环境因素的分析，着重说明了分销渠道的设计和管理，并在一系列理论论述中着重探讨了人们容易混淆的问题：直销与传销的区别，还系统阐述了窜货管理问题。

【情境思考】

1. 什么是分销渠道？其作用是什么？其主要模式有哪些？
2. 什么叫直销？直销有什么种类和特点？它与传销有什么区别？传销有什么具体的危害？
3. 中间商的主要形式有哪些？
4. 批发商与零售商的区别是什么？它们各自有什么特点？
5. 分销渠道的设计与选择需要考虑哪些因素？该如何设计分销渠道？
6. 渠道管理的主要内容有哪些？
7. 窜货是什么？它有什么具体的危害？应该如何对其进行治理？

学习情境九　促销策略

工作任务

任务一　设计促销方案
任务二　进行人员推销
任务三　开展广告策划
任务四　策划营业推广活动
任务五　策划公共关系活动

知识与技能目标

1. 理解促销和促销组合的概念，促销组合方式。能够为企业设计促销方案。

2. 了解人员推销的特点，熟练掌握重要的推销技术，具备人员推销的基本技能，掌握推销队伍的组织和管理。

3. 熟悉广告的分类，掌握制定广告计划的步骤，能够根据企业情况制定合理的广告计划，选择广告媒体。

4. 理解营业推广的含义与分类，重点掌握营业推广活动的方式，能够制定并执行企业营业推广活动。

5. 了解公共关系的概念、类别和分类，理解公共关系常用活动方式，能够运用公共关系常用模式塑造企业的良好形象。

任务一　设计促销方案

【任务引入】

贵阳××有限公司费尽心思进入了贵阳苏宁电器卖场，国庆节快到了。苏宁电器要求该公司制定一个促销方案，以此来提高在卖场的销售量。于是，公司销售负责人制定了一份促销方案。

××电器——苏宁卖场暖冬行动推广周促销活动

一、活动主题：××电器—苏宁暖冬行动推广周

二、活动时间：201×年12月11日—12月19日

三、零售目标：500台

四、促销活动内容：

1. 买一送一：

①标准型：送暖手器或机罩；豪华型：送拉舍尔毛毯、暖手器或机罩

②10年新品加送暖手器一个（由××苏宁提供）（以上礼品数量有限，送完即止，由××公司提供）

2. 全场返现100—300元（对消费者宣传，按挂牌价和实际成交价中体现）

①由××公司提供100元/台的促销援助费

②实际成交价按××公司贵州地区建议成交价实施

③不在媒体上刊登价格

3. 惊爆价机：××机型——1680元

①限12月11日—12月19日，共10台（限量）

②其中××公司给予150元/台的促销费（与上述100元/台援助费不重复计算）

③不在媒体上刊登价格

4. 店内促销、广告宣传援助

表9-1　**各门店展品的规格**

门店别	门头横幅（规格）	门头KT板（规格）	场内海报（规格）
A店	80cm×1000cm	80cm×100cm	57cm×83cm
B店	80cm×1000cm	80cm×100cm	57cm×83cm
C店	/	/	57cm×83cm
D店	/	/	57cm×83cm
合计			

横幅、KT板、海报内容见附页（具体内容略）

5. 报纸广告

本周在《××报》刊登1/16版促销广告。

6. 促销人员

本周在该市区苏宁主力门店星期一至星期四提供临时促销员2人/店，周末临时促销员4人/店。促销员工资55元/天，临时促销员该天销售5台以上（含5台）每台提成10元。

五、费用小计：省略

任务1：上述方案是否合理？若否，则请根据市场需要制定合适的促销方案。

任务2：根据企业目标在具体的营销活动中选择合适的促销方式，进行促销组合策略决策。

【任务分析】

促销策略是市场营销的一个重要内容。企业传递产品信息、消费信息给消费者，有效地对消费者进行刺激，增强消费者需求强度，诱导消费者购买，都少不了促销策略的使用，也只有促销策略能够快速地达到以上目标。促销是4PS战略中最常用的一种策略，在供大于求的市场态势中，促销策略和促销组合显得越发重要。

【知识准备】

1.1　促销和促销组合的概念

1. 促销的概念

促销（Promotion）是指企业利用各种有效的方法和手段，使消费者了解和注意企业的产品、激发消费者购买欲望，并促使其实现最终的购买行为。

（1）实质：促销的实质与核心是信息沟通，是企业与消费者的信息沟通过程。

（2）目的：促销的目的是引发、刺激消费者产生购买行为。

（3）方式：促销的方式有人员促销和非人员促销两大类。人员促销，也称直接促销和人员推销。它主要适合于消费者数量少，比较集中的情况下进行促销。非人员促销也称间接促销或者非人员推销。它主要适合于消费者数量多、比较分散情况下进行促销。

（4）促销的作用：

①传递信息，吸引顾客注意。通过信息的传递，使社会各方了解产品销售的情况，建立起企业的良好声誉，引起他们的注意和好感，从而为企业产品销售的成功创造前提条件。

②创造需求，扩大产品销售。消费者的消费需求、购买动机具有多样性和复杂性的特点，促销要针对消费者的心理动机，发现需求创造需求。通过采取灵活有效的促销活动，诱导或激发消费者的需求，扩大产品的销售力。通过企业的促销活动来创造需求，发现新的销售市场，使市场需求朝着有利于企业销售的方向

发展。

③突出特色，增强竞争能力。在竞争日趋激烈市场中，不同的厂商生产经营同类产品，消费者对这些产品的微细差别往往不易察觉。企业通过促销活动，宣传本企业的产品较竞争对手产品的不同特点，以及给消费者带来的特殊利益，使消费者充分了解本企业产品的特色，引起他们的注意和欲望，进而扩大产品的销售，提高企业的市场竞争能力。

④反馈信息，提高经济效益。在成本和价格既定的情况下，产品销量越大，销售额越高，效益越好；反之，效益越差。企业必须重视产品销售工作。通过有效的促销活动，使更多的消费者或用户了解、熟悉和信任本企业的产品，并通过消费者对促销活动的反馈，及时调整促销决策，使企业生产经营的产品适销对路。

2. 促销组合

（1）定义：所谓促销组合（Promotion Mix），就是企业运用广告、人员推销、公共关系、营业推广等多种促销方式组合成一个系统策略，使得企业的全部促销活动互相配合，协调一致，形成企业的整体促销策略，从而实现企业的目标。

（2）意义：①体现了现代市场营销理论的核心思想——整体营销。②促销组合是一个系统化的策略，几种不同的促销方式构成了一个整体策略。③促销组合由多个子系统组成，每一个促销方式都包含了各自的可变因素，某一个因素的变化，则意味着一个新的促销策略的出现。

3. 促销组合方式

人员推销、广告、营业推广、公共关系是促销组合的四种基本形式，他们有着各自的特点，既可以单独使用，也可以联合使用，通常组合在一起能达到更好的效果。

（1）人员推销。它是指企业派出推销人员直接与消费者进行接触，向目标顾客进行产品介绍、推广、宣传、促进的沟通活动。推销人员可以采取面对面交谈，也可以采取电话、信函交流来进行产品的销售。人员推销是企业最直接的一种促销形式。

（2）广告促销。广告促销是企业以付费的形式，通过不同的媒体对产品进行广泛宣传的、促进产品销售的传播活动。

（3）营业推广。它是指企业为了刺激消费购买，而采取的一系列短期性、诱导性、刺激性的促销战术。

（4）公共关系。它是指企业通过有机会的长期努力，影响团体与公众对企业及其产品的态度，使企业与其他团队以及公众形成良好的公共关系，达到提高企业的名望，获得社会信任的目的，从而间接促进产品的销售。

促销组合方式的优缺点对比参见表 9-2。

表 9-2　　促销组合方式的优缺点

优缺点 促销方式	优　　点	缺　　点
广告促销	覆盖面广、传播迅速、影响力大、形式多样、相对费用低	间接性、单向性、盲目性、效果不易测定
人员推销	针对性强、双向性、直接性、灵活性、效果明确	费时、费钱、费工
公共关系	影响面广、易取得信任	见效慢
营业推广	影响力大、刺激性大、效果直接	信任度低、不宜长期使用

1.2　影响促销组合的主要因素

1. 促销目标

促销目标是指企业从事促销活动所要达到的目标。企业在不同的时期，不同的发展阶段有不同的促销目标。是增加销售量、扩大市场份额，还是树立强化企业形象。根据不同的促销目标，采取的促销组合与促销组合策略是不同的。

2. 产品的因素

产品的性质不同，采取的促销方式不同。消费品促销通常采用拉式促销策略，使用营业推广和广告的形式较多；而工业品促销常常采用推式促销策略，人员推销的形式采用较多。产品技术性能复杂，价格高的产品，采用以人员推销为主辅以其他促销方式的促销组合。产品技术性能一般、价格较低的产品，采用以广告沟通为主，辅以其他促销方式的促销组合（见图 9-1）。

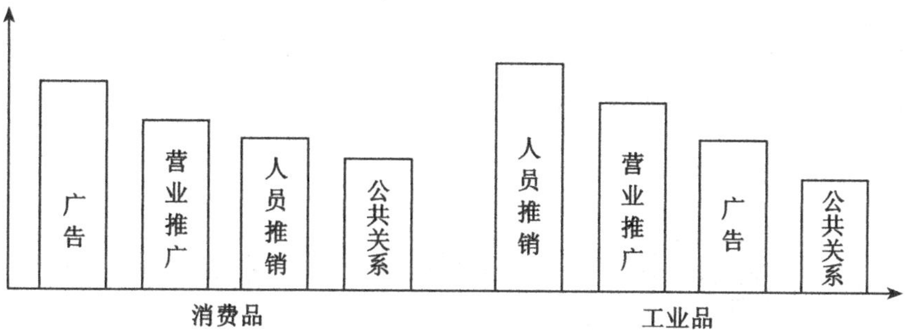

图 9-1　不同促销方式在消费品和工业品促销过程中的作用

产品的生命周期不同，采用的促销组合应有不同，产品的投入期通常以广告为主要促销形式，成长期以广告和人员推销为主要形式，成熟期和衰退期常采用营业推广等形式（见图 9-2）。

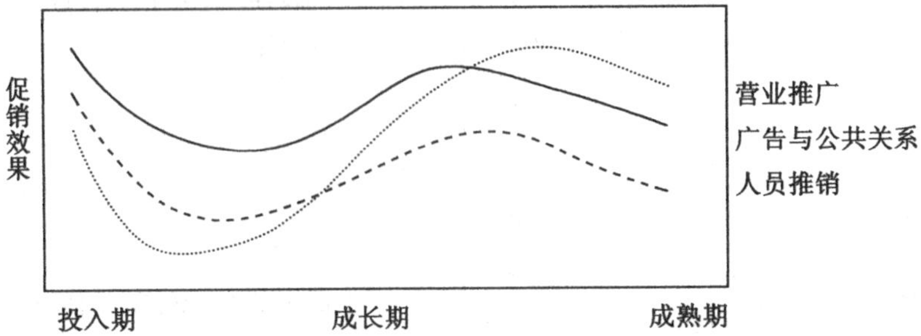

图 9-2　产品市场生命周期不同阶段的促销效果比较

3. 市场条件

不同的市场条件也会制约促销组合方式的选择。市场地理范围不同采用的促销方式不同，小规模的本地市场常以人员推销为主要形式；广泛的全国性市场通常采用广告等组合形式。市场类型不同采用的促销形式不同，消费者市场由于销售对象多而分散，常采用广告等形式；而生产者市场，由于顾客少批量购买常采用人员推销形式。

4. 促销预算

企业的促销费用是有限的，所以我们的促销获得必然受到促销费用预算的限制。一方面，我们在满足促销目标的前提下，要做到效果好而费用省；另一方面，我们的促销活动也要量力而行。

1.3　促销组合决策

1. 促销策略

促销策略常见的有“推式”和“拉式”两种典型策略。

(1)“推式”策略（见图 9-3）

推式策略：

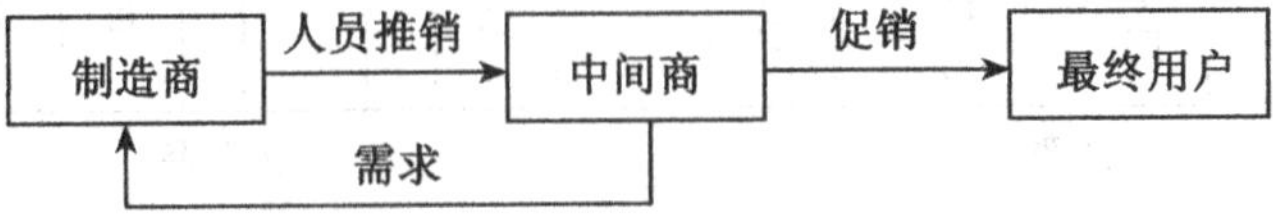

图 9-3　推式策略

“推式”策略是把中间商作为促销对象，把产品推进分销渠道，推向最终市场。推式策略常常采用以人员推销为主的促销组合。

（2）“拉式”策略（见图 9-4）

“拉式”策略：

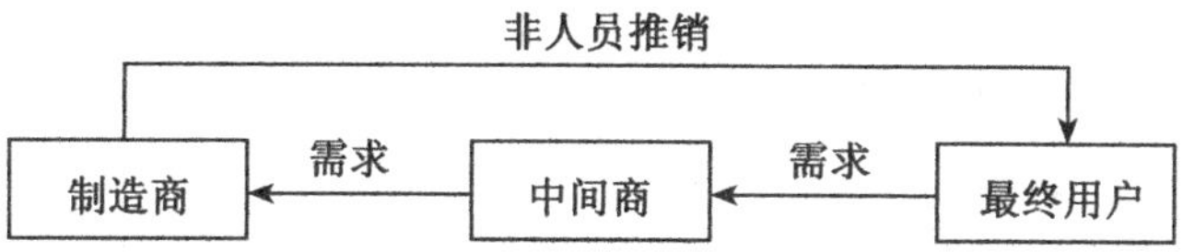

图 9-4　拉式策略

“拉式”策略是把消费者作为促销对象，引导消费者购买，从而拉动中间商进货。拉式策略常常采用以广告为主的促销组合。

一般来说，对于需求比较集中、技术含量高、销售批量较大的产品，宜用“推”的策略，对于需求分散、销售批量较小的产品，宜用“拉”的策略。

（3）推拉结合式策略（见图 9-5）

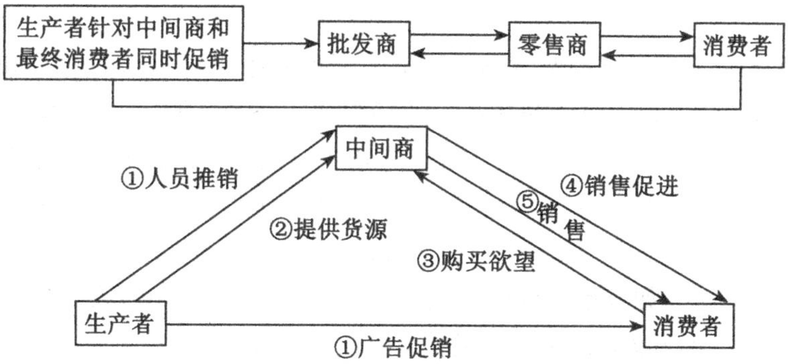

图 9-5　推拉组合式策略

在通常情况下，企业也可以把上述两种策略配合起来运用，在向中间商进行大力促销的同时，通过广告刺激市场需求。

2. 最佳促销组合模型

企业要想收到理想的促销效果，必须根据目标市场合理安排促销组合，也就是对四种促销工具进行有机地配合、运用，以取得最好的促销效果。西方市场营销学者提出了各种促销组合模型，如斯摩博恩模型、布恩—布尔茨模型、麦卡锡模型、科特勒模型等。在此，我们介绍一种新式的促销组合模型：阿布莱特-韦斯惠曾模型（见图 9-6）。

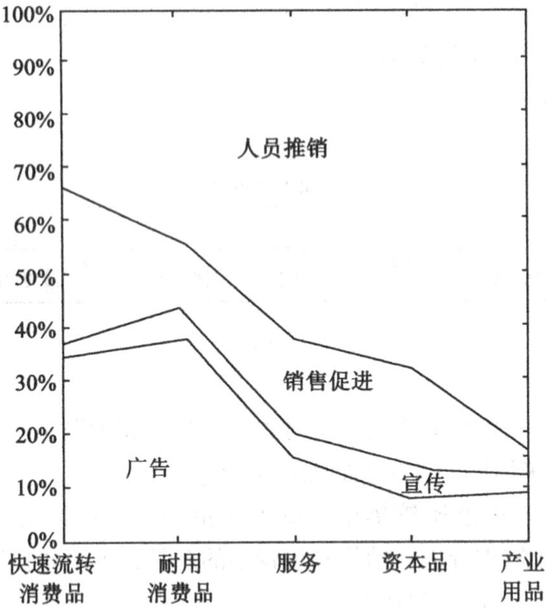

图 9-6　最佳促销组合模型

此模型是南非共和国的两位学者罗素·阿布莱特（RussellAbratl）和布莱恩·韦斯惠曾（BrianlCVanderWesthuixen）在 1987 年提出的。他们在约翰内斯堡等城市选择了具有代表性的 25 家大公司作为战略业务单位，并将其划分为五个部门：快速流转消费品部门（如食品及其连带产品）、耐用消费品部门（如家具、电器、汽车）、服务部门（如银行、出租汽车公司）、产业用品部门（如原材料、零部件等）、资本品部门（如重型机械设备），然后对他们的促销组合及促销费用支出情况进行了调查，得出企业应采用的最佳促销组合模型。

3. 促销组合决策

促销组合的决策是指企业决定如何选择和组合应用几种促销方式，达到企业所要达到的目标。促销组合决策通常要经历以下几个步骤：

（1）确认促销对象

确认促销对象是企业确认促销对象是企业确定促销目标、设计促销内容、选择渠道、规划组合及检测促销效果等工作的重要前提和基础。促销对象主要是企业产品的销售对象。通过对企业目标市场的可行性研究与市场营销调研，界定其产品的销售对象是现实购买者还是潜在购买者，是消费者个人、家庭还是社会团体。

（2）确定销售目标

所谓促销目标，是指企业促销活动所要达到的目的。不同企业的促销目的是不同的，促销组合决策就不应该一样。有的属于短期促销目标，为了近期利益，它宜采用广告促销和营业推广相结合的方式。有的属于长期促销目标，公关促销具有决定性意义，辅之以必要的人员推销和广告促销。在决策中，还须注意企业促销目标的选择必须服从企业营销的总体目标。

（3）促销信息设计

促销目标是通过促销信息传递来实现，企业必须重点研究信息内容的设计。促销信息内容是指企业促销要对目标对象所要表达的诉求是什么，并以此刺激其反应。诉求分为：理性诉求：试图说明该产品能为目标对象带来何种利益。感性诉求：试图引起目标对象的情感，如喜爱、荣耀等情感，以激发起消费者的购买行为。道德诉求：试图让信息接收者感到什么是对的和适当的。

（4）选择沟通渠道

在促销活动中，企业应选择传递促销信息的沟通渠道。主要有两类：一是人员沟通渠道，指销售人员与目标购买者之间的接触、推荐、建议；二是非人员沟通渠道，指运用媒体、气氛与事件等方式来传递信息，也称大众媒体沟通。一般情况下，人员沟通渠道比大众沟通渠道更有效，大众传播沟通与人员沟通是相辅相成的，两者的有机结合才能发挥更好的效果。

（5）确定促销组合

促销组合决策的关键是确定促销的具体组合。根据不同的情况，将人员推销、广告、营业推广和公共关系四种促销方式进行适当搭配，使其发挥整体的促销效果。决定促销组合时应考虑的因素：产品的属性产品的价格产品的寿命周期目标市场的特点采用“推”或“拉”策略。

（6）确定促销预算

开展促销活动必须花费一定的费用，促销费用必须事先预算。一般说，人员推销、广告促销、公关促销和营业推广的费用是依次递减的。企业应从经济实力和宣传期内受干扰程度决定促销组合方式。如果企业促销费用宽裕，则可几种促销方式同时使用；反之，则要考虑选择耗资较少的促销方式。

【案例分析与讨论】

M 品牌电器成功促销活动案例纪实、分析

前言：随着家电市场的竞争越来越激烈，农村家电市场的促销活动已屡见不鲜，形式更是五花八门，什么特价、赠品、抽奖、返现金等。每当看到厂家、商家花大钱精心策划的促销活动一次次的失败，看到农村消费者在店门前只是看热闹或为抢礼品而来的时候，笔者也为他们（厂家、商家）感到伤心。但他们过后有没有想过：我花大钱、精心策划的促销活动为什么屡屡失败呢？下面这个案例是笔者

全程参与的一次成功的M品牌电器农村促销活动。但愿大家看了这个案例，会从中得到点什么启发。

第一部分 促销活动方案

一、促销背景：

2001年M电视全国销量第一，为了庆祝这一荣誉，M在2002年下半年在全国各城市，包括农村进行了一场全国性的促销活动。同时，面对竞争激烈的其他三大电视品牌的促销活动，M不得不进行反击，以保持2001年市场销量第一的市场份额。

二、促销目的：

1. 消化一些老品库存、提高电视终端销量，继续保持2001年市场销量第一的市场份额及争取2002年市场销量也第一；同时也为了在全国推广最新的××系列电视。

2. 通过以电视为主题的促销活动，带动其他电器（碟机、电冰箱、洗衣机）的销售。

3. 马上到国庆节了，其他电视品牌都在周密策划“十一”促销方案。为了达到先发制人，抢先争夺其他品牌的消费者和潜在消费者。

三、促销时间：

201×年9月13日—201×年9月18日

四、促销地点：

红古区雅兴M电器专卖店

五、促销主题：

热烈庆祝M电视2001年全国销量第一，特价大回报（主题由M品牌总部制定）。

六、促销双方：

M兰州电器销售公司、红古区雅兴M电器专卖店

七、促销产品：

1. 主推：M所有型号电视（一些老品和最新的××系列）、VCD和DVD；

2. 附推：电冰箱、洗衣机等

八、促销对象和范围：

1. 对象：终端消费者

2. 范围：红古区所辖区域

九、促销形式：

老品特价、新品打折

十、促销配合：

1. 专卖店建设：专卖店进行现场美化，店内悬挂气球、条幅、张贴POP，店

门口设置拱门、放置34英寸背投电视及音响，店门两侧堆放产品堆码。

2. 电视广告：9月13日—9月17日在当地有线电视台晚上播放促销信息广告，每晚播三次。

3. 促销单页：9月13日—9月15日三天在所有红古区辖区内挨家挨户发放。

4. 促销墙报：在每个村庄至少贴3张以上促销信息墙报（手写）。

十一、促销费用：

此处略。但要说明的是此次促销费用很低。

十二、促销任务：

销售最低任务：大小150件。

十三、推进计划：

项目　内容　责任人　完成时间　检核人

物料准备 促销单页（印刷）A4黑白促销单页，内容包括促销主题、促销时间、促销地点、联系电话、主要特价机型号和价格等；由兰州销售公司提供 兰州销售公司 9月10日 /

促销墙报（手写）同上；由专卖店负责提供 专卖店 9月10日 /

气球、拱门、条幅等 专卖店负责提供 专卖店 9月10日 /

落实促销方案 下发专卖店、业务员 / 兰州销售公司 8月15日 /

产品准备 提货 专卖店根据促销型号及库存向分公司提货 专卖店 9月14日 /

卖场准备 店内布置、样机摆放 要求尽可能地把所有促销的型号都摆出来 专卖店 9月15日 /

店外布置 拱门、条幅、音响等 所有工作人员 9月16日7点前 /

送货服务 送货车 出租车及专卖店的送货车的准备 专人 随机 /

活动组织 / 促销活动正式开始销售 所有工作人员 9月16—18日 /

活动评估 / 促销效果评价 专卖店负责人 9月20日前 /

十四：活动监控：

本次促销活动由兰州销售公司负责全程监控，所有工作人员不得有任何的有损公司形象的行为。

十五、促销活动评估：略

第二部分　促销活动纪实

本次促销活动M兰州电器销售公司派出4名工作人员，其中1人为红古区业务员、1人为兰州销售公司黑电事业部负责人、2人为大学实习生；红古区雅兴M电器专卖店有8名工作人员，其中4人为促销员（2男2女）、1人为司机、1人为售后维修员、2人为老板和老板娘。促销第四天由于人员不够，又从兰州调来一名长期兼职的优秀女大学生促销员。合计13名工作人员。

本次促销活动前后共计6天。前三天为发放促销单页等的准备工作，后三天为真正的销售时间。

我们于2002年9月12日下午到达雅兴专卖店。我们从兰州销售公司带了3万份促销宣传单页，其他一切促销工具均由雅兴专卖店提供。下午我们总共12名工作人员（不包括兼职的大学生促销员）开了一个简单的促销动员会，并进行了相关工作分派和工作要点及注意的问题。促销计划为：前三天是我们发放3万份促销宣传单页、贴墙报、打广告、备货的时间。我们其中8名工作人员和4名临时找的人员负责前三天的促销宣传单页发放工作。具体为：分为3组，每组4人、派一辆车，按红古区的地理位置：第一天先从西、北两面开始，3组分头工作，晚上会合，形成闭环，一个村庄不漏。每组人员分工为2人专门挨家挨户发促销单页，2人及司机配合贴墙报和发促销单页；第二天从东、南两面开始（当然有些地区已经到青海的辖区呢）。第三天我们攻击市区。由于市区不准贴墙报，所以只能发促销单页，而且市区都是楼房，发起来也费事。因此我们全体出动。这三天时间里，另外4名工作人员（老板、老板娘、专卖店2名女促销员）留守在店内。在发促销宣传单页的第一天，我们就在当地的有线电视台上投放了简短的促销广告，当时该台正在热播电视剧《情深深，雨蒙蒙》，每晚两集。我们在晚上黄金时间8点、9点、9点30分（电视剧开播间隙）滚动播出三次，采用在电视剧播出时，在屏幕下面用滚动的文字播出本次促销主题、促销形式、促销时间、促销地点、联系电话等主要信息。

店面布置方面我们主要做了以下工作：15日晚上我们进行了店内布置，在店内摆放所有M品牌的电器，其他品牌的电器的临时撤出（说是M专卖店，但也销售H品牌电视），所有的产品上贴出原价和现价（特价），店内也布置了一些增强促销氛围的彩花、气球等装饰。在16日早上6点我们开始店外布置，主要布置了1个拱门及一个34寸背投彩电和音响来渲染气氛，同时，所有的促销产品都摆在了店门两边，给人一种促销的气氛。

在货源准备方面：在14日晚从兰州运来一整车，加上原库存大约有400台左右；由于专卖店库存空间限制和促销氛围的需要，所有新运来的产品都堆在店门外，形成高高的堆头。

在售后服务方面的准备：在促销第四天，即真正开始销售那天，我们在现场有一名售后维修人员专门给消费者提供售后咨询服务。同时，前几天的那两辆车和新增加的一辆车随时待命负责市区外100里内的送货上门工作，市内由出租车负责送货上门（在红古区市内，出租车多远5元搞定，很划算）。

在促销方式方面：我们按照分公司的要求主要以特价促销，每款机型均比原价降100—150元左右，甚至个别型号降幅达200—300元。同时，我们还做出每天前5名返现金50元和个别型号每天限量销售（凭当日开出发票证明量已售完）的方式，引诱消费者第一时间前来购买，起到轰动效应。还有，为了打消农村消费者怕今天买了，明天会更便宜或促销时间完了，还是这个价格的顾虑，我们发卡郑重承诺：若三天（促销活动完）后不调到原价或价格比促销价更低，专卖店将无条件退货并给消费者返人民币100元。另外，为了增加促销的紧张气氛，我们所有工作人员的午饭都在现场吃盒饭；在最后一天，遇到有些消费者还犹豫是否买，是否活动只举行三天时，我们从兰州销售公司来的人员掏出了第二天早上走的车票后，他们立即决定购买。事后我们想这也是一种促销策略吧！

促销结果：三天累计销售172大小件，包括电视、冰箱、洗衣机、碟机（VCD、DVD）。第一天78台，第二天56台，第三天38台。这个销量是促销前我们没想过的，毕竟这个地区的村民很穷啊！从这次促销活动结果来看，合理、适时的促销方式的确可以激发潜在消费者的立即购买。

促销成绩：超额完成了促销任务（150件），并达到M兰州电器销售公司在各地区已做促销的最好成绩，销量居第一。

第三部分 促销活动点评

一、促销时间选得好

本次促销活动时间选择得非常准确和恰当。第一，时间选在9月13日—9月18日，此时正是当地农民玉米、枣（红古是全国著名的枣产区，枣收入占总收入的1/3）的收获季节。农民手中有大量的现金，一旦企业有促销活动，会极易诱发农民的购买欲望。第二，此时农民刚收完玉米、枣等农活，距种小麦还有一段时间，农民比较闲。对农民来说，他们没有星期六、星期日或五一、十一的假日，他们只有农忙和农闲季节之分。农村消费者买东西首先有两个条件：一为手中有钱，二为有时间，两者缺一不可。在农村居民有钱但大忙时间时，你的促销再有诱惑力，他们也不会购买的；在他们农闲但没钱的时间里，你的促销降价再厉害，他们也没办法购买。当然，在他们既没钱又没时间时，那就不用说呢。第三，促销时间选在国庆节前夕，可以避开同品牌在国庆期间的相互竞争残杀，提前夺取了准备在国庆期间购买电器的大部分消费者。第四，促销第四天、第五天正好是星期六、星期日，充分考虑到了市区消费者的购买时间。第五，促销时间选择三天，符合市场营销促销活动的概念，给人一种时间紧张氛围；好像过了这村没那店的感觉，容易制造时间紧迫感，形成抢购的现场氛围！

二、促销方案设计得合理

本次促销方案设计得很合理。符合农村促销活动的要求：促销形式采取特价，而不是赠品或其他策略，给农村消费者实实在在的优惠，价格明显降低了几百元，每个消费者都能感觉到；现场促销形式简单，没有在现场搭台唱戏或其他不良形式，把这些费用省下来让渡给消费者；同时，也转化成此次促销的卖点：企业处处为消费者着想，把能省的都省下给消费者，所以价格才比竞争品牌低。

三、促销人员选择得好

充分利用实习大学生的“免费”劳动力，也为公司省了一笔不小的开支。同时，大学生素质高，易于和消费者、公司领导沟通。另外，也为大学生提供了难得的刀枪实战的实习机会，使得实习大学生特别卖力和配合工作。其实，大学实习生已是当今企业廉价使用人力资源的好出处，就看各个企业如何恰当使用这一廉价“资源”？

四、广告、宣传做得到位

采用农村常用的手写墙报，成本低，传播面广；市区采用简单的有线电视广告，成本也不高，但基本上覆盖了整个市区的目标顾客。

五、售后做得很好

虽然所有100公里内的消费者都送货上门，增加了一点成本，但取得的效果远远大于这点成本。许多农村消费者感慨地说：“以前只听过城市有这种服务，没想到今天也在农村实现了！”这些举措极大地提高了公司形象和产品知名度。

六、此次促销活动执行很到位

在促销宣传单页的发放方面，非常细，细到每个村的一户都不漏。记得当时做完促销活动后，一位实习大学生笑着说：“做了这次促销活动后，我才明白为什么M品牌2001年电视全国销量第一呢？”简单的笑话，但说出了一个深刻的道理，那就是M品牌的促销活动做得很细、很彻底、很扎实，不走形式、不走花样；一句话，“付出总有回报”。

七、此次促销活动的唯一不足

此次促销整体上很完美、很成功。但有一个不足之处是碟机的货准备的太少了，到促销第六天（销售第三天）下午的时候，碟机（VCD）没货了。至少要少销售10台以上。这也是我们对当地消费的不彻底了解所致。

第四部分　结束语

综观这次促销活动，是一个很完美和成功的促销活动。成功归咎于本次促销策划人员充分了解农村生活、农村消费、农村消费者的消费心理、习惯。目前有些品牌的促销策划人员是城市长大的，从来没有去过农村，也一点不了解农村消费者的消费心理、习惯。就按城市促销的方案去做农村促销活动，什么赠品？什么抽奖？什么奖券？什么搭台请名人唱“戏”？这些促销对农村消费者是华而不实的，他们最关心的是：到底价格降了没有？我是否少掏钱就能马上拿走产品？在农村做城市的促销活动，农村消费者一看都反感，他们或为看热闹而来、或为抢礼品而来。这样的促销，当然谈不上成功了。最后，笔者真心希望这些公司能从这篇文章中得到启发。

（案例来源：朱波：《现代家电》2004年第16期）

◎思考：

1. 你认为该M品牌的促销活动有哪些地方吸引你？

2. 该品牌的活动中运用了哪些促销策略?

3. 如果该品牌现在进入贵州市场，请你选择你认为可以利用的节日为它做一个促销方案。

任务二　进行人员推销

【任务引入】

贵阳××有限公司又顺利进入了贵阳其他几个大型卖场，产品都已上架，总经理终于松了一口气。一个月很快过去了，新的问题出现了，产品销量十分平淡，卖场经理传话过来，说卖场有末位淘汰制度，连续三个月销售最差的品牌卖场将会被清理。经过分析，公司一致认为根本原因在于很多卖场没有促销人员，仅仅是产品的自身展示无法实现销售的提升。于是公司决定由销售负责人招聘促销人员，并培训促销人员，从而完善现有的销售队伍。

任务1：掌握人员推销的步骤，理解并运用销售人员常用技术，能够进行人员推销活动的开展；

任务2：根据企业目标，招聘、培训、管理销售人员。

【任务分析】

"大炮不能上刺刀，解决战斗还要靠我们步兵!"《南征北战》电影中一句台词，揭示了人员推销在销售中无可替代的地位与作用。人员推销是促销策略中最直接、最容易掌控、最具战斗力的因素。人员推销特有的优势在促销组合中作用巨大，加强对推销人员的培养和管理已变得越来越重要。

【知识准备】

2.1　人员推销的概念与特点

1. 促销的含义

(1) 人员推销的含义

人员推销（Personal Selling）是指企业的推销员直接向顾客进行介绍，说服以及解答工作使顾客了解，偏爱本企业的产品，进而采取购买行动的一种促销方式。这种直接向顾客推销商品和劳务的推销活动，是营销活动中最常见也是最直接的促销形式。

(2) 人员推销的要素

人员推销的构成要素，通常是由推销人员、推销对象、推销品三个基本要素构成。人员是推销的主体，商品或者劳务是推销客体，顾客通常是推销的对象。

(3) 人员推销的角色

推销人员在企业活动中承担重要的使命，在推销活动中扮演着重要的企业角色。在推销过程中，推销人员通常扮演着企业形象代表、热心服务者、信息情报员、客户经理等企业角色。例如，在现代企业中，企业终端促销员可以说是最常见最基础最直接最普通的人员推销者，他们的常见角色如图9-7所示。

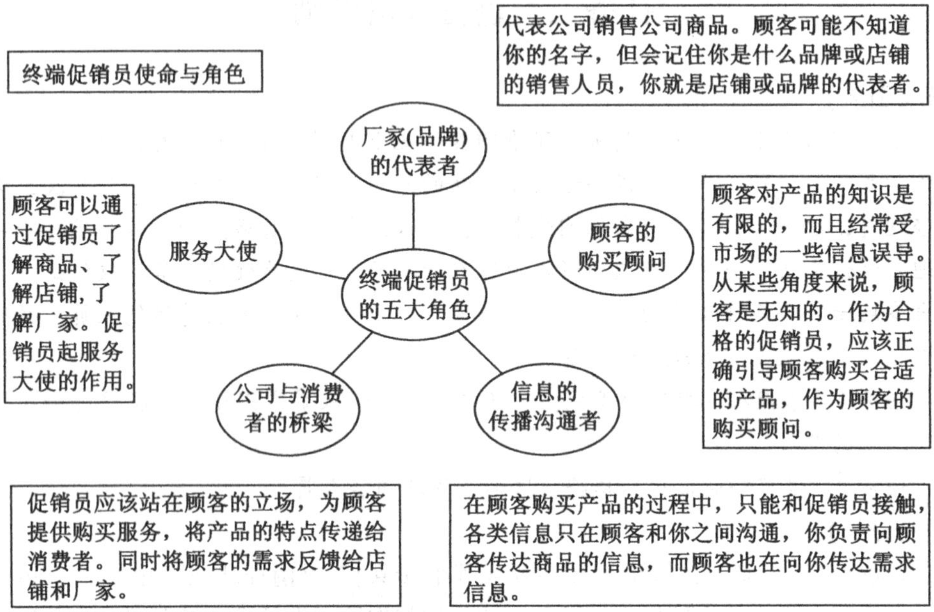

图9-7　终端促销人员的角色

2. 人员促销的特点

（1）双向性

人员推销信息的传递具有双向性，推销人员能够传递大量的非定制信息也可以收集大量有效的需求信息。推销人员能够在产品推销过程依据顾客需求，进行详细的解释和演示，解除顾客的顾虑从而产生购买行为实现销售目的；同时还可以从顾客那里了解到有关产品和企业的信息，并及时地反馈回企业，以更好地满足顾客的需求，扩大销售。

（2）灵活性

人员推销的过程具有很强的灵活性，当面对的顾客有疑问和异议的时候，销售人员可以根据情况及时给予解释，促使交易产生；在面对不同的顾客需求时候，销售人员还可以设计不同的推销策略，激发顾客热情实现销售目的。而这种快速灵活的特征是其他促销方式难以具备的。

（3）双重性

人员推销的目的具有双重性，推销人员向顾客推销产品与服务，促使顾客购买，满足销售的目的；同时推销人员不断的满足消费者的需求，有可能实行良好的“关系营销”发展并维持与顾客的长期关系。

（4）多样性

人员推销具有满足顾客需求的多样性特点，销售前，有针对性的介绍、宣传商品的特点，满足顾客对商品信息的需求；在购买中对商品的特征进行解释说明、对顾客异议进行分析，提供热情周到的服务满足消费者心理上的需求；购买后及时提供相关的服务支付，满足消费需求安全保障上的需求。

2.2　人员推销的基本形式

1. 上门推销

由推销人员携带产品样本、说明书和订单等走访顾客，直接面对面推销商品。这种推销形式，是主动的、积极的、最常见的可以针对顾客需要提供有效的服务，方便顾客。

特点：推销者积极主动向顾客靠拢；可以增强推销员和顾客之间的情感联系。

2. 柜台推销

在适当的地点设置固定门店，由营业员接待进入门店的顾客，推销产品。这种等待上门的推销形式，一般来说，产品的品种种类齐全，满足顾客各方面要求，提供较多的购买方便。如空调专卖店的销售员会在顾客光顾的时候根据顾客的需要不同介绍空调的制冷量、功能、品牌和价格等，并力图激发顾客的购买欲望，促成顾客购买。

特点：顾客寻求所购商品，主动向推销员靠拢；商品品种多，式样丰富齐全，便于顾客比较选择。

3. 会议推销

指采用各种形式的会议，如展销会、洽谈会、交易会、订货会等宣传和介绍产品，开展推销活动。

特点：接触面广，推销过程中，可以向多个对象推销产品，成交额较大，推销效果较好。

2.3　人员推销的步骤

人员推销的步骤如图 9-8。

1. 寻找顾客

推销人员要了解，谁是我们的推销对象，谁是产品的潜在需求者，谁是现实需求者。我们的目标潜在顾客应该是一个“MAN”，即具有购买力（Money）、购买决策权（Authority）和购买欲望（Need）的人。寻找潜在顾客的方法通常有：

（1）内部来源：检查记录，检查公司资料库、人名地址簿、电话本、员工名

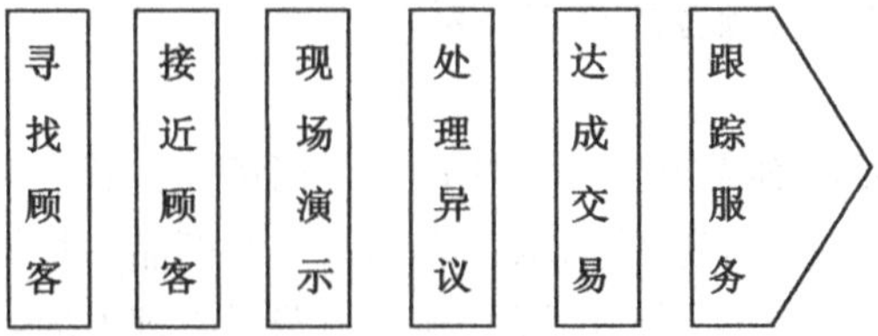

图 9-8 人员推销的步骤

单，对潜在顾客的电话和邮件进行回应。

（2）外部来源：派生方法，社区交际，介绍组织联系法，等待方法。

（3）亲身接触：亲身观察，深入访问。

（4）其他方面：网上浏览，参加商业展销会，销售专题讨论会等。

2. 接近顾客

推销人员通过寻找潜在顾客、识别顾客、制定销售访问计划后，就是接近顾客。我们知道在心理学上有"首映效应"的理论，所以推销人员在接近顾客的第一次见面有着非常重要的作用。

（1）常用策略：通过朋友，自我介绍和利用产品接近顾客；采取搭讪、赞美、求教、聊天等方式接近；利用馈赠或说明某种利益来接近。

（2）接近顾客沟通技巧：善听、巧问、妙说。善听是指我们在接近顾客的时候要讲礼仪，耐心认真的听对方的讲话，真心倾听对方的讲话记住对方语言要点，发现对方的需求点。巧问是指我们要利用一些技巧巧妙提问，可以利用启发式、暗示法、选择式等提问技巧。妙说是指我们在了解顾客需求之后巧妙地利用语言来打动顾客，巧妙回答，灵活说服，诚恳言语等都会在接近顾客的时候留下非常好的印象。

3. 讲解和演示

如果顾客对产品有兴趣或者有购买意愿，那么接下来推销人员要做的就是开始讲解并生动展示产品的性能、优点、价格及服务等。

（1）产品讲解：讲解产品的优点、功能、特征等，并将顾客的利益与购买欲望与产品的特性联系起来，由此促使顾客作出购买决策。在产品的讲解过程中，常见的错误是推销者往往过分强调产品的特点（产品导向），而忽视了顾客的利益（顾客导向）。

（2）产品演示：通过产品、文字、图片、影像、证明文件、样品、功能演示等资料或手段去详细全面的展示产品，从而达到促使顾客购买的目的。

4. 处理异议

当顾客听到推销人员的讲解与说明之后，往往不会立即购买，多数情况下消费者会提出各种各样的异议，如价格异议、产品异议、服务异议等。很多人不喜欢听到顾客的异议，但是真正优秀的推销员往往把顾客的异议看做是购买决策中合理的部分，越是有异议的顾客越有可能成为准顾客。在处理顾客异议中，一个优秀的推销员要采取不回避、不蔑视、不争吵的态度，同时又要灵活运用技巧来处理顾客异议。

5. 达成交易

推销过程中通过产品的讲解与演示，消费者异议的处理，这个时候要做的就是交易达成的促进。达成交易是推销过程的成功和目的，推销的这一阶段往往显得尤为重要，最终的临门一脚，将决定着推销的成败。在销售过程中一方面是积极观察消费者的反应，当发现对方有购买意愿的时候，要及时抓住机会积极促成交易；另一方面，利用交易条件达成交易，如在推销的最后阶段利用价格减让、免费安装、服务增值、增加赠品等方法促成交易。

6. 跟踪服务

服务是销售的最后环节，但也是新的推销工作的新的起点。当消费者购买产品以后，推销人员必须做好相关的售后服务，如安装、退换、维修、使用培训、产品保养等。良好的服务能够增强消费者对产品的满意度，消费者满足度提高以后反过来会促进产品的销售；同时在服务顾客的过程也会发现新的需要，从而促进产品的完善。

2.4　人员推销技术

曾经有一位名人说过“每个人都会设计推销，即使是非专业销售人员。每个人在某种程度上都是商人，他不是购买东西，就是推销东西”。我们每一个人都必须能够向他人推销自己和自己的观点，这需要学习如何与人打交道，如何相处的技能。下面简要介绍一些基本的推销技术：

1. 推销方格理论（见图 9-9），推销人员类型

推销方格理论，由布莱克与蒙顿教授提出。他们根据推销员在推销过程中对买卖成败及与顾客的沟通重视程度之间的差别，将推销员在推销中对待顾客与销售活动的心态划分为不同类型。将这些划分表现在平面直角坐标系中，即形成了推销方格。推销方格中显示了由于推销员对顾客与销售关心的不同程度而形成的不同的心理状态。

（1）事不关己型：“要买就买，不买拉倒。”推销员无明确工作目的，缺乏强烈的成就感，对顾客实际需要漠不关心，对公司业绩也不在乎。

（2）顾客导向型：只知道关心顾客，不关心销售，十分重视推销工作中的人际关系，自认为是顾客的好朋友。处处顺顾客的心意，与顾客保持良好的主顾关系。他们把建立和保持良好的人际关系作为自己推销工作的首要目标，为达此目

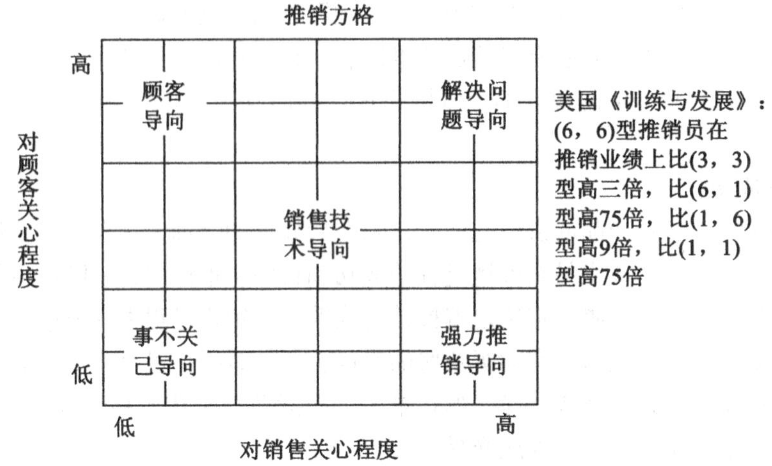

图 9-9 推销方格理论

标，可以不考虑推销工作本身的效果。

（3）强力推销型：只关心推销效果，不管顾客的实际需要和购买心理

（4）推销技术型：既不一味取悦于顾客，也不一味强行推销于顾客，往往采用一种比较可行的推销战术，稳扎稳打，力求成交。他们十分注重顾客的购买心理，但可能忽略顾客的实际需求。常常费尽心机，说服顾客高高兴兴购买了一些不该买的东西。

（5）解决问题型：既了解自己，也了解顾客，既知道所推销的东西有何用途，也知道顾客到底需要什么样的东西；既工作积极主动，又不强加于人。善于研究顾客心理，发现顾客真实需求，把握顾客问题，然后展开有针对性的推销，利用所推销的产品，帮助顾客解决问题，消除烦恼。同时，自己也完成任务。

2. 推销技术

（1）费比（FABE）法则

该法则是由台湾中兴大学商学院郭昆漠教授总结出来的。FABE 是 feature（特征）、advantage（优点）、benefit（利益）和 evidence（证据）的缩写。

F——特征：把产品的特征或者属性详细地介绍给顾客；

A——优点：充分分析和展示产品的优点；

B——利益：阐述产品会给顾客带来的利益；

E——证据：以翔实的证据说服顾客购买产品。

如面对顾客购买空调的时候利用费比模式进行阐述：属性——这款空调是变频的；优点——能根据室内温度自动调节输出功率；好处——不会造成忽冷忽热的感觉，节能，一年省电若干；证据——标签、能效标识、获奖文件等

（2） Money 法则

M——master，精通产品的卖点，尤其是优点，也包括产品的缺点。

O——opportunity，机会，一定抓住每一个机会，笨鸟先飞，深山的人们更好客。

N——need，找准顾客需求，“按需分配”，不要“对牛弹琴”。

E——emotion，以情动人，触动顾客，顾客不仅仅是来买产品的。

Y——yourself，将心比心，站在顾客的角度考虑，你推介产品给我拿提成，我凭什么买你的。

（3） 刺激反应式推销模式（见图 9-10）

刺激反应式推销模式其理论基础源自巴甫洛夫的条件反射理论。销售人员通过施加某种刺激或作出暗示来影响顾客的选购决策，进而从顾客那里获得对自己有利的反应。当消费者感觉良好时，销售人员就努力促成其作出实际购买决策。

图 9-10　刺激反应推销模式

（4） 艾达（AIDA） 模式（见图 9-11）

著名的推销学家海因兹·姆·戈德曼根据消费心理学的研究，把成功推销归纳为四大步骤。由于艾达模式根植与顾客在购买决策过程中的心理变化，即注意、兴趣、欲望、行动，因此，推销者必须根据顾客的反应判断其所处的阶段，并适时采取相应的推销说辞。艾达模式可以用作柜台推销、餐馆推销、展会推销等多种推销活动。

图 9-11　艾达（AIDA） 模式

（5） 满足需求推销模式（见图 9-12）

满足需求推销法是遵循顾客导向的推销模式。推销者的注意任务是辨别和弄清楚潜在顾客真正的需求是什么，然后想方设法来帮助顾客，满足其需求。它所注重的是客户，而不是推销者或销售本身。只有在明确了客户的需求之后，推销者才会开始销售演讲，以说明所提供的产品能够很好地满足其需求。

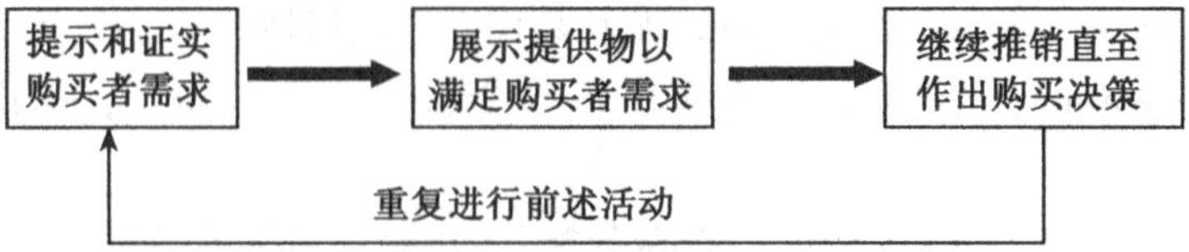

图 9-12　满足需求推销模式

【案例分析与讨论】

营销新人：你该学些什么？

或许你正觉得自己不适合做工作而萌生退意；或许你在困难面前感到无能为力而苦苦挣扎；或许正为满腹经纶的你得不到重用而自我沉沦。请认真看完以下几个案例，或许你就会豁然开朗。

案例 1：

陈华是我今年从校园会上招录的一名应届毕业生。之所以看中他，是觉得他社会经历丰富，能言善辩，做销售工作应该是个不错的人选。果然，诚如我所料，接下来的市场实战中，陈华就表现出了自己出色的语言表达能力和沟通能力，下市场不到一个月就谈下了几个二批商客户，在市场操作和实践的同时能及时发现存在的问题并提出了自己的解决方案，如二批商返利结算方式、瓶盖兑换流程、经销商经营品项数据分析等都提出了不错的建议。在对其取得如此成绩表示肯定的同时，也为其“劣行”感到烦恼。原来，陈华自恃重点院校毕业及能力较强，常常不把公司的管理制度放在眼里，经常无故迟到和擅自离岗，凡事又处处逞强，与老同事关系处理得极差。正当我为其去留问题犹豫的时候，他却自己以工作不开心为由提出辞职，几次挽留之后他最终还是走了。

案例 2：

张岩进入我们公司已经有半年多之久，负责两个县的日常销售工作（主要是以客情维护为主），市场一直做得不愠不火，销售业绩平平。与陈华相比，张岩倒是显得很谦虚，人也很勤学好问，与同事及客户关系都很不错，在大家的眼里，张岩当之无愧地被大家认为是“大好人”，唯一不足的是业务能力稍低，问题解决能力太差，如在与客户谈判过程中表现得没有信心，常常处于被动地位。与刚进入公司时积极进取、勇于承担的张岩“蜕化”成这样，说起来我也要负一定责任。张岩刚进入公司的时候显得比较浮躁，浮躁对于做业务来说是犯了“大忌”的。为了能好好磨练他，我安排他做一些比较简单枯燥的工作，如产品陈列、海报张贴、客户信息收集等。可两个月之后，他消极懈怠，做事也没了激情，慢慢蜕变成

“老油条”。好在我发现他的情况后，找他谈了几次话并鼓励督促他，就市场操作、谈判技巧、目标分解、客情维护、情绪管理等方面对其进行了详细的指导。

在我的督促下，张岩慢慢恢复了信心，做事也积极多了，市场销量的增长见证了他的努力。为此，前几日我还把他提到备忘录里，准备跟公司申请其晋升他为销售主管呢。

案例 3：

在我们公司的销售中，有一个人不得不提。他叫梁平，是一个既普通又特别的人。说他普通，是因为在众多的销售人员中他的业务能力一般，销售业绩平平，实在是很不起眼；说他特别，是因为他已经年过三十，却还干着业务代表的职务，与他同批进来的销售人员大多数都已经晋升到了经理。为此，他也很苦恼，曾多次找我谈话，希望我能帮助他实现自我提升。可每次我给他出谋划策之后，他虽然是接受了可并没有认真进行落实，或者坚持几天又放弃了。最终还是不了了之，随之又回到了原点，继续过着三天打鱼两天晒网的生活。最后上级领导念其为公司做过不少贡献调至办公室当主任，从此他便结束了销售行业的工作生涯。

（案例来源：中国营销传播网　原作者：李晓年）

◎思考：

1. 试着分析说明营销人员应该具备哪些素质？

2. 推销人员应该具备哪些销售技巧？作为营销新人，你如何快速提高自己的销售能力？

3. 如果你是该公司的销售负责人，为管理好销售人员，请你设计公司的销售管理制度、组织机构和薪酬制度。

任务三　开展广告策划

【任务引入】

贵阳××有限公司经过销售人员的补充，各个卖场的销售有所提升。但是促销员普遍反映了一个问题，那就是面对消费者说明的时候，消费者都说没有听说过该公司的产品，产品和企业的知名度不高。销售部经理向总经理汇报，并提出要进行广告宣传，从而提高企业和产品的知名度，最终来促进销售的增长。

任务 1：根据企业宣传目标，为企业设计广告的表现形式及进行广告创意，通过适当的广告促进企业知名度的提升；

任务 2：能够根据企业需要，进行广告媒体的选择，制定广告促销方案。

【任务分析】

广告是现代企业中常用的一种促销策略，由于广告的传播面广、传播速度快，表现力强，受到企业的重视。Advertising 源自拉丁文 advertere，其原意是“大喊大叫”,“引起注意”到了17世纪末，advertere专门用来指“刊登广告”的行为。后来才使用动名词Advertising指广告活动。

【知识准备】

3.1 广告的概念、要素与特点

1. 广告的含义

广告，是指促进商品销售的信息沟通活动。美国市场营销协会给出定义是，广告是由特定的出资者，以付费的方式，通过各种转播媒体，对商品、服务和观念等所做的任何形式的非人员介绍及推广。我们通常指的广告也叫经济广告或商业广告，指的是狭义的广告概念。广告是指广告主以付费的方式，通过媒体有目的地向公众传递有关商品、服务、服务和其他信息，借以影响受众的态度，进而诱发或说服其采取购买行动的一种大众传播活动。

2. 广告的要素

（1）明确的广告主

广告为明确的广告主服务，使受众知道广告主及其产品和品牌。广告主承担由广告带来的责任和利益。

（2）通过媒体传播

广告通过非人际媒体来传播信息，它和人际传播有显著的区别。四大主流媒体(电视、报纸、杂志、广播)，户外广告媒体，新兴的网络媒体，以及其他各种可视、可听、可触的媒体都可作为广告媒体。

（3）有受众对象

广告的受众对象是广告主按照其所选目标市场而精心确定的，并最终通过传播媒体的覆盖来实现。广告的受众对象，必须是有针对性。

（4）广告含有信息

广告中含有告知、劝说和提示的信息，以使消费者产生购买行为。广告中的信息应是有目的、有价值的、有针对性的信息。

（5）发布者付费

广告费用是广告主对广告传媒商、广告代理商所提供的服务支付的报酬。由于付费传播，广告主具有选择的主动权，能够决定何时、何地在何媒体上传播何种有效信息。

3. 广告传播效果的特点

（1）传播范围广

广告是借助大众媒体传播信息的，它的公众性和普及性赋予广告突出的“广而告之”的优点。广告主能够通过主要的媒体在短期内迅速地将其信息告知众多的社会公众，传播面广是其与生俱来的特征。

（2）传播速度快

广告是利用一定的传播媒体进行信息传递，大众传媒具备快捷迅速的特点，能快速地将信息传播给受众，尤其是在网络这一新兴媒体的疯狂蔓延下，广告传播的速度之快令人匪夷所思。

（3）表现力丰富

广告是一种富有表现力的信息传播方式。它可以借助各种艺术形式、手段与技巧，提供将一个企业及其产品激情化、性格化、戏剧化的表现形式，其表现力十分丰富。

3.2　广告的分类

根据不同的需要和标准，可以将广告划分为不同的类别。如按照广告的最终目的将广告分为商业广告和非商业广告；根据广告产品的生命周期划分，可以将广告分为产品导入期广告、产品成长期广告、产品成熟期广告、产品衰退期广告；或按照广告内容所涉及的领域将广告划分为经济广告、文化广告、社会广告等类别。不同的标准和角度有不同的分类方法，对广告类别的划分并没有绝对的界限。以下介绍一些较常运用到的广告类别。

1. 按照广告诉求方式分类

广告的诉求方式就是广告的表现策略，即解决广告的表达方式——“怎么说”的问题。它是广告所要传达的重点，包含着“对谁说”和“说什么”两个方面的内容。通过借用适当的广告表达方式来激发消费者的潜在需要，促使其产生相应的行为，以取得广告者所预期的效果。可以将广告分为理性诉求广告和感性诉求广告两大类：

理性诉求广告：广告通常采用摆事实、讲道理的方式，通过向广告受众提供信息，展示或介绍有关的广告物，有理有据地进行论证接受该广告信息能带给他们的好处，使受众理性思考、权衡利弊后能被说服而最终采取行动。如家庭耐用品广告、房地产广告较多采用理性诉求方式。

感性诉求广告：广告采用感性的表现形式，以人们的喜怒哀乐等情绪、亲情、友情、爱情以及道德感、群体感等情感为基础，对受众诉之以情、动之以情，激发人们对真善美的向往并使之移情于广告物，从而在受众的心智中占有一席之地，使受众对广告物产生好感，最终发生相应的行为变化。如日用品广告、食品广告、公益广告等常采用这种感性诉求的方法。

2. 按照广告媒介的使用分类

按广告媒介的物理性质进行分类是较常使用的一种广告分类方法。使用不同的媒介，广告就具有不同的特点。在实践中，选用何种媒介作为广告载体是制定广告媒介策略所要考虑的一个核心内容。传统的媒介划分是将传播性质、传播方式较接近的广告媒介归为一类。因此，一般有以下七类广告：

印刷媒介广告，也称为平面媒体广告，即刊登于报纸、杂志、招贴、海报、宣传单、包装等媒介上的广告；

电子媒介广告，是以电子媒介如广播、电视、电影等为传播载体的广告；

户外媒介广告，是利用路牌、交通工具、霓虹灯等户外媒介所作的广告；还有利用热气球、飞艇甚至云层等作为媒介的空中广告。

直邮广告，通过邮寄途径将传单、商品目录、订购单、产品信息等形式的广告直接传递给特定的组织或个人。

销售现场广告，又称为售点广告或POP广告（Point of Purchase），就是在商场或展销会等场所，通过实物展示、演示等方式进行广告信息的传播。有橱窗展示、商品陈列、模特表演、彩旗、条幅、展板等形式。

数字互联媒介广告，是利用互联网作为传播载体的新兴广告形式之一，具有针对性、互动性强，传播范围广，反馈迅捷等特点，发展前景广阔。

其他媒介广告，利用新闻发布会、体育活动、年历、各种文娱活动等形式而开展的广告。

以上这几种根据媒介来划分广告的方法较为传统。当今整合营销时代，是以整合营销传播的观点，针对目标受众的活动区域和范围，将广告分为：家中媒介广告如报纸、电视、杂志、直邮等媒介形式的广告；途中媒介广告如路牌、交通、霓虹灯等媒介形式的广告；购买地点媒介广告等。

3. 按照广告目的分类

制定广告计划的前提是必须首先明确广告目的，才能做到有的放矢。根据广告目的确定广告的内容和广告投放时机、广告所要采用的形式和媒介，可以将广告分为产品广告、企业广告、品牌广告、观念广告等类别。

产品广告，又称商品广告。是以促进产品的销售为目的，通过向目标受众介绍有关商品信息，突出商品的特性，以引起目标受众和潜在消费者的关注。力求产生直接和即时的广告效果，在他们的心目中留下美好的产品形象。从而为提高产品的市场占有率，最终实现企业的目标打下基础。

企业广告，又称企业形象广告。是以树立企业形象，宣传企业理念，提高企业知名度为直接目的的广告。虽然企业广告的最终目的是为了实现利润，但它一般着眼于长远的营销目标和效果，侧重于传播企业的信念、宗旨或是企业的历史、发展状况、经营情况等信息，以改善和促进企业与公众的关系，增进企业的知名度和美誉度。它对产品的销售可能不会有立竿见影的效果。但由于企业声望的提高，使企业在公众心目中留下了较美好的印象，对加速企业的发展具有其他类别的广告所不可具备的优势，是一种战略意义上的广告。具体还可以分为企业声誉广告、售后服务广告等类别。

品牌广告，是以树立产品的品牌形象，提高品牌的市场占有率为直接目的，突出传播品牌的个性以塑造品牌的良好形象。品牌广告不直接介绍产品，而是以品牌作为传播的重心，从而为铺设经销渠道、促进该品牌下的产品的销售起到很好的配合作用。

观念广告，即企业对影响到自身生存与发展的，并且也与公众的根本利益息息相关的问题发表看法，以引起公众和舆论的关注，最终达到影响政府立法或制定有利于本行业发展的政策与法规，或者是指以建立、改变某种消费观念和消费习惯的广告。观念广告有助于企业获得长远利益。

4. 按照广告传播区域分类

根据营销目标和市场区域的不同，广告传播的范围也就有很大的不同。按照广告媒介的信息传播区域，可以将广告分为国际性广告、全国性广告和地区性广告等几类。

国际广告，又称为全球性广告，是广告主为实现国际营销目标，通过国际跨国传播媒介或者国外目标市场的传播媒介策划实施的广告活动。它在媒介选择和广告的制作技巧上都较能针对目标市场的受众心理特点和需求，是争取国外消费者，使产品迅速进入国际市场和开拓国际市场必不可少的手段。

3.3　广告促销方案策略

广告不是艺术，是生意；广告不是文学，是推销学；广告不是作品，是运动。广告是说的艺术、说的技巧、是由说带来的生意。广告计划是指企业或者个人在特定时期内对广告活动的整体安排，一个完整的广告计划是由为什么说，花多少钱说，对谁说，说什么，如何说，何时说，多大声说而构成。下面我们简单介绍下广告决策的5Ms理论（见图9-13）：任务——Mission：广告的目的是什么？资金——Money：要花多少钱？信息——Message：要传送什么信息？媒体——Media：使用什么媒体？衡量——Measurement：如何评价结果？

1. Mission——确定广告目标

广告目标是在某个特定时期需要完成的与某些特定受众进行一项特殊沟通任务。根据广告的目的，可以将广告目标分为三种：告知性广告、劝导性广告和提醒性广告。

（1）告知性广告（Inform category）

主要用于一种产品的开拓阶段，其目的在于促发初级需求，介绍新产品；说明产品的新用途；告知价格变动；解释产品的作用；介绍各项服务；纠正不恰当的印象；缓和消费者的恐惧；建立公司的形象。另一方面在于建立对产品的基本需求，告知该项产品是什么，有什么用途，何处有供应。

（2）劝导性广告（Persuade category）

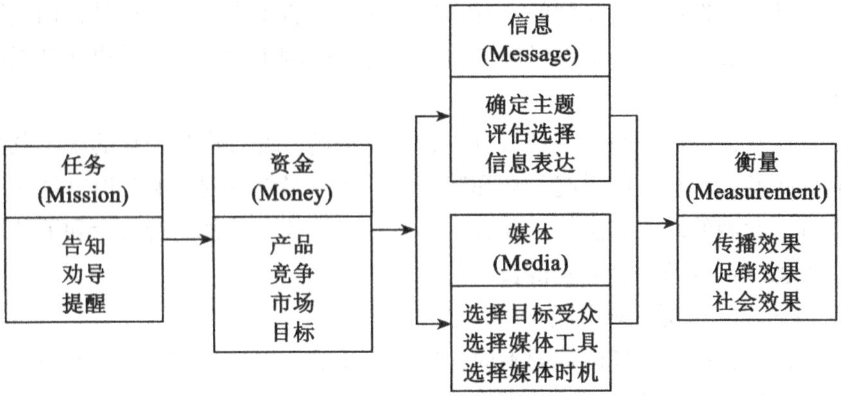

图 9-13　广告决策的 5Ms 法则

劝导性广告在竞争阶段十分重要。这里，公司的目的在于建立对某一特定品牌的选择性需求，大多数广告属于这一类型。建立品牌偏好；鼓励消费者改用广告的品牌；改变消费者对某些产品属性的重要性的认知；说服消费者立刻购买。而相应的竞争性广告目的是建立选择性需求；推广某个品牌的用途，特性和优点，尤其是其他品牌所无者。

（3）提醒性广告（Reinforcement Advertising）

在产品的成熟期十分重要，目的是保持顾客对该产品的记忆。提醒消费者某项产品将在近期内有需要，并提醒消费者在何处购买。广告目的在于加强产品使用者的信念。

2. Money——制定广告预算

广告预算主要包括：市场调研费、广告设计费、广告制作费、广告媒体租金、广告机构办公费及人员工资、广告公司代理佣金等。其中，媒体租金通常要占70%~90%，广告公司代理佣金约占15%。影响广告预算的因素很多，主要有：

（1）产品因素：产品的特征不同广告预算不一致，不同的产品对广告费用的要求不一致。产品的生命周期不同，广告预算不同，如新产品通常需要大量的广告预算来唤起消费者的注意并促成最终购买；而成熟期产品的广告预算通常只占销售额的很小的比例。

（2）竞争因素：一方面，在激烈的竞争中，本企业及其产品若想脱颖而出，就必须加大广告预算，增加广告的数量及播出频率，扩大影响。另一方面，直接竞争者的广告预算情况和广告力度也会时时影响企业广告投入。

（3）市场因素：通常企业产品销售范围较大的要支出较多的广告费用。市场份额高的品牌的广告支出通常要比市场份额低的品牌的广告支出要高。新建一个市场或从竞争对手那里夺取市场份额要比保持现有市场份额要支出更多的广告费。另外，营销者还要根据各个市场的不同情况制定区域市场的广告预算，往往真正的竞争发生在各个区域市场的争夺中。

（4）目标因素：企业的一切营销活动都围绕着销售目标而活动，企业目标、销售目标、广告目标决定着广告预算的费用。较高的市场目标必然需要更多的广告预算。

除了以上几点外，企业决策层对广告的认识、企业广告的年度预算、广告播出频率、广告选择媒介、企业利润率、国家政策法规等都对企业的广告预算有很大的影响。

3. Message——广告信息决策

衡量广告优劣的标准不是广告预算的多少，而是广告良好的沟通效果。可见广告信息的设计是非常关键的，一般应在以下几个方面把好关：广告活动的有效性远比广告花费的金额更为重要。一个广告只有获得注意才能增加品牌的销售量。只有广告内容迎合目标受众的需求，广告表现具有独特性，广告才能引人注意，并给目标受众带来美好的联想，并促进销售。广告的信息决策一般包括三个步骤：

（1）确定广告的主题

广告主题是广告所要表达的中心思想。广告主题应当显示产品的主要优点和用途以吸引消费者。对于同一类商品，可以从不同角度提炼不同的广告主题，以满足不同消费者的需要和同一消费者的不同需要。广告信息的产生，可以通过对顾客、中间商、有关专家甚至竞争对手的调查获得创意。西方的营销专家认为消费者购买商品时期望从中获得四种不同的利益：理性的、感性的、社会的和自我实现的。产品使用者从使用后效果的感受、使用中的感受和附加效用的感受等三种途径中实现这些满足。将上述四种利益和三种途径结合起来，就产生了 12 种不同的广告信息，从每一广告信息中可以获得一个广告主题。

（2）广告信息的评估与选择

一个好的广告总是集中于一个中心的促销主题，而不必涉及太多的产品信息。“农夫山泉有点甜”，就以异常简洁的信息在受众中留下深刻的印象。如果广告信息过多过杂，消费者往往不知所云。广告信息的载体就是广告文案。对广告文案的评价标准有许多，但一般要符合三点要求：其一，具有吸引力。即广告信息首先要使人感兴趣，引人入胜。其二，具有独特性。即广告信息要与众不同，独具特色，而不要人云亦云。其三，具有可靠性。广告信息必须从实际出发，实事求是，而不要以偏概全，夸大其词，甚至无中生有。只有全面客观的广告传播，才能增加广告的可信度，才能持久地建立企业和产品的信誉。

（3）信息的表达

广告信息的效果不仅取决于说什么，更在于怎么说，即广告信息的表达。广告表现的手段包括语言手段和非语言手段。

语言在广告中的作用是其他任何手段所不及的，因为语言可以准确、精练、完整、扼要地传达广告信息。非语言就是语言以外的、可以传递信息的一切手段，主要包括构图、色彩、音响、体语等。进行广告表现，要做到图文并茂，善于根据不同产品的不同广告定位，把语言手段和非语言手段有机地结合起来。

4. Media——广告媒体选择

广告表现的结果就是广告作品。广告作品只有通过恰当的广告媒体投放才能实现广告传播的目标。广播、电视、报纸和杂志是传统的四大大众传播媒体，互联网被称为第五大大众媒体。除大众传播媒体以外，还有招牌、墙体等户外媒体，车身、车站等交通媒体，信函、传单等直接媒体等众多种类。

（1）确定宣传目标、选择目标受众

一个企业的宣传目标将最终决定着广告宣传的最终结果。有了明确的宣传目标，才能够谈到准确地选择适当的广告媒体。同时，成功的媒体计划要求准确选择目标受众的范围，不能准确选择目标受众范围的广告必然形成浪费。不同的目标受众有着不同的媒体习惯，比如：产品，妇女服装广告登在彩色印刷的杂志上最吸引人。广告信息，一条宣布明天有重要出售的信息就要求用广播或报纸作媒介。一条包含大量技术资料的广告信息，可能要求选用专业性杂志或者邮寄件作媒介。费用，电视费用非常昂贵，而报纸广告则较便宜。

不同的宣传目标对应着不同的媒体选择方案（见图 9-14），否则可能浪费大量的广告费用却收效甚微：

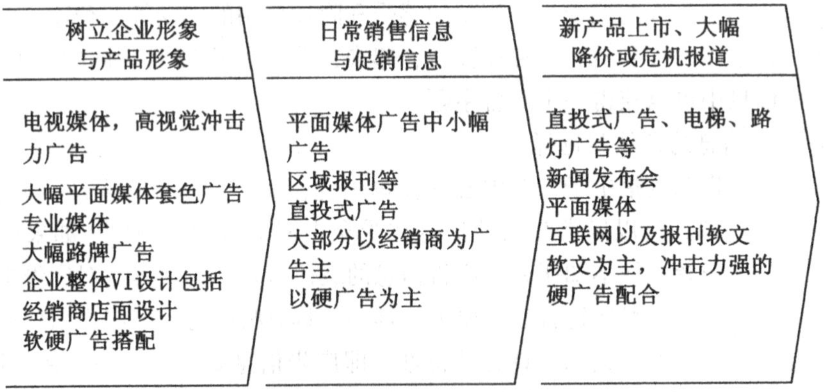

图 9-14　不同的宣传目标选择不同的方案

（2）分析媒体特征，选择媒体工具

广告媒体工具很多，但都有其适应性和局限性，要正确选择广告媒体，首先我们要清楚各种广告媒体的特点。在选择媒体前对各个媒体工具有了充分的了解和分析，那么就很可能选择出适合的具体媒体工具。

表 9-3 **不同广告媒体的优缺点**

媒体	优 点	缺 点
报纸	灵活、及时、本地市场覆盖面大，能够广泛地被接受，可信性强，通常最合适商用车企业使用	保存性差，复制质量低，传阅者少
电视	综合视觉、听觉和动作，富有感染力，能引起高度注意，触及面广	成本高，干扰多，瞬间即逝，观众选择性少。商用车企业使用电视广告者较少
直接邮件	接受者有选择性，灵活，在同一媒体内没有竞争广告，人情味较重	相对来说成本较高，可能造成滥寄“垃圾邮件”的印象
广播	大众化宣传，地理和人口的选择性较强，成本低，司机收听广告几率大于普通人群，特别是交通台	只有声音，不如电视那样引人注目，非规范化收费结构，展露瞬息即逝
杂志	地理、人口可选性强，可信并有一定的权威性，复制率高，保存期长，传阅者多	广告购买前置时间长，有些发行量浪费了，版面无保证
户外广告	灵活，广告展露时间长，费用低，竞争少	观众没有选择，缺乏创新
网络广告	浏览者目的性强，广告信息可以充分链接	商用车辆用户上网者很少，部分网络广告形式会招人反感

从表 9-3 我们可以看到不同的媒体具有不同的优点与缺点。在现在整合营销时代，我们现在不能只靠一种媒体工具就称霸市场，更多的情况下是对各种媒体的组合使用。鉴于各媒体的优劣差异，在宣传中需要选择合适的媒体或媒体组合以达到宣传目标的最大化（见图 9-15）。

（3）确定宣传地理、选择广告时机

公司在确定广告预算时，往往要考虑两个问题，那就是广告空间和时间的问题。确定广告内容，选择广告媒体固然重要，但是广告地点和时机的选择同样重要。广告的地点可分为全国性、区域性、当地性。广告最佳时机的选择则可以使企业的广告支出取得最大的效果。产品一般有淡、旺季之分，如何保证旺季有充足的

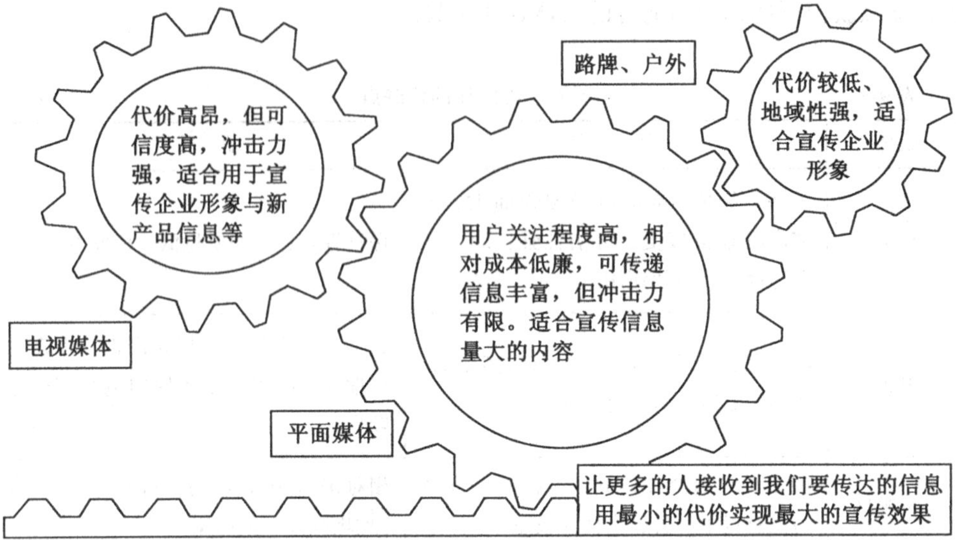

图 9-15　选择合适的媒体或媒体组合

广告投入，而淡季产品又不会淡出消费者的记忆，是广告时机决策的重要内容。

5. Measurement——评估广告效果（见图 9-16）

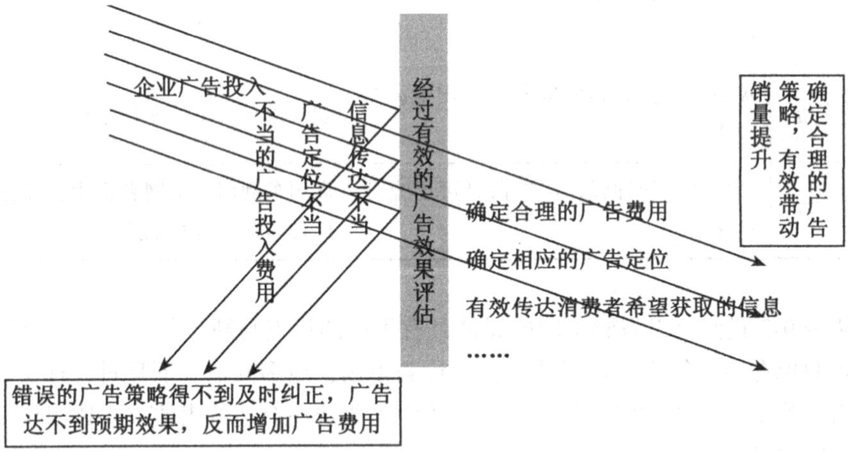

图 9-16　广告效果的评估

评估广告效果的目的在于了解消费者对广告理解和接受的程度，以及广告对产品销售所起的作用。广告的效果主要体现在三个方面，即广告的传播效果、广告的促销效果和广告的社会效果。广告的传播效果是前提和基础，广告的销售效果是广告效果的核心和关键，企业的广告活动也不能忽视对社会风气和价值观念的影响。

（1）广告传播效果的评估。主要评估广告是否将信息有效地传递给目标受众。这种评估传播前和传播后都应进行。传播前，既可采用专家意见综合法，由专家对广告作品进行评定；也可以采用消费者评判法，聘请消费者对广告作品从吸引力、易读性、好感度、认知力、感染力和号召力等方面进行评分。传播后，可再邀请一些目标消费者，向他们了解对广告的阅读率或视听率，对广告的回忆状况等。

（2）广告促销效果的评估。促销效果是广告的核心效果。广告的促销效果，主要测定广告所引起的产品销售额及利润的变化状况。测定广告的促销效果，一般可以采用比较的方法。在其他影响销售的因素一定的情况下，比较广告后和广告前销售额的变化；或者其他条件基本相同的甲和乙两个地区，在甲地做广告而在乙地不做广告，然后比较销售额的差别，以此判断广告的促销效果等。

（3）广告的社会效果的评估。主要评定广告的合法性以及广告对社会文化价值观念的影响。一般可以通过专家意见法和消费者评判法进行。

3.4　广告的创意策略

1. 广告创意的原则

（1）广告创意 ROI 原则

ROI 理论是一种实用的广告创意指南，是 20 世纪 60 年代的广告大师威廉·伯恩克创立的 DDB 广告国际有限公司根据自身创作积累总结出来的一套创意理论。该理论的制造者伯恩克是广告唯情派的旗手，是艺术派广告的大师，他认为广告是说服的艺术，广告“怎么说”比“说什么”更重要。该理论的基本主张是优秀的广告必须具备三个基本特征，即：关联性（Relevance）、原创性（Originality）、震撼力（Impact）。三个原则的缩写就是 ROI。

从广告创意方面来看，好的广告需要具备三个特质：R 为广告创意要与商品、消费者、竞争者相关联；O 为要突破常规，与众不同，出人意料；I 为要深入人心，具有冲击力，使人震撼。

（2）广告创意的 3S 原则

好的广告创意应该具有 3S 特征：Simple 为简单、自然、朴素，优秀的广告创意要用简洁、精练的形式生动形象地表现广告的主题。这主要指广告诉求要单一、信息要明确集中。一目了然，一看就知道广告对象，一般人不容易误解；surprise 为惊喜、惊讶，广告创意拒绝平庸，广告内容形式别出心裁，使表现力最大化；smile 为微笑、感动，广告创意要幽默赋予情感，引起消费者共鸣。

2. 广告创意左轮枪

我们如果把创意想象成一个机械结构的机器——左轮手枪。手枪中包含枪身、准星、扳机三个重要元件，当然还要有子弹。这四个东西分别代表创意想象过程中四个重要的元素。

(1) 枪身——创意人的脑子：

设计人员要对图像、色彩、空间观念的敏锐度要够，文案人员对文字、语言的敏感度要高，才能称职。但如果想成为有创意的广告人，关键在于想象力。想象力可谓创意力的催化剂，它可以将你脑中存在的感化能力、专业技能和生活经验，调配成精彩的想法。试着用你的想象力罗列出一个玻璃杯的用途：可以插花、装笔、当听筒、用杯口画圆圈、当蜡烛台、敲破后当自卫武器、装水后敲击出音乐……想象力越丰富的人，可以生成创意的沸点越低，一点即燃。

(2) 准星——创意策略：

威力再大的武器也需要准星协助瞄准，寻找正确方向并锁定正确方向。除非你甘愿使用有浪费子弹嫌疑的霰弹枪，撒下天罗地网去碰运气，否则事先了解创意策略，知道子弹要射向何处是极其重要的。

(3) 扳机——创意概念：

用来击发子弹。扳机一旦失效，子弹将毫无用处。概念就像是扳机，协助激发点子。比如麦氏咖啡利用："无论何时何地，用随身泡的咖啡激励或安慰自己重新开始的概念"就可以想出一些点子，包括：伤心过后冲一包咖啡抚平情绪，紧张的时候冲一包让自己放松等。这些点子都源于一个概念的激发。概念是固定的，但点子是可以变化的，多从生活中找一些与概念有关联的点子就可能出现好的创意。

(4) 子弹——点子：

图像和文字的表现，是制造广告效果及影响消费者的重要因素。一个称得上是广告创意的点子最好能引起消费者的注意力以及一探究竟的兴趣，图像或者文字能留给消费者深刻印象，提供的主要广告信息要清楚明白，要符合品牌形象和商品个性。不管想什么点子，一定要以消费者导向为原则。广告是做给消费者看的，既不是为了取悦广告奖的评审，也不是为了让别人珍藏。所以创意人需要极为深刻地揣摩目标对象的心态，点子才容易引起共鸣。

【案例分析与讨论】

贵阳"未来方舟"到底为何物？

一、未来方舟"悄然出现"

2011年3月2日、3日、4日连续三天，贵阳几家主流平面媒体都用两个整版来刊登一个连版广告，连版广告是一些知名企业为了加强广告效果，增强对读者影响力的宣传手段，在贵阳的几张主流平面媒体比较常见，读者也已经习以为常。但是这一次却引起了贵阳市民的关注和热议，在两个整版上，没有公司、产品的名称，只是在中间有"FutureArk 未来方舟"一个单词，4个汉字，其余全部留白

（图 9-17 贵阳未来方舟报纸广告）。

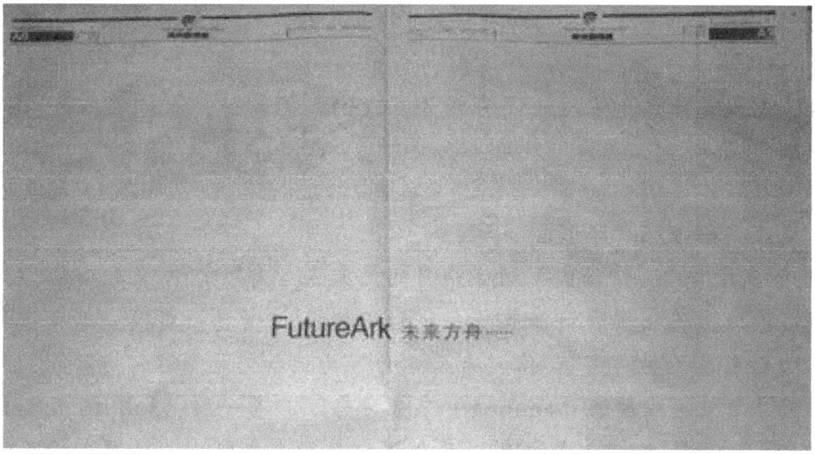

图 9-17 贵阳“未来方舟”报纸广告

“FutureArk 未来方舟”到底是什么？在网上，许多网民对此发表了自己的意见。

有的网民说，企业要的就是“此地无字胜有字”。空白表达的信息不是空无一物，传达的信息不只是“FutureArk 未来方舟”，而是一个高端产品，有别于其他廉价产品，这是一个高品质精品。三家主流媒体连续用连版发布一行汉字的信息，表面看上去是浪费，实际那一行字正是画龙点睛。广告大量留出空白，其实是为了更好地将注意力集中在“未来方舟”四个字上，此外不再透露任何信息，同时也将人们的好奇心引到极致。

也有的网民说，真搞不懂现在的企业，平时不多花点时间提高产品质量尽搞些没用的，把产品质量搞上去，才会打开产品市场。挖空心思做广告宣传，不会有什么好效果。还有的说，这是企业的策略，关注它，就上了企业的当；不看，就不会上当。

还有网民猜测，这是政府的公益广告，贵阳市将建设一个以大型“无水港”为平台的现代化综合物流园区。起名叫“未来方舟”，彰显了政府加快经济建设的决心，表示贵阳的经济将从这里起航。

就在余热还没有散去，大家还在猜测这艘“方舟”何时浮出水面的时候。3 月 8 日，又有一个雷人广告出现，同样的大量留白，同样的几个英文字母加中文“today cube 今日魔方”，不过不同的是右下角打出了贵阳市内某项目名称。

难道上周三天的留白跨版广告就是市内某项目？自然，网民们又有一番讨论。有的说，原来所谓的未来方舟就是市内某项目，是这个项目做的广告。但是更多的网民认为，未来方舟不是这个项目，这是超经典的商业战，市内某项目乘隙插足，扼其主机，反客为主。有个网民说，一个不错的地产商业广告策划案例！太有悬念！火得起！还有一个有意思的网友说："未来方舟吃着火锅唱着歌，就被劫匪给劫啦。"

至今，谜底是什么，依然还没有揭开。我们只能等待，等待"方舟"浮出水面的那一刻……

（资料来源：贵州都市网　发布者：乌鹊难飞）

二、未来方舟依然"半遮面"

2011年3月16日，"消失"近半个月的"未来方舟"广告（见图9-17）再次以两个整版连版出现在《贵州都市报》、《贵阳晚报》、《贵州商报》三大报媒版面上，尽管版面上多了些"字"，但"未来方舟"为何物仍是个谜。

与3月2日首次出现的"FutureArk 未来方舟"广告一样，3月16日刊出的广告仍以"FutureArk"和"未来方舟"两个词分居两个整版中，篇幅占据不到连版的1%，而广告策划方有意将"未来方舟"变得更神秘，并有意将这神秘逐步转移到网上并一一揭开。在新版的广告中，在"FutureArk 未来方舟"的下方更是抛出更多疑问："究竟是哪个行业？是哪个企业？是什么产品？……"而未来方舟"官方网"已随时报媒广告的刊载开通，为了吸引受众，该广告策划公司特在连版广告右下角突出"参与竞猜，赢大奖！"而一广告策划公司负责人透露，"未来方舟"广告的改变其实是"无奈之举"。

回顾贵阳"未来方舟"广告的出现，不难看出该广告的"转变"，2011年3月2日，《贵州都市报》、《贵阳晚报》、《贵州商报》三大报媒首次出现"FutureArk 未来方舟"两个整版连版广告，该广告以同样的形式连打3天，耗资上百万，业内及网友纷纷猜测"未来方舟"到底是何物？哪家企业如此"大手笔"？并期盼"未来方舟"随时间推移通过报版一一揭开神秘的面纱。然而在3月5日至3月6日的周末，"未来方舟"在贵州三大报媒版面完全消失了，按常理，周末、节假日报媒广告较少实属正常，然后3月7日的周一，"未来方舟"仍未出现。至3月8日，半路杀出个程咬金，由贵阳德亨房地产开发有限公司开发的"城市魔方"在《贵阳晚报》用整版刊出形式与"未来方舟"完全相仿的"TodayCube 现在3000元/㎡……"广告。广告一刊出并在业内、网友引起一片"哗然"，不少网友均以为"未来方舟"实则是"城市魔方"，但"城市魔方"副总经理彭方表示，"城市魔方"刊出的广告实属"草船借箭"。彭方称："正好'方舟'和'魔方'也有文字上的暗合与联想，何况未来方舟仅是文字，没有任何知识产权保护，既无电话，也无公司名、logo等固定产品名称，完全处于'裸奔'的状态，如果此时我们打出一个'揭示谜底'的广告，绝对可以起到四两拨千斤的奇效。"于是，一场广告"狙击战"在贵阳上演。

据彭方说："这个炒作案例，没有输赢，从宏观的高度来看，贵阳地产界很需要类似的事件，经过包装炒作，提高关注度，最终大家都是赢家。商战不是伤战，我们不想做损人利己的事，虽然我借了势，但他们这个广告本身的效果还是很好的，并且在经过调整之后一定会有更好的效果。"如今，令人遐想的"未来方舟"广告确实做了"调整"，并把目标转移到"未来方舟"的"官方网"上。打开该网站，仍然保留着神秘，整个页面仍以调查的形式让人猜测："未来方舟"属于哪个行业？"未来方舟"是哪家房地产？"未来方舟"是什么产品的名称？尽管这神秘的面纱尚未揭开，但从官方网中频频出现"房产地"字眼，甚至有业内认为，"未来方舟"创意源自贵州本土的中天城投集团。但究竟是哪家企业？目前仍无法证实。

在未揭开"未来方舟"神秘面纱时，该广告策划方并在"官方网"上以竞猜赢大奖继续抓眼球，参与竞猜赢取"未来方舟船票"，凭票购买产品时可获的2万元优惠，更有机会抽取2万元奖品……

"未来方舟"究竟再耗几百万高额广告费才最终揭开神秘面纱？最终是否达到意想不到的宣传效果？

（资料来源：新浪贵州房产搜集整理　作者：admin）

◎**思考：**

1. 试着分析贵阳某公司"未来方舟"广告策略，你认为该公司做得成功吗？成功做法是什么，失败做法有哪些？

2. 如果您是该公司的广告负责人，请您为该公司制定广告促销方案。

任务四　策划营业推广活动

【任务引入】

贵阳××有限公司星期一召开了一次销售例会，总经理在会上表示，公司一直立足贵阳，在市区占据了一定的市场，但是最近受到气候的影响市场暗淡，销售欠佳，希望销售部门能够想出一些好的方法，利用节日机会快速促进销售，完成5月份110%的月度销售目标。

任务1：根据企业短期目标，掌握营业推广的常用方式，快速促进销售；

任务2：能够根据需要策划实施营业推广活动，尤其是节假日促销活动的开展。

【任务分析】

营业推广以其形式多样、短期效果明显而受到很多企业的重视。进行营业推广，企业必须注意选择营业推广对象、选择适当营业推广方式、制定详细的营业推广方案，确保推广活动的效果，达到短期内取得好的销售效果。

【知识准备】

4.1 营业推广的概念与特点

1. 营业推广的概念

营业推广（sales promotion），美国销售学会对营业推广的定义是：人员推广、广告和宣传以外的用以增进消费者购买和交易效益的那些促销活动诸如陈列、展览会、展示会等不规则的、非周期性发生的销售努力。营业推广也称销售促进，是指厂商在特定的目标市场上，利用各种短期性的鼓励或刺激措施，鼓励消费或者经销商，更迅速、更多地购买特定的产品或服务，以增加其销售量。

第一，这种激励措施以特定的产品为基础或对象暂时改变了其相对价值或价值，而不是简单的降价策略；第二，短期的激励措施只是在特定时段短暂地改变了产品的相对价值；第三，营销推广措施可以针对经销上、消费者也可以针对销售人员。

2. 营业推广的特点

（1）非规则性

营业推广的促销方式，与广告、人员推广、公共关系相比，具有非规则的特点，常用于短期的暂时的促销工作，着眼点在解决某些更为具体的促销问题，因而是非规则出现的。

（2）多样性

营业推广方式多样，企业能够根据产品特性、顾客心理及市场状况灵活运用，从而更具有吸引力量，在形式上，营业推广既可以对消费者也可以对中间商和销售人员进行，它的形式多样是其他促销活动无法比拟的。

（3）短期效益性

营业推广是短期性促销方式的总称，它的效果能很快地凸显出来，而不像广告与公共关系需要很长的时间，效果才能显现。因此，营业推广最适宜应用于完成短期的具体目标。一般来说，市场占有率较低、实力较弱的中小企业，由于无力负担大笔的广告费，对所需费用不多又能迅速增加销量的销售促进往往情有独钟。

4.2 营业推广的作用

1. 可以吸引消费者购买。这是营业推广的首要目的，尤其是在推出新产品或吸引新顾客方面，由于营业推广的刺激比较强，较易吸引顾客的注意力，使顾客在了解产品的基础上采取购买行为，也可能使顾客追求某些方面的优惠而使用产品。

2. 可以奖励品牌忠实者。因为营业推广的很多手段，譬如销售奖励、赠券等通常都附带价格上的让步，其直接受惠者大多是经常使用本品牌产品的顾客，从而使他们更乐于购买和使用本企业产品，以巩固企业的市场占有率。

3. 可以实现企业营销目标。这是企业的最终目的。营业推广实际上是企业让利于购买者，它可以使广告宣传的效果得到有力的增强，破坏消费者对其他企业产品的品牌忠实度，从而达到本企业产品销售的目的。

4.3　营业推广的方式

1. 对中间商的营业推广

对中间商的销售促进，目的是吸引他们经营本企业产品，维持较高水平的存货，抵制竞争对手的促销影响，获得他们更多的合作和支持。

其主要销售促进方式有：

（1）价格折扣

在某段指定的时期内，每次购货都给予低于价目单定价的直接折扣。这一优待鼓励了经销商去购买一般情况下不愿购买的数量或新产品。中间商可将购货补贴用作直接利润、广告费用或零售价减价。

（2）折让

制造商提供折让，以此作为零售商同意以某种方式突出宣传制造商产品的补偿。广告折让用以补偿为制造商的产品做广告宣传的零售商。陈列折让则用以补偿对产品进行特别陈列的零售商。

（3）销售津贴

销售津贴也称销售回扣，这是最具代表性的销售促进方式。这是为了感谢中间商而给予的一种津贴，如广告津贴、展销津贴、陈列津贴、宣传津贴等。

（4）赠品

赠品包括赠送有关设备和广告赠品。前者是向中间商赠送陈列商品、销售商品、储存商品或计量商品所需要的设备，如货柜、冰柜、容器、电子称等。后者是一些日常办公用品和日常生活用品，上面都印有企业的品牌或标志。

（5）销售竞赛

这是为了推动中间商努力完成推销任务的一种促销方式，获胜者可以获得现金或实物奖励。销售竞赛应事先向所有参加者公布获奖条件、获奖内容。这一方式可以极大地提高中间商的推销热情，像获胜者的海外旅游奖励等已被越来越多的企业所采用。

（6）业务会议和展销会

企业一年举行几次业务会议或展销会，邀请中间商参加，在会上，一方面介绍商品知识，另一方面现场演示操作。

（7）合作广告

产品生产者提供资料和一定比例的资金作为广告津贴，会同中间商联合制作并发布广告，实现合作开发市场的目标。

（8）批发回扣

企业为争取批发商或零售商多购进自己的产品，在某一时期内给经销本企业产品的批发商或零售商加大回扣比例。

(9) 扶持零售商

生产商对零售商专柜的装潢予以资助，提供 POP 广告，以强化零售网络，促使销售额增加；可派遣厂方信息员或代培销售人员。生产商这样做目的是提高中间商推销本企业产品的积极性和能力。

2. 对消费者的营业推广

对消费者的销售促进，是为了鼓励消费者更多地使用产品，促使其大量购买。其主要方式有：

(1) 赠送样品

样品是指免费提供给消费者或供其试用的产品。样品可以挨家挨户地送上门，邮寄发送，在商店内提供，附在其他产品上赠送，或作为广告品。赠送样品是最高有效也是最昂贵的介绍新产品的方式。

(2) 有奖销售

这是通过给予购买者以一定奖项的办法来促进购买。奖项可以是实物，也可以是现金。常见的有幸运抽奖，顾客只要购买一定量的产品，即可得到一个抽奖机会，多买多奖。或当场摸奖，或规定日期开奖。也可以采取附赠方式，即对每位购买者另赠纪念品。

(3) 现场示范

利用销售现场进行商品的操作表演，突出商品的优点，显示和证实产品的性能和质量，刺激消费者的购买欲望。这是属于动态展示，效果往往优于静态展示。现场示范特别适合新产品推出，也适用于使用起来比较复杂的商品。

(4) 特价包

向消费者提供低于常规价格的节省额销售商品的一种方法，其做法是在商品包装上或标签上加以附带标明。它们可以采取减价包的形式，即将商品单独包装起来减价出售（譬如原来买一件商品的价格现有可以买两件），或者可以采取组合包的形式，即将两件相关的商品并在一起（譬如牙刷和牙膏）。特价包对于刺激短期销路方面甚至比折价券更有效。

(5) 优惠券

优惠券是一个证明，证明持有者在购买某特定产品时可凭此优惠券按规定少付若干钱。优惠券可以邮寄、包进其他产品内或附在其他产品上，也可刊登在杂志和报纸广告上。其回收率随分送的方式不同而不同；用报纸刊登优惠券的回收率约为2%，直接邮寄分送优惠券的回收率约为8%，附在包装内分送约为17%。优惠券可以有效地刺激成熟期产品的销售，诱导对新产品的早期使用。专家们认为，优惠券必须提供15%~20%的价格减让才有效果。

（6）奖品（竞赛、抽奖、游戏）

奖品是指消费者在购买某物品后，向他们提供赢得现金、旅游或物品的各种获奖机会。竞赛要求消费者呈上一个参赛项目——一句诗、一种判断、一个建议——然后由一个评判小组确定哪些人被选为最佳参赛者。抽奖则要求消费者将写有其名字的纸条放入一个抽签箱中。游戏则在消费者每次购买商品时送给他们某样东西，如纸牌号码，字母填空等，这些有可能中奖，也可能一无所获。所有这些都将比优惠券或者几件小礼品赢得更多的注意。

（7）光顾奖励

它是指以现金或其他形式按比例地用来奖励某一主顾或主顾集团的光顾。交易积分票也是一种光顾奖励，因为顾客得到的是可从特定的商人那里购物的证券，顾客可凭票在交易积分票回收中心或通过邮购目录得到商品。

（8）联合促销

两个或两个以上的品牌或公司在优惠券、付现金折款和竞争中进行合作，以扩大它们的影响力。各公司统筹资金，以期扩大其知名度，而一些推销人员则促使零售商参与这些促销活动，通过增加陈列和广告面积使它们更好地显露出来。

（9）会议促销

各类展销会、博览会、业务洽谈会期间的各种现场产品介绍、推广和销售活动。

3. 对销售人员的推广

（1）红利

为了鼓励推销人员的积极性，企业规定按销售额提成，或按所得利润提成。采用这个方法的前提是产品必须有稳定的市场。

（2）推销竞赛

为刺激推销人员努力推销，企业确定一些推销奖励的办法，对成绩优良者给予奖励。

（3）培训学习

刺激企业销售人员的积极性，把在销售中表现优秀的人员送到专门的机构和组织进行学习，从而激发人员的积极性。

4.4 营业推广决策

1. 确定营业推广目标

企业首先要明确营业推广的目标，而且这一目标要与企业的整体营销目标相一致。营业推广所要达到的目标会因不同市场状况、不同的促销对象、不同的产品而有所不同。如针对消费者的营业推广可能是为了谋求短期内销售额的增加，也可能是为了培育长期的市场份额。因此营业推广的目标应是引诱消费者尝试新产品、争取竞争者客户或维持酬谢老顾客。

2. 选择营业推广方式

要充分考虑营业推广的目标、市场状况、竞争状况及各推广方式的特点及成本情况而选择。

3. 制定营业推广方案

制定营业推广方案需要把握好如下内容：

（1）营业推广的规模与强度。营业推广的规模与强度越大，影响面就越大，所需预算相对也越高，但有时营业推广强度太高，反而会引起消费者的反感和抵触。

（2）营业推广的对象。主要指营业推广的受众范围，是对消费者、中间商还是推销人员？还是以哪一方为主，其他方为辅。确定营业推广是以符合哪些条件的受众为对象的。

（3）营业推广的途径，即如何贯彻执行营业推广方案，选择哪种营业推广方式效果最好。如对同一种产品，营业推广活动是采取赠券的形式还是采用赠品的形式，要确定哪种效果更好。

（4）营业推广的时间。营业推广的时间过短，刺激作用有限，对消费者形不成吸引，促销效果不明显；营业推广时间过长，不能引起消费者现场购买的兴趣，起不到应有的作用，形同虚设。另外，营业推广的时机也很重要，如，服装产品的营业推广时机应在旺季到来之时会收到较好的效果。

（5）营业推广预算。营业推广预算可以通过两种方式来实现，一是根据营业推广方式、推广时间和强度来估计推广成本；二是确定营业推广占整个营销预算的百分比。

4. 营业推广的实施与控制

推广方案制定完善后，就应着手实施。推广方案的实施主要有以下内容：

（1）营业推广方案的实施。营业推广方案在经过测试并逐步完善后即进入实施阶段，把方案化为具体的行动。

（2）营业推广控制。营业推广方案在实施过程中，往往会出现这样或那样的问题，企业应及时发现问题，以避免大的纰漏的发生，为保证推广方案按计划正常实施，在方案的实施过程中，实行必要的控制是非常有必要的。

【案例分析与讨论】

小家电乡镇市场“五一”促销如何接地气

摘要：距离“五一”假期越来越近了，很多人均认为，五一是城市战场的事，然而随着市场竞争的加强，渠道深度的挖掘，乡镇市场也越来越疯狂了。乡镇市场的促销未必需要多好的创意，但是一定要贴近农村消费者，俗称接地气。

1. 乡村特色演出

农村、城镇市场消费者主要是中青年农民，农村、城镇市场的路演可采取以地方戏为主要内容，与地方剧团合作的形式，利用集市和庙会时间开展。农村、城镇路演为集市和庙会期间的每天上午9时至12时，这个时候人气特别旺。原经理特别选择了地方昆剧为特色表演，并中间穿插歌曲、小品等节目，由当地演出团体负责落实，并不断创新节目，达到节目场场不重样，场场有新意，主推电磁炉及食品料理机。

2. 重色彩演示

前面的路演，后面也不能闲着，原经理布置了彩虹门拱桥及空投气球，四个空投气球上写着电磁炉、电压力锅、电饭煲、食品料理机的广告词。从远处看去，彩旗飘飘，热闹非凡。从近处看，四脚帐篷中陈列着公司的主推机型，统一着装的导购小姐，手法娴熟地演示着演示台上的产品，热气腾腾的烤面包把整个活动现场搞得香气逼人。

3. 小礼品不断

促销活动还没有开始时，原经理则提前在演出地张贴海报、散发传单并悬挂条幅“广而告之”，让＊＊乡镇的消费者知道＊＊企业为回报消费者，开展送文化活动，写清时间、地点和节目内容，并突出免费观看，而且可现场品尝和参加抽奖，以吸引广大群众。而且在当地乡镇电视台差转台中提前在电视媒体上打广告。活动当日，原经理则安排一辆印刷着公司形象的宣传车，在乡镇道路上不停地巡回报幕，彻底打破了平时宁静的乡镇。几乎让该乡镇所有的老百姓都知道＊＊品牌“五一”节要在此乡镇祝福体育健儿而回馈消费者！

4. 降价促销

活动再精彩，内容再丰富，也没有产品降价来得实惠。原经理则把功能非常稳定但外观不是太时尚的库存量的机型，疯狂降价打折促销。不过，这次他没像以前一样，在降价招牌上用“清仓甩卖”、“降价处理”等给人不良印象的字眼，因为这样的次数多了就容易贬损品牌形象，给人一个卖廉价处理商品的低档产品形象。所以此次产品降价，原经理统一也应尽量使用“折扣优惠价”、“商品特卖”、“回馈消费者”、“让利酬宾”等给人较好印象的字眼。

5. 打包捆绑

原经理在走访终端时发现，很多消费者往往是购买A品牌电磁炉，然后购买B品牌电压力锅，或C品牌电水壶，或D品牌食品料理机，E品牌豆浆机。当时他就在想，为什么不让消费者全部都买一个品牌呢？通过数据分析，最后原经理决定：打包捆绑，组合随意，只要消费者乐意，不指定型号促销或降价，倡导人性化组合，消费者可以随意组合。但组合的优惠是：买两件则95折，三件则90折，四件则85折，五件则80折，6件则75折。也就是说，购买不同商品的套餐，打不同的折扣，用多管齐下的营销策略，来取得重拳出击效果。

6. 赠品轰炸

任何逛街的人都有一个特性，就是喜欢获得意想之外的礼品。而在乡镇，消费者要的就是实惠，是实实在在的东西，原经理深知乡镇消费更是赠品不怕多的道理。有些企业的宣传看起来十分诱人，“购买我们的产品您一定会有超值的收获，买一份产品你就能得到价值20元的超值回报礼品，买就有机会!”于是顾客兴冲冲的赶到现场掏钱购买，准备获得一点额外收获，结果当顾客买了产品后，叫他们拿着购物小票在那里等，又游戏、又抽奖把顾客折腾了一遍，最后仅有为数不多的顾客拿到了赠品，令一些顾客大呼上当，一些顾客甚至在中途就走了，主持人在台上大声唱名，人早就走了。这种噱头往往给顾客造成被玩弄的感觉，对品牌没什么好印象。原经理采取统统是消费家庭中用得着的东西，买电磁炉送炒锅、买食品料理机送养生食谱，买电压力锅送花生油等。让消费者看得见，摸得着的东西。

7. 送货上门

乡镇一般是不送货上门的，特别是小家电。在乡下，很多人出来逛街赶集，都带着许多农产品。再购买一些小家电回去，在路上带着非常不方便。也有一些消费者在现场看到搞活动，忘记带钱或钱不够。原经理则采取送货上门、正规发票、货到付款的政策。凡是消费者当场订购小家电三件以上，可以免费送货，钱带得不够可以随车送货到家时再付。原经理说，虽然乡镇村落比较偏远，但村村通公路工程，几乎所有的村庄，汽车都能自己开到，因此在一个乡镇当天送货一个运输来回并不困难。

8. 安装调试

农村很多电源线路均很老化，特别是一些电源插座，更是良莠不齐，很多家庭中，年轻的人在外面打工，家里都是老人，而这些老人对电器的知识了解几乎没有，万一老年消费者购买了自己品牌的产品，因操作导致灾情，后果可就严重。本着对消费者负责的企业精神，原经理采取安装调试，在送货的过程中，车上备着不同的电源插座，凡是发现消费者家庭的电源插头有安全隐患时，劝说消费者花一点工本原料费，公司免费帮消费者更换新的插头。

9. 培训使用

虽然小家电看上去简单，但九年义务教育是近年才开始普及，在农村很多人都不太懂得如何真正操作小家电，特别像食品料理机要更换量杯，清洗内壁及清理刀片时，均不知道如何操作。原经理则在乡镇不发在城市中印刷的精美宣传单页，而是将说明书图表化，上面全部是简单的人工操作演示图，消费者一看就知道每一步的操作。对于实在看不懂图的消费者，则进行培训，规划一个活动帐篷，专门培训不会操作的消费者。原经理说其实真正要培训的消费者并不多，但企业去做服务了，消费者心中更安心了！

10. 售后跟踪

由于生活节奏加快，消费者都喜欢省事省心，售后服务的重要性便日益凸显出来了。很多时候在农村家电坏了没人修，由于离镇上太远，修理费又高，只好算了，结果就成了家里的摆设。原经理对于渠道是深耕细作，几乎每一个有卖电器的乡镇，原经理的品牌都会在这个乡镇上有售。所以在售后上，原经理采取零售加售后接待服务，凡是自己品牌的电器出现问题，零售商则先帮原经理企业收着，然后规定每一周区域业务员一定要把所有的零售商都拜访到，然后及时处理这些不良机器，尽量减少乡镇消费者等候维修的时间。

除了在城市中常见成篇累牍的广告通栏和软文、一场接着一场的户外促销秀、摩肩接踵的促销，花色繁多的特价产品海报，种类丰富的赠品，五花八门的拉人手段外；其实乡镇更是一样的疯狂，有卖东西的、买东西的、看热闹的、拉家常的，数不胜数。最终疯狂的促销结束后盘点也让许多人乐开怀：商家收获了海量的销售额，顾客收获了少花钱买好货的实惠，各得其所。

（资料来源：第一营销网，原作者：吕谏）

◎**思考：**

1. 试着分析小家电乡镇市场营业推广的手段。

2. 如果您是该公司的营销人员，该公司预计在今年“十一”在遵义各乡镇开展一次营业推广活动，请您提交一份完整的活动方案。

任务五　策划公共关系活动

【任务引入】

今年6月贵州××有限公司，度过了它的三岁生日，但是总经理依然高兴不起来，虽然通过一系列的努力公司销量有所增长，但是在贵州省该公司的知名度一直不高，很少有人了解该企业，本月企业新进一位营销经理。营销经理建议，公司不能总是在短期的推广活动上入手，还要积极开展公共关系活动，提高企业知名度和美誉度。如果你是营销经理你会利用哪些手段来开展企业公共关系，提高企业名气，从而促进企业发展？

任务1：根据企业需要掌握公共关系的常用公关手段，提高企业知名度；

任务2：当企业出现危机或者遭遇公众误解时采用适当的危机公共。

【任务分析】

20世纪初，著名记者艾维提出“公众必须被告知”。公众在企业的营销活动中具有举足轻重的地位，公共关系活动是企业整体营销活动的重要组成部分。企业在公共活动中，要充分运用各种活动方式，树立企业良好的形象，沟通与协调企业的内部以及企业与社会公众的各种联系，创造良好的市场营销环境。

【知识准备】

5.1 公共关系的概念与特点

1. 公共关系的概念

“公共关系”一词是舶来品，其英文为 Public Relations，缩写为 PR，简称是公关。“Public Relations”也可译为“公众关系”，但这种“公众关系”既可理解为“与公众的关系”，也可理解为“公众间的关系”。我们通常都称为“公共关系”。美国公共关系协会的理解“公共关系有助于组织（企业）和公众相适应”，包括设计用来推广或保护一个企业形象及其品牌产品的各种计划。

公共关系是指企业或者个人正确处理与社会公众的关系，通过有利的宣传，以便树立品牌及企业的良好形象，从而促进产品销售的一种活动。现在的市场营销活动中，公共关系不仅仅要树立良好社会形象，同时也要妥善处理各种对组织和个人不利的流言和事情，正确应对企业面临的危机。

公共关系的有四个基本要素。一是公共关系的主体，社会组织、工商业组织、非营利组织和政府构成了现代公共关系的主体。二是公共关系的客体，社会公众包括内部公众和外部公众都是公共关系的客体，三是公共关系的中介，传播是公共关系的中介，是公共关系主体和客体之间的双向沟通。四是公共关系的目标，公共关系的目标是塑造良好的社会形象，增强企业的竞争能力。

2. 公共关系的特点

（1）情感性

公共关系是一种创造美好形象的艺术，它强调的是成功的人和环境、和谐的人事气氛、最佳的社会舆论，以赢得社会各界的了解、信任、好感与合作。

（2）双向性

公共关系是以真实为基础的双向沟通，而不是单向的公众传达或对公众舆论进行调查、监控，它是主体与公众之间的双向信息系统。

（3）广泛性

公共关系的广泛性包含两层意思：一层意思是公共关系存在于主体的任何行为和过程中，即公共关系无处不在，无时不在，贯穿于主体的整个生存和发展过程中；另一层意思指的是其公众的广泛性。因为公共关系的对象可以是任何个人、群体和组织，既可以是已经与主体发生关系的任何公众，也可以是将要或有可能发生关系的任何暂时无关的人们。

（4）整体性

公共关系的宗旨是使公众全面地了解自己，从而建立起自己的声誉和知名度。它侧重于一个组织机构或个人在社会中的竞争地位和整体形象，以使人们对自己产生整体性的认识。

（5）长期性

公共关系的实践告诉我们，不能把公共关系人员当做“救火队”，而应把他们当做“常备军”。公共关系的管理职能应该是经常性与计划性的，它是一种长期性的工作。

5.2　公共关系的主要内容

1. 菲力普·科特勒“PENCILS”公共关系内容

在“90年代替销策略”研讨会上，菲力普·科特勒教授以“PENCILS”（铅笔）的比喻，形象地提出了营销公关所涉及的七个领域：

（1）P（Publication）——出版物

公司大量依靠各种传播材料去接近和影响其目标市场。它们包括年度的报告、小册子、文章、视听材料以及公司的商业信件和杂志。克莱斯勒公司的年度报告几乎就是一份推销小册子，向其股东推销每年的新车。在向目标顾客介绍某产品是什么，如何使用，如何安装方面，小册子往往起很重要的作用。由公司经理撰写的富有思想性的文章可以引起对公司及其产品的注意。公司的商业信件和杂志可以树立公司形象，向目标市场传递重要新闻。视听材料如电影、幻灯、录像和录音带等越来越多地用于促销。视听材料的成本通常高于印刷材料，但是给人的印象也相应加深。今天，大学常常委托一个专业公司搞一个富有魅力的录像，从便用于招生，或将该录像带寄给申请者，以鼓励其报考本校。

（2）E（Event）——事件

公司可通过安排一些特殊的事件来吸引对其新产品和该公司其他事件的注意。这些事件包括记者招待会、讨论会、郊游、展览会、竞赛和周年庆祝活动。以及运动会和文化赞助等，以接近目标公众。资助一个运动会，譬如库勒国际自行车赛，或者富豪国际网球赛等，这样就给这些公司提供了一个邀请、招待它们的供应商、经销商和顾客的机会。

（3）N（News）——新闻

公关专业人员的一个主要任务是：发展或创造对公司和（或）其产品或公司人员有利的新闻。新闻的编写要求善于构想出故事概念，广泛开展调研活动，并撰写新闻稿。但公关人员的技巧是制作新闻的技巧，宣传媒体录用负责人应清楚，新闻界需要的是有趣而及时的情节、文笔漂亮和能吸引注意力的新闻报道。媒体负责人必须尽可能多地结识新闻编辑人员和记者。与新闻界的交往愈多，公司获得较多较好的新闻报道的可能性也就愈大。

（4）C（Communication Relation）——社区关系

社区关系是逐渐形成的公关。如在儿童节 uban 母子同乐会，组建篮球队，设立社区店，不遗余力的建立“社区好公民”的形象。

（5）I（Identity Media）——媒体的认同

选择适当的新闻媒介和符号新闻媒介要求是一个问题的两个方面。IBM 公司的管理制度，可口可乐公司的营销策略，常常是管理类杂志、报纸的管理版上的热门话题，无形中提高了公司的企业形象。

（6）L（Lobby）——游说

游说活动在美国等欧洲国家非常盛行，目前在日本和台湾等地越来越流行。游说的艺术很多，关键因素是必须建立长期关系，不要“临时抱佛脚”。

（7）S（Social Cause Marketing）——社会公益营销

把社会营销纳入公关内容之中，目的是建立企业长期良好的形象。例如，呼吁保护野生动物、清洁空气、减少抽烟、节能减排。社会营销不仅是公益广告，而且还要和其他营销组合如产品、价格、渠道等配合使用，才能真正达到社会营销的目标。

2. 常用的公共关系模式

（1）建设型公共关系

建设型公共关系是在社会组织初创时期或新产品、新服务首次推出时期，为开创新局面进行的公共关系活动模式。目的在于提高美誉度，形成良好的第一印象，或使社会公众对组织及产品有一种新的兴趣，形成一种新的感觉，直接推动组织事业的发展。

（2）维系型公共关系

维系型公共关系是指社会组织在稳定发展期间，用来巩固良好形象的公共关系活动模式。目的是通过不间断的、持续的公关活动，巩固、维持与公众的良好关系和组织形象，使组织的良好印象始终保留在公众的记忆中。

（3）防御型公共关系

防御型公共关系是指社会组织为防止自身的公共关系失调而采取的一种公共关系活动方式。预防的目的是在组织与公众之间出现摩擦苗头的时候，及时调整组织的政策和行为，铲除摩擦苗头，始终将与公众的关系控制在期望的轨道上。

（4）矫正型公共关系

矫正型公共关系是指社会组织在遇到问题与危机，公共关系严重失调，组织形象受到损害时，为了扭转公众对组织的不良印象或已经出现的不利局面而开展的公共关系活动。其目的是对严重受损的组织形象及时纠偏、矫正，挽回不良影响，转危为安，重新树立组织的良好形象。

（5）宣传型公共关系

宣传型公共关系是运用大众传播媒介和内部沟通方法开展宣传工作，树立良好组织形象的公共关系活动模式，目的是广泛发布和传播信息，让公众了解组织，以获得更多的支持。

(6) 交际型公共关系

交际型公共关系是在人际交往中开展公共关系工作的一种模式。以人际接触为手段，与公众进行协调沟通，为组织广结良缘的公共关系活动。

(7) 服务型公共关系

服务型公共关系是一种以提供优质服务为主要手段的公共关系活动模式，其目的是以实际行动来获取社会的了解和好评，建立自己良好的形象。

(8) 社会型公共关系

社会型公共关系是组织通过举办各种社会性、公益性、赞助性的活动，来塑造良好组织形象的模式。

(9) 征询型公共关系

征询型公共关系是以采集社会信息为主、掌握社会发展趋势的公共关系活动模式，其目的是通过信息采集、舆论调查、民意测验等工作，加强双向沟通，使组织了解社会舆论、民意民情、消费趋势，为组织的经营管理决策提供背景信息服务，使组织行为尽可能地与国家的总体利益、市场发展趋势以及民情民意一致；同时，也向公众传播或暗示组织意图，使公众印象更加深刻。

(10) 网络型公共关系

网络型公共关系作为一种新型的公共关系类型，是指社会组织借助联机网络、计算机通讯和数字交互式媒体、在网络环境下实现组织与内外公众双向信息沟通与网上公众协调关系的实践活动。这种新型的公共关系由于其独特的价值效应，日益受到广泛重视，掌握这种公共关系的运作，对欲在激烈的竞争中夺得微型机的社会组织来说将具有十分重要的意义。

5.3 常见领域的公关运用

1. 媒体界的公关

(1) 报纸、一般杂志、专业杂志、广播、电视及其他大众媒体，平时就建立良好的渠道。

(2) 建立完整的媒体资料，包括各专业的杂志、报纸、刊物等。

(3) 说明会、创业说明会、加盟说明会、活动说明会等。

(4) 庆典邀请，开幕、年终聚会、周年庆等。

(5) 参观招待不定期举行。

(6) 主动发布新闻稿，如有活动或贵宾来访时，或新产品推出、新店开幕等。

(7) 安排专访人物、主题等。

(8) 企业成长发表会，满 10、20、50、100、150、200、300 店的庆祝酒会。

(9) 新产品发表或推介。非正式的聚会，增进彼此的了解。

(10) 定期或不定期举办活动让记者参观，安排记者实地参观与认识产品，体验服务流程。

2. 供应商的公关

(1) 举办说明会，企业开幕前。

(2) 致谢颁奖活动，每年年终一次，表扬绩优供应商，并邀请参加周年庆。

(3) 联合促销活动，以供应商之产品作为赠品。

(4) 厂商联谊大会。

(5) 经营辅导讲座。

3. 顾客的公关

(1) 开幕活动，每一店开幕，以剪彩、促销举行，可请商圈内知名人士剪彩，并举办酒会。

(2) 慈善访问，组团慰问孤儿院、养老院或是需帮助的人，尤其是节日时，或者举办公益活动，如儿童在母亲节摄影、绘画。

(3) 有加入会员者，生日寄卡片。在每年的重要节假日邮寄慰问卡片。

(4) 顾客意见调查，意见箱的设置及定期顾客意见调查。

(5) 刊物发行，发行企业特刊。

(6) 促销 DM，免费索取。

(7) 折价券，附有基本资料卡寄回可参加摸彩或换取赠品。

5.4 危机公关策略

1. 危机公关概述

在营销活动中，当企业与公众发生冲突，或者发生突发事件，使得公众舆论反应强烈，企业形象受到严重损伤时，公共关系便处于紧急状态之中。这时，如何正确处理危机便成了公司至关重要的事情。

企业危机产生的类型通常有：自身行为不当型、突发事件型、失实报道型与殃及池鱼型几种常见类型。企业应该根据具体情况分析原因，及时开展有效的危机公关活动。

2. 危机公关策略——4S 策略

危机发生后处理的程序为：果断采取措施，有效制止事态扩大；调查情况，了解真相；成立处理危机专门机构，制定处理危机基本方针与政策；确定新闻发言人；开展工作安抚受害者；总结危机处理经验，改进工作。

有学者把企业危机公关策略概括为“4S”策略：

(1) Sorry——向受害者道歉。公众不仅关注事实的真相，更关注当事人对事件所采取的态度。在危机发生后，企业应当以最快的速度与受害者接触，了解情况，坦诚相待。积极查明事实真相，给消费者以圆满解释，履行企业的社会责任与承诺。同时，企业要冷静地倾听受害者的意见，向受害者道歉，给予受害者安慰和同情，诚恳地对待受害者及其家属。

（2）Shut up——务必闭嘴。确保企业能把握公众的情绪，并设法使观众的情绪向有利于自己的方面转化。不要和消费者争论，永远不要和公众去辩论谁对谁错。

（3）Show——坦白事实。所谓闭嘴，是不与消费者争辩，但一定要重视与消费者的沟通，建立有效的沟通渠道。同时与新闻媒体保持良好的合作关系，主动把事实真相展示给公众，不要试图去愚弄大众。

（4）Satisfy——让公众满意。“社会公众利益至上”是危机公关策略的根本。制定对策时，要尽量站在消费者的角度考虑问题，结合企业实际，使解决方案能与消费者的期望相一致。

5.5 公共关系实施程序

开展公共关系活动，其基本程序包括调查、计划、实施、检测四个步骤：

1. 公共关系调查

公共关系调查是公共关系工作的一项重要内容，是开展公共关系工作的基础和起点。通过调查，能了解和掌握社会公众对企业决策与行为的意见。

2. 公共关系计划

公共关系是一项长期性工作，合理的计划是公关工作持续高效的重要保证。在制定公关计划时，要以公关调查为前提，依据一定的原则来确定公关工作的目标，并制定科学、合理、可行的工作方案，如具体的公关项目、公关策略等。

3. 公共关系的实施

公关计划的实施是整个公关活动的“高潮”。为确保公共关系实施的效果最佳，正确地选择公共关系媒介和确定公共关系的活动方式是十分必要的。

4. 公共关系的检测

公关计划实施效果的检测，主要依据社会公众的评价来进行。

【案例分析与讨论】

美的“紫砂煲质量门”事件危机公关

创业于1968年的美的集团，是一家以家电业为主，涉足物流等领域的大型综合性现代化企业集团，旗下拥有三家上市公司、四大产业集团，是中国最具规模的白色家电生产基地和出口基地之一。2009年，美的集团整体实现销售收入达950亿元。在“2009中国最有价值品牌”的评定中，美的品牌价值达到453.33亿元，名列全国最有价值品牌第六位。2009年8月，在中国企业联合会、中国企业家协会发布的“中国企业500强”中，美的集团列第69位。2010年2月，在国际权威品牌价值评估机构英国品牌顾问公司（Brand Finance）公布的“全球最有价值500品牌排行榜”中，美的集团作为唯一的中国家电企业入选。

2010年5月23日，央视《每周质量报告》报道称，美的紫砂煲使用的内胆，是由普通陶土添加铁红粉、二氧化锰等化工原料染色而成。

2010年5月23日下午，广东美的生活电器制造有限公司承认“天然紫砂内胆”系不实宣传，并撤销电炖锅分公司总经理职务，对涉及不当宣传的产品，立即停止生产和销售，立即收回和改正所有不当宣传品，设立消费者咨询热线：400-8899316；并按照国家有关规定，在售后服务网点，设立退货点，接受消费者的退货。同时，美的公司还出示了一份《国家陶瓷及水暖卫浴产品质量检验中心》检测报告的证据。该中心检测报告显示，美的紫砂煲内胆、紫砂盖，无毒无害，请消费者不要恐慌。

2010年5月24日，记者了解到，苏宁国美美的紫砂锅早晨已经全部下架。

2010年5月24日，美的紫砂煲被曝出，退货要收折旧费，也没有具体退换货细则。

2010年5月25日，美的生活电器总裁通过央视新闻频道承诺，无条件退换货，且“无发票也能退货”。

2010年5月26日，美的方面却发生变卦表示“无发票不能退货”。

2010年5月27日，记者以消费者的身份拨打了美的客服热线，客服人员表示，购买美的紫砂煲的消费者如果要退货，应保证购买日期在一年之内，并需要带上正规发票或电脑小票和身份证，拿到经销商或者所购买的门店办理退货。如果不符合上述要求，可将紫砂煲送到该公司的维修部门。

2010年5月27日，据《青年时报》报道称，记者联系国家陶瓷及水暖卫浴产品质量检验中心，工作人员表示之前没有相关的检测报告，紫砂煲曝光后，他们已着手检测，检测报告将于近期发布。

2010年6月22日，备受关注的紫砂煲产品究竟是否有害，终于有了明确的官方权威结论。6月17—18日，由中国陶瓷工业协会联合中国家用电器协会在北京主持召开“家电用陶瓷内胆生产应用情况研讨会”，包括中国陶瓷工业协会理事长何天雄、中国家用电器协会理事长姜风、国家陶瓷质量检测机构等与会专家明确表示，紫砂陶器作为陶器的一种，与其他金属材料及有机材料制品相比，用做饮食器具更加卫生、安全。适当添加氧化铁、氧化锰、氧化镍生产陶瓷产品，是一种稳定成熟的生产技术，“合格的产品不会危害人体健康。”

美的紫砂煲“质量门”事件曝光后，又接连出现”改口门”和”证据门”，真的是应了那句“你越相信是美的，他越是假的”。值得庆幸的是，6月21日，中国陶瓷工业协会与中国家用电器协会，共同在网站上发布了一份鉴定报告，似乎让企业重新看到了希望。这份报告的出台让不少紫砂煲生产企业看到了“转机”，借此帮助企业走出货存挤压和滞销的困境。困扰紫砂煲行业当下最重要的问题将是相关厂商如何挽回自己的信誉，以重新赢回消费者的信任。

虽然在事件曝光后的第一时间内，美的方面已经向广大消费者公开道歉，但在问题产品退货环节，美的方面却主观设置重重障碍，没有一点诚意，这也成为美的危机从“质量门”上升到“改口门”和“证据门”的直接原因。

（资料来源：http：//edu. ch. gongchang. com/article-4003-314591. html）

◎**思考：**

1. 试着分析“美的”公司在此次事件的公关表现，你认为该公司做得成功吗？
2. 如果您是该公司的公共人员，您如何处理这件事情？

【本学习情境小结】

通过本情境的学习，我们了解到成功的市场营销活动，不仅需要制定适当的价格、选择合适的分销渠道向市场提供令消费者满意的产品，而且需要采取适当的方式进行促销。促销策略是四大营销策略之一。

在现代营销活动中，最具有活力最富有变化的是促销策略，促销方式包括人员推销、广告、营业推广和公共关系四种。促销组合则是把这四种方式有效结合在一起，达到销售和保证利益。具体采用哪种组合，应综合考虑促销目标、产品因素、市场因素和促销费用。

人员推销以其特有的优势，在促销组合中起着不可替代的作用。人员推销的有寻找顾客、接近顾客、讲解与演示、异议处理和跟踪服务几个步骤。常用的人员推销技术有费比（FABE）法则、Money 法则、艾达（AIDA）模式、满足需求推销模式、刺激反应式推销模式等技术。

广告决策的 5MS 理论：任务——Mission：广告的目的是什么？资金——Money：要花多少钱？信息——Message：要传送什么信息？媒体——Media：使用什么媒体？衡量——Measurement：如何评价结果？广告创意 ROI 原则是指关联性（Relevance）、原创性 Originality）、震撼力（Impact）。好的广告创意应该具有 3S 特征：Simple——简单、自然、朴素，surprise——惊喜、惊讶，smile——微笑、感动。

营业推广以其形式多样、短期效果明显而受到众多企业的重视。营业推广活动有对中间商的推广、对消费者的推广和对销售人员的推广。

公共关系是内求团结外求形象的，为企业的营销活动构造良好的社会环境，能树立企业形象，并且在危机时刻能化解纠纷。菲力普·科特勒教授以“PENCILS”（铅笔）形象地提出了营销公关所涉及的七个领域：P（Publication）——出版物，E（Event）——事件，N（News）——新闻，C（Communication Relation）——社区关系，I（Identity Media）——媒体的认同，L（Lobby）——游说，S（Social Cause Marketing）——社会公益营销。企业危机公关策略“4S”策略为：sorry——向受害者道歉，shut up——务必闭嘴，show——坦白事实，satisfy——让公众满意。

【情境思考】

贵阳星力百货的促销活动

星力百货1995年诞生于贵阳，它以提升民众时尚生活品质为信念，不断成长与发展，历经十余年，已成为贵阳市民生活的一部分。从诸多品牌的初次进驻、到第一家实行开架销售的百货公司、再到第一家在晚间营业的商场、第一家实行折扣活动促销的商场……购物由此变得快乐和享受。时尚的海洋，从此潮落贵阳。

星力百货通过自己独到的经营理念，灵活的促销手法和完善的服务体系创造了巨大经济效益。企业在取得发展的同时，公司也从未忘记肩负的社会责任，一直秉承对公益事业的热忱，对社会的回报，2002年11月星力百货与贵阳市妇联联合发起长期向“边远山区适龄失学儿童爱心援助活动”。此活动为清镇市韩家坝小学、开阳县新山林小学捐款7.2万元开办“星力春蕾班”；2003年7月向贵州省普安县白沙乡人民政府捐款3万元，帮助该乡修建“脱贫路”，此路被命名为“星力路”。

星力百货现在在贵阳市区有六家门店：瑞金店、中山店、星天地、星力购物广场、荔星名店、荔星名品六店鼎立，占据了贵阳市大西门和大南门商圈。大众型的百货分店——瑞金店以人流量销售量大闻名于百货界，迄今为止仍保持着单店销售冠军的市场地位。以青春主题馆命名的星天地店致力于打造都市潮人的购物专属地带，动感、活力、时尚是其追求的主题。资深的中山店以“女性主题馆”的全新形象和定位满足众多星力女性会员的购物需求。

2010年5月星力百货根据不同的门店情况，以及不同的消费对象，作出了一系列的促销活动。下面以贵阳星力百货中山店为例（参考广告图片图9-20）。

一、活动主题：裙衣季，有礼

二、活动时间：2010年5月21—23日

三、活动主要内容：

1. 全馆购物满999元赠150元全馆购物券。

2. 购衣尊享礼：购物满1280元赠100元雅天妮饰品现金抵用券。

3. 家居用品10倍积分返现：凡在四楼（家居用品）购买商品可享专柜活动的基础上再享10倍积分返利。

4. 精彩抽奖乐：全馆购物满500元，即可参加抽奖活动，一等奖：1999元购物券，二等奖：999元购物券，三等奖：99元购物券，四等奖：50元四楼家居体验券。

5. 时尚有礼：活动期间至中山店三楼SLEEK时尚假发专柜试戴即可获赠价值

70 元韩式刀叉套件一套，限 20 套/日。

6. 美丽行动礼：5 月 21 日至 31 日全馆购物满 500 元可获赠价值 200 元欧莎美容体验券，多买多赠。

四、活动温馨提示：

（1）活动 1：全馆券数量有限，送完为止。

（2）活动 2：单张小票超出金额不累计赠送。

（3）活动 3：家居用品 10 倍积分返利活动以 5 的积分倍数进行返利。

（4）活动 4：单张小票限抽一次，超出金额不累抽，券数量有限，送完为止。

（5）以上活动 5 折以下商品、特价品、部分专柜不参加；礼品数量有限，送完为止。

图 9-20 贵阳星力百货中山店促销活动广告

（资料来源：贵阳星力百货网站以及网址 http：//club. gog. com. cn 上相关内容，有删改）

◎**思考：**

1. 星力百货运用了哪些促销方式？

2. 您认为该企业广告宣传最适合的媒体组合是怎么样？

3. 该企业运用了哪些营业推广方式？如果您是该公司市场部人员你如何在明年5月份的促销活动方案？

4. 该企业做了哪些公共活动，如果您是该公司的公关人员，你如何策划公共关系活动，来进一步提高它的知名度和美誉度？

学习情境十

营销应用领域之扩展——服务市场营销

工作任务

任务一　了解服务市场营销

任务二　管理服务质量

任务三　分析服务市场营销组合策略

知识与技能目标

1. 领会服务的内涵，明确服务的特征与要素。
2. 认识服务质量内涵与评价体系，知道如何提高服务质量。
3. 理解服务市场营销组合，懂得如何对服务市场营销进行整合。
4. 了解服务产品的定价、分销及促销策略。

任务一　了解服务市场营销

【任务引入】

如何与客户沟通?

奶制品专卖店里有三名员工，小李，大李和老李。当您走近小李时，小李面带微笑，主动问长问短，一会儿与您寒暄天气，一会儿聊聊孩子的现状，总之聊一些与买奶无关的事情，小李的方式就是礼貌待客。而大李呢，采取另外一种方式，他说，我能帮您吗?您要哪种酸奶?我们对长期客户是有优惠的，如果气温高于30℃，您可以天天来这里喝一杯免费的酸奶。您想参加这次活动吗？大李的方式是技巧推广式。老李的方式更加成熟老到，他和您谈论您的日常饮食需要，问您喝什么奶，是含糖的还是不含糖的？也许您是一位糖尿病人，也许您正在减肥？而老李总会找到一种最适合您的奶制品，而且告诉您如何才能保持奶的营养成分。老李提供的是个性化的沟通模式。

（资料来源：佘伯明：《市场营销实务》，东北财经大学出版社 2008 年版）

如果你是这家店的老板，你认为小李、大李和老李谁更称职？为什么？

【任务分析】

每一个人都有长处，不一定每一个销售代表都八面玲珑、能说会道，但一定要不断调整自己的心态，改进工作方法，要多分析客户，针对每一个客户不同的背景、不同的性格，提出有针对性的处事方法。

【知识准备】

市场营销最初是围绕着产品进行的，由于竞争日趋激烈，各种附加服务在产品中所占比重越来越大，现已成为企业市场营销的重点之一。此外，伴随着经济的发展，服务业也以惊人的速度增长，实践证明，经济越发达，人们越富裕，对各种服务的需求越多，企业从事服务营销的活动也就越多。从理论上讲，产品市场营销的理论、原则和方法都可用于指导服务市场营销活动，但服务市场营销具有自己的特点，因此，本任务欲从服务的分类及特征，服务营销的含义与特点、服务市场营销与产品市场营销的差异性三个方面来揭示服务市场营销的规律性。

1.1 分析服务的分类及特征

1. 服务的含义

服务在经济学上是指一种特殊的劳动产品。对服务概念的研究从 20 世纪 50—60 年代就开始了。最早的定义是由 AMA（美国市场营销学会）1960 年作出的，所谓服务是指“用于出售或者是同产品连在一起进行出售的活动，利益或满足感”。这个定义在此后被学术界广泛采用。美国服务营销方面的专家格鲁诺斯对服务的定义是：服务一般是以无形的方式，在顾客与服务职员、有形资源商品或服务系统之间发生的，可以解决顾客问题的一种或一系列行为。美国市场营销专家菲利普·科特勒给服务下的定义是：“服务就是一方能够向另一方提供的基本是无形的任何活动或利益，并且它不导致任何所有权的发生。它的生产可能与某种有形产品联系在一起，也可能毫无关系。”简言之，服务是一种或一系列具有无形特征却可给人带来某种利益或满足感的可供有偿转让的活动。

2. 服务的分类

进行服务分类应结合服务营销管理过程考虑，这样，才能通过分类概括出不同行业中服务的特点，为市场营销管理过程的决策提供有效依据。通常可从以下六个角度对服务进行分类：

（1）根据服务活动的本质，即服务活动是否具有有形性及服务对象是人还是物划分。服务可分为四类：作用于人的有形服务，如美容美发、民航服务；作用于物的有形服务，如室内装修、货物运输等；作用于人的无形服务，如教育、广播等；作用于物的无形服务，如货物保险、咨询服务等。

（2）根据服务机构与顾客的关系，即是否具有连续性和组织性来划分。服务可分为四类：连续性、会员关系的服务，如人寿保险、银行等；连续的、非组织成员的服务，如电视台；间断的、会员关系的服务，如家用电器的保修和维修服务；间断的、非组织关系的服务，如邮购等。

（3）根据纯粹服务成分的高低，即在服务过程中物质实体成分的多少来划分。服务可分为三类：高服务成分的服务，如服装加工；中服务成分的服务，如饭馆、旅店等；低服务成分的服务，如汽车租赁业等。

（4）根据服务供求关系，即供求关系是否具有稳定性来划分。服务可分三类：需求波动较小的服务，如保险、法律、银行事务所等；需求波动较大而供求缺口较小的服务，如电力、电话、天然气等；需求波动较大而供不应求的服务，如交通运输、旅游景点的参观、饭店和宾馆的服务等。

（5）根据服务推广的方法，即被服务者参与程度来划分。服务可分为三类：高接触服务业，如电影院、学校等；中等接触服务业，如律师事务所、房地产经纪人提供的服务；低接触服务，如信息中心，邮电通讯业等。

（6）根据购买者特点分类，即按照其动因分类。服务可以分为两类：针对消费者个人的服务，包括便利、购物、专门和职业服务，如报亭、租用汽车、医疗、营销策划咨询等；针对机构组织的服务。

3. 服务的特征

为了准确地把握服务市场营销的特点，首先应剖析服务的特点，很多营销学家从产品的角度来揭示服务的本质，总结出服务具有的共同特征如下：

（1）服务具有无形性（Intangibility）。对于大多数服务来说，购买服务并不等于拥有其所有权。服务的无形性是商品和服务之间最基本的，也是最常被提到的区别。因为服务是由一系列活动所组成的过程，而不是实物，这个过程我们不能像感觉有形商品那样看到、感觉或者触摸到服务。根据这一特点，在进行服务市场营销时，就要通过若干有形的定位工具，化无形为有形，帮助服务产品树立鲜明的市场形象。

（2）服务具有生产与消费的同步性（Inseparability）。大多数商品是先生产，然后存储、销售和消费，但大部分的服务却是先销售，然后同时进行生产和消费。服务的生产和消费在时间和空间上保持同步，服务活动的进行过程就是顾客的消费过程。服务生产和消费的同步性要求顾客和服务人员都必须了解整个服务传递过程。鉴于服务的同步性，企业可通过扩大服务顾客群的规模来提高服务效率。

（3）服务具有不可储存性（Perishability）。服务的不可储存性是指服务不能被储存、转售或者退回的特性，它是由服务的无形性和同步性造成的。它不能像消费品和产业用品那样贮存起来，以备销售。由于服务无法储存，为了充分利用生产能力，必须提前对需求进行预测并制定有创造性的计划，且制定强有力的补救策略，以弥补服务失误。

（4）服务具有异质性（Variability）。服务的异质性是指服务的构成成分及其质量水平变化很大，无法形成一个统一的标准。它主要是由于服务是以“人”为中心的产业，员工和顾客之间的相互作用以及伴随这一过程的所有变化因素导致，且使得服务质量取决于服务提供商不能完全控制的许多因素。

（5）所有权的不可转让性。服务产品所有权的不可转让性是指在服务的生产和消费过程中不涉及任何东西的所有权转移。由于服务具有不可感觉性、不可分离性和不可贮存性，服务的过程就是消费的过程，消费者并没有掌握永久享有该项服务的所有权。

1.2 分析服务营销的含义与特点

1. 服务营销的含义

服务营销是企业在充分认识满足消费者需求的前提下，为充分满足消费者需要在营销过程中所采取的一系列活动。它起因于科学技术的进步和社会生产力的显著提高，使得产品的服务密集度日益增大，消费者的消费需求逐渐发生变化，需求层次相应提高，并向多样化方向拓展。同传统的营销方式相比较，服务营销是一种营销理念，企业营销的是服务，而传统的营销方式只是一种销售手段，企业营销的是具体的产品。它是企业对消费者需求的深刻认识，是企业市场观念的质的飞跃。

服务营销是现代市场营销的一个新领域，它的研究范围分为两大类：一是服务产品的营销，研究如何促进作为产品的服务的交换；二是顾客服务营销，研究如何利用服务作为一种营销工具促进有形产品的交换。两者的核心理念都是顾客满意和顾客忠诚，通过取得顾客的满意和忠诚来促进相互有利的交换，最终实现企业营销绩效的稳定增长。

2. 服务营销的特点

（1）服务人员的技术、技能、技艺要求高。服务者的技术、技能、技艺直接关系着服务质量。服务者的服务质量不可能有唯一的、统一的衡量标准，而只能有相对的标准和凭购买者的感觉体会。消费者对各种服务产品的质量要求高，也就是对服务人员的技术、技能、技艺的要求高。

（2）营销方式单一性。有形产品在市场可以多次转手，经批发、零售多个环节才使产品到达消费者手中，因此有形产品的营销方式有经销、代理和直销多种营销方式。服务营销则由于生产与消费的统一性，决定其只能采取直销方式，中间商的介入是不可能的，储存待售也不可能。服务营销方式的单一性、直接性，在一定程度上限制了服务市场规模的扩大，也限制了服务业在许多市场上出售自己的服务产品，这给服务产品的推销带来了困难。

（3）营销对象复杂多变。购买服务的消费者的购买动机和目的各异，某一服务产品的购买者可能牵涉社会各界各业各种不同类型的家庭和不同身份的个人，即使购买同一服务产品有的用于生活消费，有的却用于生产消费，如信息咨询、邮电通讯等。因此服务市场的购买者是多元的、广泛的、复杂的。

（4）服务需求弹性大。形成服务需求弹性大有三方面原因：其一，根据马斯洛需求层次理论，人们对精神文化消费的需求属继发性需求，需求者会因各自所处的社会环境和各自具备的条件不同而形成较大的需求弹性；其二，对服务的需求与对有形产品的需求在一定组织及总金额支出中相互牵制。其三，服务需求受外界条件影响大，如气候的变化、科技发展的日新月异等对环保服务、旅游服务、航运服务的需求造成重大影响。需求的弹性是服务业经营者最棘手的问题。

（5）供求分散性。服务营销活动中，服务产品的供求具有分散性。由于服务企业一般占地小、资金少、经营灵活，往往分散在社会的各个角落；即使是大型的机械服务公司，也只能在有机械损坏或发生故障的地方提供服务，因此不仅服务产品的供方覆盖了第三产业的各个部门和行业，企业提供的服务也广泛分散，而且服务产品的需方更是涉及各种各类企业、社会团体和千家万户不同类型的消费者，服务供求的分散性，要求服务网点要广泛而分散，尽可能地接近消费者。

1.3　区分服务市场营销与产品市场营销

服务的特征决定了服务营销和产品营销有着本质的不同，具体体现在以下6个方面：

1. 产品特点

无形性是产品和服务之间最明显的区别。如果说有形产品是一个物体，服务产品则表现为一种行为、绩效或努力。由于服务是无形的，顾客难以感知和判断其质量和效果。因此，有形展示成了服务营销的一个重要工具。

2. 控制质量的能力

传统产品的生产和消费是分离的，所以容易用统一的质量标准来加以衡量控制。而服务的异质性及同步性，使得消费者容易对企业及其提供的服务产生“形象混淆”，即如果单次服务出现问题，消费者可能直接就认定该企业整个服务质量不高，从而对该企业形成不良的企业印象，不利于控制质量。

3. 分销渠道

传统产品可以在一地或多地生产，然后运送到中间商或最终消费者手中进行销售。而服务由于其同步性，要么企业的生产设施必须运到顾客所在地，或者顾客必须亲自到达企业的生产设施所在地。

4. 调剂产品的供求能力

传统产品的生产和消费需要经过一系列中间分销环节，生产和消费过程有一定的时间间隔，所以较易调剂产品的供求能力。而服务的同步性及不可存储性，使得如果没有顾客需要提供服务，就造成生产能力的浪费；如果服务需求超过供给，又会因需求不满而造成顾客的失望，不易调剂产品的供求能力。

5. 顾客对生产过程的参与

传统的产品生产管理完全排除了顾客在生产过程中的角色，管理的对象是企业的员工而非顾客。而在服务行业中，顾客直接参与服务过程，人是服务产品的一部分。因而，如何管理顾客使得服务推广有效成为服务营销管理的一个重要内容，服务人员必须针对不同顾客的需求特征开展营销活动。

6. 时间因素的影响

由于服务需要企业与顾客面对面进行，所以较之传统产品的市场营销活动，服务市场营销活动的进行必须及时、快捷，以缩短顾客等待服务的时间，倘若顾客等待时间过长，将会引起顾客的厌烦，对企业服务，乃至企业自身产生不良印象。

【案例分析与讨论】

IBM 无懈可击的服务策略

国际商用机器公司（IBM），是一家举世闻名的美国公司。其产品在世界计算机市场上，占有80%的份额，在同行业中首屈一指。靠最佳服务占领市场，是IBM公司成功的秘诀。

独特的经营信念

IBM公司有三大基本信念：尊重每一个人；提供最佳服务；追求卓越工作。这三大信念贯穿于IBM公司的一切工作规范和经营活动之中。

IBM到目前为止，仍在世界电脑市场占有优势地位，除了它的产品达到高水平之外，还与其有效的推销方法有关。IBM对此有一套十分严格的规定：

1. IBM的推销人员在任何情形下都不可批评竞争对手的产品。

2. 如对手已接获顾客的订单，切勿游说顾客改变主意。

3. 推销人员绝对不可为了获得订单而提供贿赂。IBM的座右铭是“诚实”，贿赂会毁掉公司的形象。

IBM公司认为，推销人员是公司的“王牌”，身为公司的推销人员，必须机智、自觉、有奉献精神及富于竞争性。

服务是营销计划的一部分 IBM公司认为：不能在事后才考虑服务，服务必须成为营销计划的一个重要部分。从产品开发开始，就要认真考虑服务问题。如果没有在事前仔细筹划服务和进行服务试点，就不应该推出新产品。因此，在产品的最初规划阶段，就要把设计、制造、销售和服务四个过程集中起来，形成连锁反应。在开发设计产品时，预见到各种服务问题。

产品一旦售出，IBM 就开始实施预防性维修保养计划，他们生产的每一种产品都订有维修日程表，包括打字机、复印机；终端机以及大小型计算机。公司的服务代表经常访问客户并检查设备。有时，访问是为了实施某项特定的维修程序，或者是因为某个元件有出麻烦的“前科”，服务人员想要除去隐患；有时，访问是为了对产品实施全面检查；一旦故障真的出现，IBM 的维修代表就尽一切可能减少整个停机时间。

甚至在新产品生产过程中，维修人员就开始进行训练。IBM 在肯塔基州的列克星顿市生产一种新式打字机时，数以百计的维修服务人员在生产线上协助工作，了解产品生产情况及可能出现的维修故障。有人说，IBM 每创造一件新产品，也同时发明一种服务方法。

IBM 还发展了一种极为有效的远程服务网络。顾客遇到设备故障，前往 IBM 服务中心或者让公司立即派人检修都不合适时，予以免费打电话给一个 IBM 维修中心，向那里说明故障。受过业训练的技师立即与一个中心数据库接通，寻找其他地方同类型的设备是否出现类似或相同的故障，并找出故障是如何诊断和排除的。IBM 公司认为：虽然客户越近问题越容易处理，但不管问题是出现在隔壁还是地球的另一边，IBM 的责任感应该是一样的。

无懈可击的服务策略

IBM 公司一向是跟得上时代的公司，但它并不是工业技术方面的领导者。它的成功，主要得力于它无懈可击的服务策略。迎接顾客提出的挑战性服务难题，已成为 IBM 生存活动的一部分。IBM 目前拥有 40 多万雇员，500 多亿美元的年销售额，并且几乎世界上每个国家都设有办事机构。其宏大规模和举世瞩目的成就，是由它几十年如一日的为顾客服务的精神所导致的。

IBM 新总裁小托马斯·沃森对于“服务”曾作了非常贴切的剖析：随时间累积，良好的服务几乎已经成为国际商用机器公司的象征……多年以前，我们登了一则广告，用了一目了然的粗笔字体写着：“国际商用机器公司就是最佳服务的象征。”我始终认为，这是我们有史以来最好的广告。因为它很清楚地表达出了 IBM 公司真正的经营理念——我们要提供世界上最好的服务。和国际商用机器公司所签的契约中，不只是出售机器，更包括所有的服务项目。

IBM 专门选用表现优异的业务人员，担任 3 年主管助理。在整整 3 年中，他们只负责一项工作，就是对任何顾客的抱怨或疑难，务必在 24 小时内解决。为了确保公司经常和顾客有联系，IBM 的高级主管也必须经常拜访客户。公司每个月定期评估顾客满意的程度；并且将评估结果与当事人奖金报酬的多少联系起来。公司每隔 90 天就作一次职工服务态度调查。

一次，亚特兰大拉尼尔公司资料处理中心的计算机出了故障，IBM 在几个小时内就从各地赶到了。为了排除故障，IBM 请来了 8 位专家，其中至少 4 位来自欧洲，一位来自加拿大，还有一位是从拉丁美洲赶来的。

IBM 为顾客提供服务的金科玉律是：以顾客、市场为导向，绝非技术。

服务从一点一滴做起

IBM 公司享有世界上最讲究以服务为中心的公司这一殊荣。这一声誉不是来自成功的广告宣传，而是来自数年不懈的努力工作和优秀的企业员工——公司服务人员实实在在的行为。他们靠一点一滴的小事，积累起了 IBM 的声誉，塑造出了 IBM 的形象。

一位在菲尼斯工作的女服务代表，驾车前往某地，为顾客送一个小零件。顾客要用它恢复一个失灵的数据中心的存储功能。然而，通常应是短暂而愉快的驱车旅行，此次竟如此艰难：瓢泼大雨使盐河成了横冲直撞的急流，通往目的地的 16 座桥梁只剩两座可以通车。汽车头尾相接，交通堵塞，使 25 分钟的奔驰变成 4 个小时的爬行，这位代表决心不能这样失去整整一个下午的时间。她想起车里有一双旱冰鞋，于是就抛下汽车，穿上旱冰鞋，一路滑行，为顾客雪中送炭！

美国纽约城曾经发生过一次大停电事故。华尔街停电，纽约证券交易所都关闭了。银行、公司一片混乱。IBM 纽约分部紧急动员，每一个人都忘我地工作，力求把顾客损失的时间减少到最低程度。在 25 小时的停电期间，户外气温达华氏 95 度左右，空调、电梯、照明一概没有。IBM 的工作人员不辞辛苦地登攀一些高层大楼——包括有 100 多层的世界贸易中心大楼。他们带着各种急需部件为顾客维修设备。

迎接顾客提出的具有挑战性的服务难题，已成了 IBM 生存活动的一部分。几十年如一日视顾客为上帝，奠定了公司繁荣兴旺的基础，从而树起了一个 IBM 守信誉、重服务的公司形象。

（资料来源：http：//www. fosu. edu. cn/hjtmjz/classweb/04lvyou/information/gggx/gggx-1. htm）

◎**思考：**

1. IBM 公司为什么要将三大信念贯穿于其一切经营活动中？
2. IBM 公司赢得公众、占领市场的秘诀是什么？
3. 怎样理解服务是营利性组织公关工作的突破口？
4. IBM 公司形象的塑造过程给其他社会组织带来什么启发？

任务二　管理服务质量

【任务引入】

小刘的做法是否正确？

正值秋日旅游旺季，两位外籍专家客人入住上海某大宾馆，来到前厅总台，一位总台新手服务员小刘，查阅两位客人的订房记录，却怎么也无法找到，于是小刘断定客人没有预订。现客房也已出租完毕，于是对两位外籍客人说："你们没有预订，这电脑里没有记录。"两位客人听了当时就非常生气，两位客人坚持认为已经预订，小刘坚持认为没有预订，双方争执不下，于是客人找到大堂副经理小王去投诉。

（资料来源：《饭店服务案例100则》，酒店管理资料网2009-06-12）

◎**分析：**

1. 小刘的做法是否正确？如不正确，错在哪？

2. 作为大堂副经理小王应该怎样处理客人的投诉？

3. 假设你是小刘，你应该如何做？

【任务分析】

饭店是中外宾客之家，使之满足而归是店方应尽义务。当客人在心理上产生不快和恼怒时，店方主管人员要首先稳定客人情绪、倾听客人意见，以高姿态的致歉语气，婉转地加以解释，用协商的方式求得问题的解决。要理解投诉客人希望得到补偿的心理，不但在身心方面得到慰藉，而且在物质利益方面也有所获取。

【知识准备】

服务是服务营销学的基础，而服务质量则是服务营销的核心。企业要想成功地进行服务产品的开发和营销活动，关键在于提供有质量保证、令人满意的服务。为此，必须对服务质量有一个正确、完整的认识。

2.1　定义服务质量的内涵

1. 服务质量的定义

服务质量是产品生产的服务或服务业满足规定或潜在要求（或需要）的特征和特性的总和。特性是用以区分不同类别的产品或服务的概念，特征则是用以区分同类服务中不同规格、档次、品位的概念。服务质量最表层的内涵应包括服务的安全性、适用性、有效性和经济性等一般要求。服务质量是一个主观范畴，取决于顾客对服务的预期质量同其实际感受的服务水平或体验质量的对比，在体验质量既定的情况下，预期质量将决定顾客对服务质量的感知，预期服务质量是影响顾客对整体服务质量的感知的重要前提。顾客对服务的预期质量，通常受四个方面因素的影响：即市场营销沟通、顾客口碑、顾客需求和企业形象，市场沟通包括广告、直接邮寄、公共关系以及促销活动等，直接为企业所控制，企业形象和顾客口碑只能间接地被企业控制，顾客需求则是企业的不可控因素。

2. 服务质量的构成要素

服务质量既是消费者感知的反映，也是服务本身的特性与特征的总和，因而服务质量既由感知质量与预期质量的差距所体现，也由服务的技术质量、职能质量、形象质量和真实瞬间构成。

(1) 技术质量是指服务过程的产出，即顾客从服务中所获得的有形产品的部分。鉴于技术质量是以物质实体为依托的，顾客易于感知，并易于形成较为一致的评价。

(2) 职能质量是指顾客在服务中获取有形物质的过程。职能质量直接影响着顾客对服务质量的感知，而这种感知却是主观的，因人而异的，因此很难形成顾客一致的客观评价，服务质量的差异性感受正是发生在这一部分。技术质量与职能质量共同构成了感知服务质量的基本内容。

(3) 形象质量是指消费者企业在社会公众心目中形成的总体印象，它包括企业的整体形象和企业所在地区的形象两个层次。企业形象通过视觉识别、理念识别、行为识别等 CIS 企业形象识别系统多层次地体现，顾客可从企业的资源、组织结构、市场运作、企业行为方式等多个层面认识企业形象。企业形象质量是顾客感知服务质量的过滤器，如果企业拥有良好的形象质量，些许的失误会赢得顾客的谅解；倘若企业形象不佳，则企业任何细微的失误都会给顾客造成很坏的印象；当然，如果失误频繁发生，则必然会破坏企业形象。

(4) 真实瞬间既是服务过程中顾客与企业进行服务接触的过程，这个过程是一个特定的时间和地点，又是服务质量展示的有限时机，是企业向顾客展示自己服务质量的时机。真实瞬间是一旦时机过去，服务交易结束，企业也就无法改变顾客对服务质量的感知；如果在这一瞬间服务质量出了问题也无法补救。真实瞬间是服务质量构成的特殊因素，这是有形产品质量所不包含的因素。

2.2 测定服务质量

1. 服务质量测定的标准

由于服务产品具有无形性和差异性等特点，顾客的满意度受到各种各样无形因素的制约和影响，服务产品的质量很难测定。美国学者白瑞及巴拉苏罗门、西斯姆等提出的服务质量模型基本解决了服务质量测定这一难题。测定服务质量主要从以下五个方面进行：

(1) 感知性。感知性是指服务产品中的“有形部分”，例如各种设备、场所以及服务人员仪表等因素。由于服务产品的不可感知性，顾客只能借助有形的、可视的部分来把握服务质量。服务的感知性从两个方面影响顾客对服务质量的认知：它既可以使顾客了解无形的服务产品，又直接影响顾客对服务质量的感知。

(2) 反应性。反应性是指企业随时准备愿意为顾客提供快捷、有效服务。对于客户的各种要求，企业能否及时地予以满足，反映其经营指导思想的正确性，即是否把顾客利益放在第一位。同时，服务传递的效率是衡量服务质量的一个重要标准，特别是对于那些要求快速服务的行业。

（3）可靠性。可靠性是指服务企业准确无误地完成所承诺的服务，实际上是要求企业在服务过程中避免差错。许多以优质服务著称的企业大多是通过提供“可靠”服务建立起自己的企业声誉的，可靠性则对保持现有顾客的高忠诚度以及吸引潜在顾客有着十分重要的意义。

（4）保证性。保证性是指服务人员的友好态度与胜任能力，它能够增加强顾客对企业服务质量的信心和安全感。友好态度与胜任能力是相辅相成的，缺一不可。如果服务人员缺乏友善的态度会使顾客感到威胁，而如果不具备相当的服务能力会导致顾客的失望。因此，尤其是在服务产品推陈出新、产品差异越来越小的今天，保证性是企业提供服务的稳定器。

（5）移情性。移情性是指在企业提供服务过程中，服务企业及人员不仅要态度良好，而且还要有一种投入精神，设身处地为顾客着想，真诚地关心顾客，努力满足顾客的要求，使整个服务过程富有人情味，并最终从感情上征服顾客的心理过程。

2. 服务质量测定的方法

经过长期营销实践，美国服务问题专家建立了一个差距分析模型，如图 10-1 所示，专门用来分析质量问题的根源。

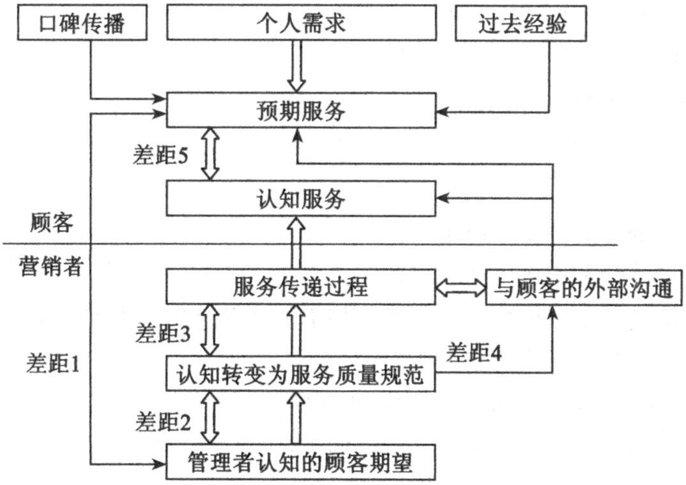

图 10-1　服务质量的理论模型——差距分析模型

图中模式表明，提供的服务可能存在五个方面的差距：

（1）顾客预期服务与管理者认知的顾客预期之间的差距（差距 1）

这个差距指管理者对期望质量的感觉不明确。产生的原因有：

对市场研究和需求分析的信息不准确；

对期望的解释信息不准确；

没有需求分析；

从企业与顾客联系的层次向管理者传递的信息失真或丧失；

臃肿的组织层次阻碍或改变了在顾客联系中所产生的信息。

(2) 管理者的认知与服务质量之间的差距（差距2）

这一差距指服务质量标准与管理者对质量期望的认识不一致。原因如下：

计划失误或计划过程不够充分；

计划管理混乱；

组织无明确目标；

服务质量的计划得不到最高管理层的支持。

(3) 服务提供与服务质量规范之间的差距（差距3）

这一差距是指服务在制造和传递过程中未达到质量说明的标准程度，它是因为：

标准太复杂或太苛刻；

员工对标准有不同意见，例如一流服务质量可以有不同的行为；

标准与现有的企业文化发生冲突；

服务生产管理混乱；

内部营销不充分或根本不开展内部营销；

技术和系统没有按照标准为工作提供便利。

(4) 服务提供与外部沟通之间的差距（差距4）

这一差距指营销沟通行为所做出的承诺与实际提供的服务不一致。产生的原因是：

营销沟通计划与服务生产没统一；

传统的市场营销和服务生产之间缺乏协作；

营销沟通活动提出一些标准，但组织却不能按照这些标准完成工作；

有故意夸大其辞，承诺太多的倾向。

(5) 顾客的认知服务与预期服务之间的差距（差距5）

这一差距指感知或经历的服务与期望的服务不一样，它会导致以下后果：

消极的质量评价（劣质）和质量问题；

口碑不佳；

对公司形象的消极影响；

丧失业务。

这一模型指导管理者发现引发质量问题的根源，并寻找适当的消除差距的措施。差距分析是一种直接有效的工具，它可以发现服务提供者与顾客对服务观念存在的差异。明确这些差距是制定服务营销战略、战术以及保证期望质量和现实质量一致的理论基础。

2.3　制定提高服务质量的策略

企业服务质量的规定和执行贯穿于整个服务传递系统的设计与运作过程中，服务的过程、设施、装备与工作设计等都将体现出服务水平的高低。提高服务质量的方法与技巧很多，这里介绍两种常用的方法，即标准跟进和蓝图技巧。

1. 标准跟进（benchmarking）

标准跟进指将产品、服务和市场营销过程同竞争对手尤其是最具优势的竞争对手进行对比，在比较、检验和学习的过程中逐步提高自身的服务标准和服务质量。获得竞争优势的简捷办法是向竞争者学习。

标准跟进法最初主要应用于生产企业，但它在服务企业中的运用也是卓有成效的，具体说来，可从以下几方面着手：

（1）在策略方面，将自身的市场策略同竞争者的成功策略进行比较，寻找它们的异同。比如，竞争者主要集中在哪些细分市场，竞争者实施的是低成本策略还是价值附加策略，竞争者的投资水平以及资源如何分配于产品、设备和市场开发等方面。通过一系列的比较和分析，企业将会发现以往可能被忽视的成功的策略因素，从而制定出新的、符合市场和自身资源条件的策略。

（2）在经营方面，企业主要集中于从降低营销成本和提高竞争差异化的角度了解竞争对手的做法，并以此制定自己的经营策略，开展营销活动。

（3）在管理方面，根据竞争对手的做法，重新评估某些支撑性职能部门对整个企业的作用。比如，在一些服务企业中，与顾客相脱离的后勤部门，缺乏适度的灵活性而无法同前台的质量管理相适应。学习竞争对手的经验后，使二者步调一致，协同合作，这无疑是企业提高服务质量的重要保证。

2. 蓝图技巧（bluprinting techniqpe）

蓝图技巧又称服务过程分析，指通过分解组织系统和架构，鉴别顾客同服务人员的接触点，从这些接触点出发来提高服务质量。服务企业欲求提高服务质量和顾客满意度，必须理解影响顾客认知服务产品的各种因素，蓝图技巧则为有效地分析和理解这些因素提供了便利。

蓝图技巧借助流程图分析服务传递过程的各个方面，包括从前台到后勤服务的全过程。主要步骤是：（1）将服务的各项内容绘入服务作业流程图，使服务过程一目了然地客观地展现出来；（2）找出容易导致服务失败的接触点；（3）建立体现企业服务质量标准的执行标准与规范；（4）找出顾客能够看得见的服务展示，而每一个展示都将被视为企业与顾客的服务接触点。在每一个接触点，服务人员都要向顾客提供不同的职能质量和技术质量，而顾客对服务质量感知的好坏将影响企业形象。

由于服务的不可感知性，顾客常因担心服务质量难以符合期望水平在购买时犹豫不决。企业为减少顾客对质量风险的顾虑，可从以下几方面改进工作：

（1）突出质量第一。这就要求高层管理人员真正投入质量管理活动，包括履行承诺保证，在资源配置上支持质量管理活动；建立以质量为核心的企业文化，全体员工树立质量第一的服务观点，自觉地为提高服务质量贡献力量。如果顾客感到企业内部所有员工都能认识到质量的重要性，竭尽全力提供优质的服务，则会逐渐消除质量风险的忧虑。

（2）重视人的因素。以人为中心的服务，质量取决于人的操作技巧和态度，企业必须重视员工培训，让员工掌握新的服务技巧，改善服务态度，从而能够提供优质服务。同时，管理者要创造一种能够得到员工支持的对优良业绩给予奖励的环境，争取在员工满意的基础上让所有的顾客满意。

（3）强调广告质量。顾客心目中对服务产品的质量存有怀疑，企业在设计广告宣传时应针对顾客这种心理状况，形象地突出有关服务的质量特征与水平。例如：请现有顾客“现身说法”，介绍自己购买服务后的心理感受，增强顾客购买该产品的信心。

（4）善用推广技巧。如果顾客认为金钱损失的重要性比较大，则企业可以充分利用销售推广技巧，例如：免费使用、减价折让等，这些技巧可使顾客认为金钱损失的风险降低。此外，善用已有顾客的良好口碑也能增强顾客产生购买行动的信心。

【案例分析与讨论】

“真诚到永远”的星级服务

提及海尔，就会联想到“真诚到永远”，会想到海尔的“五星级服务”，海尔在不断制造服务传奇。

海尔在客户服务方面的努力似乎从来就没有停止过，不断持续的服务改进，使海尔服务水平不断提升，顾客的满意度也在不断提高，服务成为海尔竞争的一个法宝。

从1994年推出的“无搬动服务”到1995年“三免”服务，1996年又推出“先设计后安装”服务，1997年推出“五个一”服务和1998年的“星级服务”一条龙等，海尔服务的核心内容是从产品的设计、制造到购买，从上门设计到上门安装，从产品使用到回访服务，不断满足用户新的要求。并通过具体措施使开发、制造、售前、售中、售后、回访6个环节的服务制度化、规范化。1999年海尔专业服务网络通过ISO9000国际质量体系认证。2000年，海尔“星级服务进社区”，2001年海尔又推出空调的无尘安装，2003年海尔推出了“全程管家365”服务。

10 多年来，海尔的服务创新从来没有停止，经历了十次创新升级，每次升级和创新都走在了同行业的前列。海尔凭借出色的服务能力，不仅成为中国家电行业的领头羊，还跻身世界家电企业十强，在世界最受尊敬的企业排名中间，海尔已经连续多年位居中国企业第一位。

海尔是中国最早向终端消费者提供个性化服务的企业，海尔视服务为产品，并通过持续性服务产品的创新和造势，拉开与竞争对手的距离，提升海尔的形象，形成消费者对海尔品牌的忠诚度，实现快速稳步增长。服务营销能力的提升，为海尔拓展国际市场奠定了坚实的基础。

由于海尔在提供星级服务方面达到国际先进水平，1996 年海尔集团获得了美国优质服务科学协会颁发的五星钻石奖。在 2000 年全国消费服务信誉度调查结果中，海尔空调又以绝对领先得票数获得消费者满意度第一，奠定了海尔坚持打“价值战”不打“价格战”的基础。

（资料来源：佘伯明：《市场营销实务》，东北财经大学出版社 2008 年版）

◎**思考：**

1. 海尔服务有哪些特点？优质服务对海尔的发展有何意义？

2. 以海尔为例，谈一谈企业应如何实现创新服务、个性化服务、差异化服务的理念和战略？

任务三　分析服务市场营销组合策略

【任务引入】

南翔大酒店的服务营销策略

我国南方某省一城市，近年来旅游业发展迅速。1990 年，这里规划重点发展旅游业时，只有几家普通旅馆和招待所，仅有的两家宾馆也够不上星级。1999 年情况大不一样，由于航线畅通，景点建设有吸引力，国内外游客每年超过 200 万人次，以接待国外和国内较高层次的游客为主。无奈宾馆、酒店发展速度更快，不仅房间数超过 1 万，床位数超过 2.5 万，1 至 3 星级宾馆、酒店也达 9 家。在开房率下降、竞争激烈的情况下，刚投入运营的三星级南翔大酒店面临着严峻的选择：是卷入新一轮的价格战，还是办出特色。

南翔大酒店的张经理曾经在省城管理过两家星级酒店，有丰富的实战经验。他的主张是：削价竞争绝非良策，要良性发展，必须突出自身的特色，以分外整洁的环境，周到的服务，让中外游客都承认，这家三星级酒店是名副其实的。

张经理在办公会议上强调，当地酒店业竞争过度，平均开房率不到 40%，靠削价竞争是难以消除这种环境威胁的。但是，在全部客源中，国外游客约占 15%，年达30万人次；国内游客要求住三星级饭店者（包括会议），也不低于此数。这样，星级饭店经营得好，客源不向低档店分流，开房率可达50%左右。而且三星级酒店全城仅有三家，威胁与机会并存，关键在于如何把握住机会。

在张经理的主持下，又一次办公会议批准了营销部的计划书，要点如下：

1. 优化客源结构。重点是发展团队市场，争取新签一批订房协议。

2. 加强横向联合。主要是密切与省内外声誉好的旅行社和省内两个客源量大的城市的主要宾馆、饭店的协作。

3. 加强内部管理。在激励员工、提高士气的基础上，彻底整治所有服务场所和客房的清洁卫生，并建立健全各项规章制度，要求格外整洁并经常化，全体服务人员必须热情周到地为顾客提供各项服务。

4. 严控价格折扣。在批准的客房定价基础上，除每年有4个月的淡季折扣和大型会议适当折扣外，严格控制任意降价的做法。

（资料来源：中华管理学习网）

◎**分析：**

1. 南翔大酒店从哪几个方面努力提高服务质量？

2. 该酒店实施的是什么样的服务营销战略？其战略是否正确？

【任务分析】

作为刚刚投入运营的三星级南翔大酒店以中高层次游客为营销对象，采用服务取胜的策略，酒店采取服务竞争明显优于削价竞争方式，既是一种明智之举，也体现了以目标顾客服务为中心，服务就是效益的原则。

【知识准备】

3.1 定义服务市场营销组合

对于服务市场营销要素的组合从20世纪70年代后，人们一直在进行研究，至今尚未形成统一的观点。目前比较流行的看法是20世纪80年代初，美国营销学家布姆斯（Booms）和毕纳（Biner）关于服务业营销要素组合的7Ps′理论。布姆斯和毕纳把服务业营销组合定为七个要素，即产品（Product）、定价（Price）、渠道（Place）、促销（Promotion）、人（People）、有形展示（Physical Evidence）、过程（Process）。现将这7个要素简要分析如下：

1. 产品。服务产品包含的要素有提供服务的范围、服务质量、服务水平、品牌、保证及售后服务等。一个完整的服务产品分为核心服务、便利服务和辅助服务三个层次。

2. 定价。价格方面的因素包括：价格水平、折让和佣金、付款方式和信用。价格是区别服务产品质量高低、定位高低的重要信号。与有形产品相比，服务特征对于服务定价可能具有更重要的影响。

3. 渠道。随着服务领域的扩展，服务销售除直销外，经由中介渠道的销售日渐增多。渠道因素有：提供服务的地点、可达到性、分销渠道和分销覆盖区域。地域的可达到性不仅是指服务产品可涉及的地点，还包括传导和接触的其他方式，分销渠道的形式以及其涵盖的地区都与服务可达到性有密切关联。

4. 促销。服务促销是指为了提高销售，加快新服务的引入，加速人们接受新服务的沟通过程。促销包括广告，人员推销、销售促进直接沟通方式和公关等间接沟通方式。以上四项是传统的营销组合要素。但是服务营销人员则有必要增添更多的要素，如人、有形展示和过程。

5. 人。提供服务产品的人，从顾客角度看，也是服务产品的一个重要组成部分。大多数企业的特点是服务的提供者既是产品的一部分，同时又兼有分销和促销职能。因此，服务业的市场营销管理者必须重视员工的甄选、训练、激励和控制。此外，对某些服务业而言，顾客与顾客之间的关系也应引起重视。

6. 有形展示。有形展示会影响消费者和客户对一家服务企业的评价。服务市场营销的重要组成部分之一，就是通过一系列有形的辅助手段为无形的展示服务，达到吸引顾客的目的。有形展示包括的因素有：实体环境（装潢、颜色、陈设、声音），装备实物（如出租汽车公司所需的汽车）、实践性线索（如干洗店将洗好的衣服用带有企业标志的包装保管好）。

7. 过程。这是指服务的传递过程。在服务活动中，服务提供者的态度、行为对服务产品消费者的满足程度影响非常大。政策、手续、员工裁断全的适用范围、顾客参与度、顾客取向、咨询与服务的流动等，都是市场营销管理者需要特别注意的事情。

上述服务市场营销七个因素可以通过表 10-1 表示：

表 10-1　**服务业的市场营销组合（7P's）**

要　素	内　容
产品	领域；质量；水平；品牌；服务项目；保证；售后服务
定价	基本价格；折扣；付款条件；顾客认知价值；质量/定价；差异化
渠道	所在地；可达到性；分销渠道；分销领域
促销	广告；人员推销；销售促进；公关
人	人力配备：训练、选用、投入、激励、外观、人际行为；态度；顾客：行为、参与程度、顾客接触度
有形展示	环境：装潢、色彩、陈设、噪音水平；装备实物；实践性线索
过程	政策；手续；器械化；顾客参与度；顾客取向；活动流程

3.2 整合服务营销战略

在现代市场竞争日益激烈的形势下，提供服务产品的企业应在企业整体发展战略指导下，重新整合企业资源，这是一项复杂而艰巨的系统工作，需要企业有条不紊地开展各项工作。服务营销战略整合通常包括以下几个方面的内容：

1. 树立服务理念

实施服务营销首要的、关键性的一步就是企业的所有员工都要树立服务理念。作为企业的领导者，首先就要在服务顾客之外，还要真诚地对待员工，做到言传身教相结合，既要与员工进行沟通和交流，让其认识到顾客服务的价值，还要亲自在实际行动中践行对顾客的优质服务理念。只有上下齐心，才能真正理解顾客服务的巨大价值，全员投入到积极地为客服务中去。

2. 确定服务需求

企业要想提供优质的服务给顾客，就必须了解顾客需要什么样的服务，对什么样的服务存在不满。了解顾客服务需求的方式很多，既可以通过电话、问卷、EMAIL 调研等方式，也可以通过座谈会的方式与顾客面对面交流，还可以与内部员工相互沟通，因为他们是企业与顾客间最好的信息纽带。多种方式的结合，才能为确定顾客服务需求提出真正有建设性的方案和意见。

3. 服务人员的管理

服务人员是公司非常重要的广告。服务营销战略的整合首先触及的就是人，是人的思维方式和习惯的改变，它要求企业管理者能够认真分析以往营销战略的科学性和执行力，并用整体性发展的眼光看待自己的企业，员工和服务战略的调整，要求企业全体员工的思维和行为发生根本性变化，这些都不是一朝一夕就能完成的。

4. 服务的有形展示

在服务营销管理中，一切可以传递服务特色与优点的有形组成部分，均可称作服务的有形展示。有形展示应努力做到：使服务的内涵尽可能地附着于某种实物上；使服务更易为顾客所把握。因此，企业必须确切了解目标顾客的需要，明确有形展示的预期效果，并确定独特的推销重点，将此重点作为该服务产品的组成部分。

5. 服务流程再造

整合服务营销战略，要对构成服务产品从生产到消费的各要素实施分析、计划、组织和控制，使得整个过程构成不间断的完整链条。服务流程再造涉及两种理论和实践：一是流水线法，即对服务员工进行统一的、规范的训练，让他们按照统一的模式为顾客提供优质服务；二是授权法，即给服务人员一定的自主权，让他们主动性、创造性地解决问题。

3.3 制定服务定价策略

价格是使服务产品得以转化为收入和利润的关键因素。服务定价除了应考虑成本、利润外，还要考虑服务形象。各种有关物质产品定价的概念和方法，基本上都适用于服务产品定价。由于服务的差异性和无形性特征，同有形产品相比，服务定价的策略性、灵活性要大得多。

1. 成本导向定价法

成本导向定价法是指企业依据其提供服务的成本决定服务的价格。这种方法的优点：一是比需求导向更简单明了；二是在考虑生产者合理利润前提下，当顾客需求量大时，能使服务企业维持在一个适当的盈利水平，并降低顾客的购买费用，其具体的方法有利润导向定价和政府控制的价格。

2. 竞争导向定价法

竞争导向定价法是指以竞争者各方面之间的实力对比和竞争者的价格作为定价的主要依据，以竞争环境中的生存和发展为目标的定价方法，主要包括通行价格定价和主动竞争型定价两种。

3. 需求导向定价法

需求导向定价法着眼于消费者的态度和行为，服务的质量和成本则为配合价格而进行相应的调整。以此法定出的价格不一定高，价格富有弹性，且可以对于不同的顾客采取不同定价。

4. 客观定价法

所谓客观定价法，是指不论顾客种类、而是先设定服务的单价，再乘以实际提供的服务单位数，即得该项服务的售价。服务的收费标准通常根据经验或市场价格来确定，但其前提条件必须是该项服务可以被分割，例如，以服务小时计费。客观定价法具有连贯性和易于计费等优点。不足之处是它不能反映顾客对服务价格的感受。而且，价格固定的费用也使顾客无法讨价还价，结果导致定价有时对某些顾客过于昂贵，而在另一些人那里，可能被当成档次过低的廉价服务，从而降低了服务的竞争力。这种定价法常用于律师、管理咨询公司、心理医生、家庭教师等。

5. 主观定价法

主观定价法，是根据顾客对服务的感觉价值和接受程度来主观地调整服务的标准价格。在服务时间无法精确的情况下，服务的价格只好依靠主观的大致估计。服务定价的主观因素包括：服务效率的估价；服务企业的经验和能力；服务企业的知名度；服务工作的类型和难度；服务的便利性；额外的特殊开销；市场价格水平；加班费；顾客对服务的感觉价值与接受程度。

6. 系列定价法

所谓系列定价法，是指价格本身维持不变，但服务质量、服务数量和服务水平则充分反映了成本的变动。这种方法特别适合固定收费的系列标准服务，即服务产品的质量、数量和水平的差异必须容易为顾客所了解。

必须指出的是，没有一种方法是适合所有的定价决策使用的。每一种定价决策都必须考虑企业的现实状况、成本、需求、竞争、服务产品的特征及在市场上的地位。服务业的定价和制造业一样，也是一种良好管理、经验、错误尝试、直觉和运气诸多要素结合的结果。

3.4 制定服务分销策略

服务企业通常使用的渠道，是通过中介机构。中介机构可能的形式还有很多，在某些服务交易进行时，可能会牵涉到好几家服务企业。同时，近年来，服务分销的方式也有了很多的创新。主要有三种方式：租赁服务、特许经营、综合服务。

1. 租赁服务

近年来，租赁业务发展很快，许多销售产品的企业、新兴的服务机构，开始投入到租赁和租用业务的服务供应中。租赁对于供需双方，都有极大的好处。不过，租赁的商品大多是比较贵重而不容易为私人拥有的物品。目前，市场上可以租用和租赁的商品包括汽车、火车、厂房和设备、办公设备、公寓、家具、帐篷等。在租用和租赁合同中，银行和融资公司，以第三者的身份，扮演了重要的中介角色。

2. 特许经营

所谓特许经营，是指一个人（特许人）授权给另一个人（受许人），使其有权利用授权者的知识产权（包括商号、产品、商标、设备等）进行分销。在可能标准化的服务业中，特许经营已经是一种持续增长的现象：从饭馆到健美体操，从旅店到房地产公司。最近在特许经营方面增长很快的服务业有：干洗服务、就业服务、工具和设备租用业以及清洁服务。

3. 综合服务

综合服务是服务业增长的另一个现象，并已开始进入某些服务领域。例如：在大饭店和汽车旅馆方面，综合体系如假日旅馆、希尔顿饭店都占据了很大的市场分额。目前有些大型的服务业公司，正通过垂直和水平的服务渠道系统，而控制了整体的服务组合。以前，综合一直被认为是一种制造业的体制，现在已经变成许多现代化服务业体系中的一个重要角色。

4. 准零售化

目前，零售业界所发生的一些重大的改变都是在服务业方面，“准零售”出口开始崛起，这些出口包括旅行社、银行、房地产代理、美发店、职业介绍所、娱乐中心、餐厅、饭店、旅馆、驾驶训练班等。随着服务业在先进国家的持续蓬勃发展，服务业零售将成为集中研究的对象，也将是服务营销者为争取更多的顾客而越来越频繁使用的方法。

3.5 制定服务促销策略

市场竞争越激烈，就越需要采取有力的促销措施促使顾客理解、接受服务企业的服务。服务促销即为了和目标顾客及相关公众沟通信息，使他们了解企业及所提供的服务、刺激消费需求而设计和开展的营销活动。服务促销的手段主要是广告、人员推销、公共关系和销售促进。

1. 服务广告

对无形的服务产品作广告与对有形物品作广告具有很大的不同。基于服务的特点，服务广告要努力实现将无形服务有形化，消除顾客的不确定心理。在服务广告方面，我们传递服务信息、强调服务利益、承诺必须兑现；不只是鼓励消费者购买服务，而应把雇员当做第二受众，激励他们提供高质量的服务；在做广告时要使用自己公司的雇员，而不使用模特；提供一些有形的线索来冲销服务的无形特征——不只是展示员工，还包括物质设施。

2. 服务人员推销

在服务市场营销中，人际接触的重要性和影响力已被普遍认同，因此人员推销与人际接触已成为服务市场营销中最受重视的因素。人员推销是为了帮助和说服顾客购买某项服务而进行的人与人之间的交往过程。向顾客传达信息，影响潜在顾客采取有利于双方的购买行动。与广告一样，人员推销的原则、程序和方法，在服务业和制造业的运用大致类似。但在服务市场上，这些工作和活动的执行则与制造业市场有所不同。

3. 服务公关

许多服务业都很重视公关工作，尤其对于营销预算较少的小型服务公司。服务和产品的公关工作基本上并无差异。但是，在争取报刊杂志评论版面的方式、公关目标、公关工作对于服务业公司的重要性等方面也可能有所不同。公共关系是为了树立和维护服务企业良好形象而采用各种交际技巧，提高企业的知名度。服务公关的主要手段有：媒介宣传、企业宣传资料、欢迎顾客参观、密切社团关系。公关工作的三个重点决策是：建立各种目标；选择公关的信息与工具；评估效果。这三个重点决策对所有的服务业公司都是必要的。

4. 服务销售促进

销售促进不是制造业的特权，服务业同样需要，但服务业方面某些特殊的因素，往往使得服务销售促进具有独特的特征。其一，由服务业特征造成的问题。例如，服务产品不能储存，因此，在销售促进措施的使用上，必须要有所顾忌，如使用高峰折扣定价技巧，平衡服务产品的需求数量。其二，某些服务业者本身专有的特殊问题。例如，某些销售促进手段的使用可能涉及道德的限制，或者某一专业团体会认为某些方式太过冒进。因此，销售促进的进行，往往经过“伪装（disguised）”或在另外的名义下行使。

【案例分析与讨论】

四季度假饭店的服务营销组合

日本游客尤其是商务游客大量涌入美国，每年约达300万人。日本饭店为了追随这个市场，纷纷到美国投资，总投资额已经超过160亿美元。美国饭店为了争夺这一利润丰厚的市场，重新设计了服务标准，加强了服务营销管理，吸引日本客人上门，使他们有“宾至如归”的感觉。以下是四季度假饭店的一系列服务营销措施：

（1）安排专职对日服务人员。在日本游客较多的旅游地，设置一个日本游客服务会，并安排日语流利、有丰富对日经验的专职经理，专门负责接待日本游客。

（2）提供翻译服务。与“日本语翻译服务系统”联网。这个24小时昼夜服务的系统可以提供三向电话，使日本客人、饭店服务人员和口译电话员可以同时通话，便于解释美国的习俗和消除沟通上的障碍。

（3）调整总台服务人员。在总台增加懂日语的服务人员。日本商务团体通常有等级次序，这在入住排房、签名等问题上有所表现。懂日语并略懂日本习俗的服务员可以在办理入住手续时处理好这个问题。此外，在客人入住后，总经理立即派人送上有其亲笔签名的欢迎卡。

（4）提供当地的观光游览指南。饭店有日语版的城市旅游指南和地图，还设计了一个“信息袋”，里面有各种“游客须知”，如支付小费、娱乐及观光等注意事项。饭店总裁说：“我在东京时，总是带上一盒有饭店名的火柴，在我找不到回饭店的路时就拿出来给司机看。我们送给客人印有饭店名称和地址的名片，也出于这个目的。”

（5）适当提供日式菜肴。日本客人在别国旅游时，一般对当地菜肴持谨慎态度。因此，饭店提供地道的日本料理，如早餐必有绿菜、米粥和泡菜等。在客房和餐厅也有日语菜单。考虑到新鲜水果在日本比较贵，饭店为他们提供免费水果，很受日本客人欢迎。

（6）方便客人的商务活动。许多日本人在美国经商，对信息和办公方面要求较高。饭店除了提供一般的商务设施外，还帮助客人了解经济信息，如股市行情等。饭店还欢迎他们使用日本信用卡。

（7）提供舒适的家居便服。在回到客房时，日本客人喜欢换上拖鞋和和服。饭店在客房提供这些，此外，还提供日式浴衣和浴室，以适合日本人习惯。

（8）提供各种娱乐设施。日本人喜欢高尔夫球运动，尤其是著名的俱乐部的培训，饭店尽量为他们安排。天气不好还提供室内运动。

(9) 提供特别服务。比如，日本人生病或需要医护人员护理，孩子需要人照看等。饭店为此提供懂日语的医生和保姆。

(10) 让员工熟悉日本文化。日本客人对服务质量期望值很高。饭店的服务员对日本礼节不习惯。为消除这种隔阂，饭店专门培训员工，并请日本礼仪专家做顾问。

（案例来源：陈祝平：《服务营销管理》，电子工业出版社 2003 年版）

◎**思考：**

1. 四季度假饭店哪些措施体现了服务营销中“人”的要素？
2. 四季度假饭店哪些措施体现了服务营销中“过程”的要素？
3. 四季度假饭店哪些措施体现了服务营销中“有形证据”的要素？

【本学习情境小结】

在现代商业社会，顾客服务已经成了一个口号，或者一种时尚、时髦。“顾客是上帝”，“顾客给我们发工资”，“顾客永远是对的”，这些耳熟能详的“口号”，无不时刻在提醒商家，在竞争激烈的买方市场，一定要重视对客服务。本情境阐述了服务营销理论及其在实践中的应用，陈述服务及服务营销的含义，分析服务市场营销与产品市场营销的差异性。通过实施服务质量管理及服务市场营销组合策略，为改进、提高、完善企业服务质量探求更为适用的策略及方法。

【情境思考】

1. 什么是服务？它有几种类型？它的特点是什么？
2. 什么是服务营销？它的特点是什么？
3. 简述服务市场营销与产品市场营销的异同。
4. 简述服务市场营销组合的构成要素。
5. 决定服务质量管理的因素是什么？
6. 服务质量的测定标准是什么？
7. 如何对服务质量进行测定？
8. 简述提高服务质量的策略。
9. 怎么样整合服务营销战略？
10. 综合分析如何运用服务的定价、分销和促销等营销组合策略来提高服务企业的形象和效益？

学习情境十一　市场营销管理——组织、执行与控制

工作任务

任务一　熟悉市场营销组织

任务二　执行市场营销方案

任务三　控制市场营销过程

知识与技能目标

1. 理解市场营销组织的概念，能够有效设计市场营销组织。

2. 了解市场营销组织的演进过程，明晰营销部门与其他部门的冲突及协调重点。

3. 了解市场营销执行中的问题，掌握市场营销执行的步骤。

4. 理解年度计划控制、效率控制、战略控制的概念，解决市场营销执行中的问题。

5. 了解市场营销审计，具备成本分析、销售分析、盈利分析能力，具备市场营销审计能力。

市场营销管理的关键在于如何有效地实施市场营销组织、执行与控制。市场营销计划凭借一定的组织系统实施，企业资源在执行部门的运作下进入市场营销活动中，控制系统考察计划执行情况，诊断产生问题原因，进而调整营销计划，或改善执行过程，或改正实施方案，使之更切合实际。可见，在市场经济条件下，企业必须发展和完善市场营销的组织、执行与控制。

任务一　熟悉市场营销组织

【任务引入】

在沂蒙山区贫瘠的土地上有一家企业应运而生——金锣集团，十余年时间，金锣集团成长为中国十大民营企业之一，并成功在新加坡、香港上市，成为中国的肉类“大鳄”，其生猪屠宰、肉制品综合加工能力均居全国前列，与肉类巨头双汇、南京雨润形成三足鼎立之势。

20世纪90年代初，金锣开始从承包冷库、屠宰生猪起家，主产品大部分供应春都、双汇用于火腿肠等肉制品生产，在山东区域市场基本上没有什么营销分支机构。随着屠宰量的不断扩大，快速消化生猪屠宰各种副产品成为迫切需要解决的问题，于是公司在总部临沂成立销售部，并分别在济南、青岛设立销售办事处，租赁省、市食品公司冷藏库和办公场所，开发冻品经销商和面向消费者销售屠宰主副产品。

90年代中后期，金锣开始进行火腿肠生产，以火腿肠为代表的高温肉制品取得了异常迅猛的发展，产销量每年均以成倍、数倍的速度快速增长。由于高温火腿肠和冻品在产品储藏、运输、销售、终端、客户等方面存在诸多差异，迫切需要高温火腿肠销售的专业化管理和运作，金锣在公司总部成立冻品销售部、火腿肠销售部，分别负责屠宰主副产品、高温肉制品在全国的销售。在山东区域市场内，考虑到人员成本、工作效率和管理费用，对济南、青岛办事处的管理采取一套班子、多类别产品、多头管理的模式。

任务1：分析金锣集团在市场营销组织的建设上是否存在问题?

任务2：如何建立科学的市场营销组织。

【任务分析】

市场营销组织是市场营销管理系统中执行与控制的前提，如何将企业资源进行优化？如何有效地执行经营策略？科学的组织管理是企业开展市场营销活动的必要保障。

【知识准备】

1.1　市场营销组织概述

市场营销组织是以市场营销观念为理念建立的组织，是指企业内部涉及市场营销活动的各个职位及其结构。在整个市场运行过程中市场营销组织以消费者需求为导向，进行市场细分，目标市场选择和市场定位的确定，其归宿点亦在于满足消费者的需求。

市场营销组织是市场营销管理过程中一个非常重要的步骤。市场营销活动的执行与控制需要通过一定的组织系统来实施。市场营销组织主要有五种类型，企业在市场营销活动中通过适应职能、地域、产品和市场而求得生存与发展。

（一）职能型组织，强调市场营销各种职能的重要性，是最常见的市场营销组织形式。

（二）地区型组织，一个销售范围遍及全国的企业，通常都会按照地理区域来安排其营销机构。

（三）品牌管理型组织，拥有多种产品或多个品牌的企业，往往按照产品或品牌建立管理组织。

（四）市场管理型组织，它是由一个总市场经理管辖若干细分市场经理，各细分市场经理负责自己所管市场发展的年度计划和长期计划。

（五）产品—市场管理型组织，这是一种既有产品经理，又有市场经理的二维矩阵组织。

企业的市场营销部门是执行市场营销计划，服务市场购买者的职能部门。市场营销部门的组织形式，主要受市场营销环境，企业文化，以及企业自身所处的发展阶段、经营范围、业务特点等因素的影响。一般情况下，企业规模越大、市场区域越大、产品种类越多、技术服务方面要求越高，市场营销组织越复杂。反之，市场营销组织则相对简单。

1.2　市场营销组织的演进过程

从“单一销售”到“整体营销”，市场营销组织经历了长期复杂的演变过程，其每个阶段都有不同的组织形态和特点。

第一阶段：单一的销售部门。19世纪30年代以前，由于，处于卖方市场，生产多少，怎样生产主要由生产部门决定。企业致力于提高生产效率，提高生产技术，扩大生产规模，以“价廉物美”的产品拉动市场，以求得市场领先者地位。此时销售人员由销售经理管理，销售部门负责单纯的销售，目的在于卖出更多的产品，完成销售指标。

第二阶段：营销融入销售部中。20世纪30年代经济危机之后，商品越来越多，买方市场开始逐渐形成，市场竞争日趋激烈，许多企业融入了营销的理念。例如在一项产品投入市场之前，对目标消费者、同业竞争者等进行市场调研；在产品投入市场时通过广告来进行宣传；在产品投入市场后通过促销活动来增加销售等。这时组织的特点是带有营销职能的销售部，市场部成为销售部的一个职能部门。

第三阶段：独立的市场部。随着市场经济的发展，一些与营销有关的活动如市场调研、广告、公共关系、新产品开发、售后服务等需要进一步加强。这时，企业的领导者意识到营销有必要从销售部门中分离出来，形成独立的市场部和独立的销售部。

第四阶段：现代营销部门。销售经理关注的是销售任务的完成，而市场部经理关注的是企业文化的形成，产品品牌的打造，由于两个部门各自职能的不同，往往存在矛盾，不能相互协调，于是许多企业开始成立营销部，设立营销部副总经理一职来主管市场部和销售部。市场人员与销售人员工作重点解析如表11-1所示。

表11-1　**市场人员与销售人员工作重点解析**

市场人员	销售人员
关注市场调研	注重实践经验
把重点放在市场细分和目标市场选择和产品定位上	把重点放在如何引导消费上
致力于企业策划	致力于面对面的销售
着眼于企业长远规划	着眼于企业销售任务的完成
目标在于获得市场	目标在于促进销售

第五阶段：现代市场营销企业。现代市场营销企业取决于企业内部各种管理人员对待市场营销职能的态度，只有当企业研发部、生产部、财务部、行政部等的管理人员意识到一切工作都应该以“客户为中心，为顾客服务”，当市场营销成为企业经营哲学，贯穿研发、生产、销售、售后的整个经济链条时，便形成了现代市场营销企业。

1.3　现代营销组织的设计原则

现代营销组织的设计原则在于对组织结构设计（静态设计）和组织运行制度的设计（动态设计），不断优化组织结构来应对组织成长和持续提高组织绩效。在现实中，优秀的企业必然是一个适应变化、高效运行、不断追求完善的组织。

（一）组织结构设计

1. 统分结合原则

企业管理需要统分结合，由于经营环境瞬息万变，这就要求子公司或营销分支机构需要与母公司或公司保持高度的一致，贵在“政令通达”；同时又要求子公司或营销分支机构能够充分发挥其主动性和积极性，灵活处理内、外部环境变化带来的一系列问题，贵在“灵活主动”。

2. 精简、高效原则

企业内部在配备人员上，要坚持定任务、定机构、定岗位的原则，从节约人力成本和提高效率出发，以期实现人尽其才、物尽其用，杜绝“因职设事，因人设职”现象。

90年代，当沃尔玛超过西尔斯公司成为美国的第一号零售商时，美国的一位营销大师认为："西尔斯是不会有机会的。因为一个12层次的公司无法与一个只有3个层次的公司竞争。"可见组织本身精简、高效的运作，关乎到其在商海中的成败。

3. 责权利原则

在企业管理中应实现责任到人，义务和权力相结合，打破"干多干少一个样，干好干坏一个样"的大锅饭原则，用绩效制度来考核公司每一位员工，以达到责、权、利的平衡。如营销部每年的销售额在2000万元，那么每年营销部可以提2%即20万元作为下一年整个营销部的市场和销售费用，再由营销部对其下属部门进行考核，完成任务的部门实施费用奖励，没有完成任务的部门则扣绩效工资。

（二）组织运行制度设计

1. 协调、沟通原则

为保证企业全局目标的实现，需要企业各个部门之间实现合理的纵向和横向沟通，需要企业各成员之间实现精良的团队合作。比如营销部门需要把消费者的需求反馈到研发部门，与研发部门共同推进新产品的开发；营销部门需要与生产部门进行协调沟通，生产部门每月或每年的生产数量在多少适宜？既能满足市场需求又使库存不积压；营销部门需要与行政部门协调沟通，行政部门需要为营销部门采买合适的办公用品。

2. 专业性原则

现代营销组织是企业营销活动的实施者，为了保证它的专业性，必须选拔既懂营销又懂管理知识的复合型人才从事公司重要岗位的工作。我们既不能把营销工作简单地看成是销售工作，也不能看成是单纯的管理工作，我们需要把企业管理与企业营销技能有机地结合起来，通过专业性的工作来体现营销在现代组织中的重要性。

随着全球经济一体化发展趋势，知识经济成为时代的宠儿，许多企业在经营管理上运用现代营销组织的设计原则来适应形势的发展。如美国的可口可乐、通用电气、芬兰的诺基亚等，在运行了现代营销组织后获得了强大的竞争优势、创新能力和良好的经济效益。

3. 服务性原则

现代营销组织是为消费者服务的，这主要表现在依据消费者需求研发产品，依据消费者需求组织生产，依据消费者购买习惯进行销售；依据消费者心理确保售后等。如快餐巨头肯德基：依据消费者口味，销售香辣鸡腿堡、奥尔良烤翅、蛋挞、芙蓉鲜蔬汤等食品；海尔集团强调售后服务，为消费者解除购买后的忧虑；保洁按消费者需求的不同设计出柔顺、去屑、营养等多款洗发水。现代营销组织需要真正树立服务的思想，把每一项营销工作都做到位，这样才能体现营销工作在整个企业经营运作中的重要性。

1.4　现代市场营销组织与其他主要职能部门的协作与冲突(见表11-2)

假设汽车公司的市场营销经理不能研发出经济实用的产品（研发部）；不能决定生产的进度（生产部）；不能确保汽车的安全标准（检测部）；不能解决售后问题（服务部）；不能确定汽车价格（财务部），他单单只能控制市场研究、销售人员与广告促销，并只能通过与其他部门的协调努力形成顾客满意的购买环境。

那么，市场营销经理在致力于提高市场占有率的过程中，并没有具体的权力去影响顾客的满意程度，这是很可怕的事情！因此在一个企业中，除了市场营销部门以外，还有其他诸如研发、生产、财务、行政等部门。在企业运行过程中，市场营销部门必须处理好与各个部门的关系，只有彼此协作才能完成企业的总目标。

在实际工作过程中，立场不同，出发角度不同，难免会存在一些分歧与矛盾，营销部门应本着协调一致的原则处理好与各部门间的冲突，力争取得最大的整合营销价值。

表11-2　营销部门与其他部门的冲突及协调重点

部门	与其他部门的冲突	营销部的工作重点	协调重点
研发部	着力点在新产品开发 关注产品新的功能特点 希望成为新生产力的领跑者	关注目标受众需求 关心产品是否适销对路	以顾客需求确定新产品或产品新功能的研发方向
生产部	严把产品质量关 强调生产进度	关注合作伙伴和顾客 严格区分产品生产淡季和产品生产旺季	以销定产
财务部	成本管理 财务预算和固定开支	营销活动的开展依据市场具有多变性 产品定价具有策略性	着眼于一定时期后的盈利效应
行政部	人力资源管理 日·月·季·年度绩效考核	市场运作需要灵活机动 关注长期销售任务的完成	依据市场情况科学制定考核指标

【案例分析与讨论】

科利华《学习的革命》

1998年12月8日，中央电视台在《焦点访谈》之前的一则广告，引起了不少人的兴趣。这则在最昂贵的黄金时段播出的广告，是一本定价28元的书，叫《学习的革命》。知情人介绍，在中央台一套19点38分播出这则15秒的广告，需要付出的是每天25万元。

12月9日，在北京的梅地亚宾馆，科利华宣布了《学习的革命》的推广计划，那就是要在100天斥资1个亿，卖掉1000万册。近年来，书业不振已是人所共知。著名播音员赵忠祥的《岁月随想》卖出104万册，已是近年最高峰。北京一家书店的董事长认为，这是“疯狂的举动，就像当年秦池酒厂买下中央电视台的‘标王’一样”。他说：书没有这样做的，一本书也值不得这样做。因为国家经济形势和书市处于低潮，盗版活动很快就会冲击正版。这本书不一定有1000万册的市场容量。广域图书公司董事长刘苏里觉得，发行1000万册太夸张。如果真能实现，销售总额则为2.8亿元。可是1997年全国图书销售总额，包括书籍、招贴画才275亿元，品种一共12万种。一本书的销量要达到全国所有图书发行量的1%，如果不是与更大的目的有关，那就是疯子行为。

事实表明，科利华自己没有对1000万册的销量抱多大希望。科利华老总宋朝弟曾对部属说过：卖500万册我们就庆功。在接受记者采访时，宋朝弟解释了此次策划的思路：

第一步，就是先树立一个梦，提出销售1000万册的目标。既然是梦，就无须用科学逻辑的道理去批驳、推翻它。

第二步，弄清楚梦想的意义。为了总结1000万册销售成功的意义，科利华开了好多次会，从开始的十几个人到后来的上百人参加，总结了200多条意见。这些都是今后落实工作的动力，是信心。

第三步，让梦想变成现实的具体手段。要想成功推广1000万册，一定要让这本书家喻户晓，于是就有了中央台一套黄金段的广告。据说，尽管有谢晋无偿“支援”，科利华为了电视广告仍然筹备了3个月，花费200万元制作费。从一份科利华电视广告播出安排上可以看到，科利华已在中央一套、三套节目、中国教育台、凤凰卫视中文台以及各地日报、晚报上投放了广告。这则广告甚至出现在北京放映正火的大片《拯救大兵瑞恩》的片前。

第四步，则是分析如果梦想失败，原因是什么。宋先生分析困难会有许多，最致命的可能就是盗版。科利华已经申请了有关法律保护，书的封面有防伪标记，每本书有惟一编号，同时把活动定在100天内完成，不给盗版者可乘之机。

为了推广，科利华制作了100本高76厘米、宽52厘米、重14.8千克的“书王”，制作了12米高、9米宽的中国最大的图书模型，并成为国内第一家为一本书开设一个网站、开通专项寻呼的单位。

从12月12日开始，名为“学习的革命”的展览在全国30个城市举行；同时《学习的革命》一书也在几十个城市的办事处开始批发。据悉，该书头两天的销量即达到38万册。这在图书市场低迷的大环境下，也确实算得上一个小“奇迹”。

此番科利华不惜血本地投入宣传，目的当然不仅仅是为卖书而已。宋朝弟曾经表示：科利华是滚动投入。毕竟卖一本书科利华还有起码10元的毛利，投入1亿元发行1000万本书，科利华最多是赚不到现金而已。但39个城市的展览将会有300万人左右参加，收到门票和海报等宣传品的将有3000万人，间接波及的人口更会有3个亿，照此计算，科利华的无形资产会增长5到10倍。

◎思考：

1. 根据市场营销计划的具体要求，科利华应当建立什么样的市场营销组织。
2. 你认为在市场营销组织开展营销活动中，科利华需要注意什么问题？

任务二　执行市场营销方案

【任务引入】

连锁店面讲究营销执行力

随着资本进入零售领域，未来连锁企业的竞争将会非常激烈。再好的战略如果没有终端门店的执行和落实，都将削弱企业的竞争力。在给许多连锁专卖店咨询和培训过程中，发现企业的各类专营店的规章制度和运营手册都已经下发，对督导、店长和店员都经过了制度的培训和讲解，甚至还就这些知识进行了考试，并与绩效考核挂钩，但在运营过程中仍然出现制度落实不到位、政策打折扣执行、反馈很慢或不反馈、拖拖拉拉、出现问题推卸责任互相埋怨等现象，最终的结果就是店面的销售业绩徘徊不前，促销不见成效，员工士气低落，对未来发展茫然无措。连锁企业发展最大的瓶颈往往是合格的优秀店长，特别是准备在全国布局、超过100家门店的企业，优秀店长的缺乏是普遍现象。扩张迅猛企业中的店长往往是由骨干员工、业务尖子提拔起来的，加盟店的店长有许多就是股东或出身个体户，他们通常有着突出的个人业务能力，随着公司发展或取得经营资格而走上了管理岗位，凭借直觉和经验进行管理，他们每天都要面对各种各样的人际关系和工作中的各种问题，突然发现和以前的操作性工作完全不一样了：如何让一群不同性格不同特点的人紧密合作形成团队？如何有效地贯彻公司营销政策？同一个人始终采取同一种领导方法，这种做法有什么不对？主管可以采用哪些心理支持的方法提高员工的执行力？员工的执行力出了问题，是在他们身上找原因还是在主管身上找原因？如何创造一个有责任归属权的环境，让员工为自己的表现自行负责？怎样发展自己与下属的人际关系？为什么必须像关注客户需求一样关注员工的需求？为什么说沟通的质量决定了上司的影响力？一个主管把自己的角色定位在“解决问题”有何不良后果？你依靠什么将下属转变为追随者？

营销计划和营销策略总部都已经制定，店长和督导首要的不是怀疑和挑剌，而是不折不扣的执行和落实，如果他们缺乏管理技能和领导艺术方面的训练，再好的营销策略都将成为一句空话，他们就会心有余而力不足，造成工作效率低下，甚至成为工作中的障碍，企业就会出现“少了一个业务尖子，多了一个无能的平庸管理者”的现象。营销重在落实，只有提高营销团队的执行力，才能从根本上提升店面的销售业绩。

任务1：如何提高连锁店面的执行力？

任务2：如何对连锁店面员工的执行力进行考核？

【任务分析】

市场营销的执行是市场营销组织为达成营销目标，将营销计划与营销战略变为具体营销活动的过程。市场营销组织需要具有执行力，这样营销计划与营销战略才能付诸实施，从而有效避免盲目性与随意性，从而收获应有的营销绩效。

【知识准备】

2.1 市场营销的执行步骤（见图11-1）

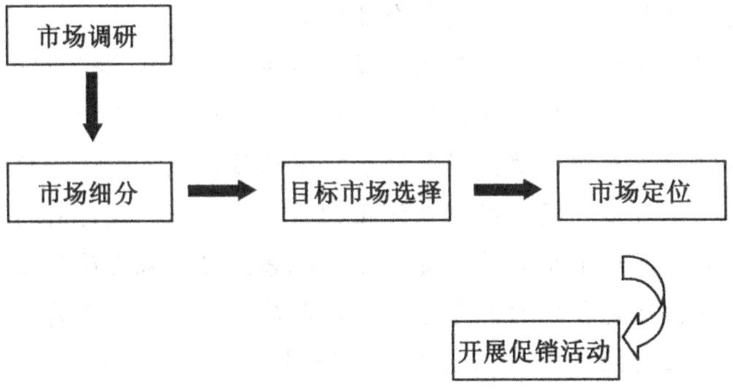

图11-1 市场营销的执行步骤图

第一步：开展市场调研。市场调研员有针对性地确定调研问题，设计调研问卷，在市场调研中收集和整理调研资料，从中发现和评价市场机会，向管理层提交调研报告。

值得一提的是调研执行的质量直接影响到调研结果的准确度和营销机会的判断。调研人员在调研过程中应该熟练掌握调研理论和技术，在与目标客户打交道时应做到举止稳重、文明礼貌、思维敏捷、耐心细致、口齿伶俐。因此，为了搞好调研我们必须挑选调研人员并加以培训，使其在调研上能够专业性地统一认识和行动。

第二步：进行市场细分。企业根据不同的消费者，确定产品价格，把企业产品市场从整体市场中进行一个区隔，使消费者购买需求、动机和行为的多元性和差异性得以划分出来，进而培育目标受众的忠诚度。

第三步：目标市场选择。企业在进行目标市场选择时可从若干个细分市场中进行选择企业选择与企业目标和资源一致的细分市场。如对奶制品市场进行调研，发现中国新生儿每年在2000万左右，且有递增趋势，因此确定奶粉市场存在市场销售潜力。×公司决定生产奶粉，在市场细分后考虑对目标市场进行选择，应该首选婴儿市场，构建婴儿奶粉市场销售渠道，因为婴儿市场对奶粉的需求最大。

第四步：市场定位。市场定位需要切合目标受众心理，使品牌成为某个产品类别或某种消费感觉的代表，进而获得消费者的认同。上述案例中目标市场选择为婴儿市场，如果×公司奶粉产品的质量与同类产品相比明显高出一筹，口感也不错，那么该公司可以考虑打造高端品牌，定位为高端婴儿奶粉市场。

第五步，开展促销活动。促销即促进销售，企业通过广告，人员推销、营业推广和公共关系来说服和影响消费者，促进购买行为的一种营销执行。在上述案例中我们产品定位为高端婴儿市场，那么广告的设计对象就要选择白领妈妈，播放时间定在20：00之后，播放频道选择中央台或省级电视台；人员推销可以考虑去大型国有企业、外资企业、公务员机关进行推销；营业推广可以考虑选择大型超市进行卖品的品尝活动；公共关系可以考虑举办宝宝运动会，准妈妈知识课堂等活动。

2.2　市场营销执行中的问题

1. 方案脱离实际

企业的市场营销战略和市场营销计划通常是由策划人员制定，而执行则依靠市场营销人员完成。由于策划人员在制定策划方案时与市场营销人员缺少必要的沟通，因此在执行时会出现一些问题。

(1) 企业的专业策划人员关注的是整体的战略规划，从而忽视了执行中的细节，计划显得过于笼统和流于形式。

(2) 策划人员往往不了解计划执行过程中的具体问题，策划方案往往脱离实际。

(3) 策划人员和市场营销执行人员之间没有充分有效的沟通，市场营销执行人员在执行过程中不能透彻理解战略方案，磕磕碰碰在所难免。

脱离实际的战略导致策划人员和市场营销执行人员之间日益对立。许多西方企业认识到：单单依靠专业策划人员制定营销战略，单单依靠市场营销人员执行营销战略都是不科学的。市场营销人员比策划人员更了解实际，策划人员比市场营销人员更具备理论知识。因此，现在，许多西方企业开始削减庞大的策划人员，而让具备策划能力的市场营销人员来制定企业战略规划。

2. 长期目标和短期目标相矛盾

市场营销人员考虑到自身利益，往往关注销售量、销售利润、市场占有率等短期绩效指标，而市场营销战备的制定需要制定者具备战略眼光，着眼于企业的长期目标，其方案涉及企业今后三至五年或更长时间的经营活动。

3. 新旧战略更替的问题

既定的战略目标已融入企业经营活动之中，当新的战略出现时，如果与企业的传统和习惯存在差异，就会遭到抵制。新旧战略间的差异越大，执行新战略可能遇到的阻力就越大。如果希望执行与旧战略完全不同的新战略，就需要打破企业传统的组织机构和经营理念。

2.3 市场营销执行中需要解决的问题

市场营销执行的具体内容是将市场营销计划转化为行动方案的过程，并保证这种任务的完成，从而实现既定的计划目标。

（一）建立现代化的市场营销计划制度

要求经理们用市场营销思维进行工作，建立一种现代化的市场导向型计划制度。在工作中，要求经理们根据市场营销内外部环境、营销机会、威胁、竞争者、消费者等因素，分析公司具体产品和准确定位市场，预算销售成本、预设销售利润进而制定市场营销战略，并执行这些项目。

（二）制定行动方案（见表11-3）

市场营销战略的实施，需要制定详细的行动方案。行动方案应该包括市场营销战略实施的主要任务，责任小组或责任人，具体的时间表等。

表11-3 **诺基亚C5-03（酷玩享乐版）手机行动方案**

项目名称	项目内容	责任小组	时间结点
市场调研	SWOT分析	调研部	5月1日—5月30日
市场细分	青年市场、商务市场、学生市场、公务员市场等，确定价格策略	市场部	5月30日—6月2日
目标市场选择	确定目标市场为青年市场，构建相关渠道	销售部	6月3日—6月6日

续表

项目名称	项目内容	责任小组	时间结点
市场定位	动感音乐、休闲拍照系列	市场部	6月7日—6月10日
促销活动	依据目标受众消费偏好，开展广告、营业推广、推销、公共关系活动	销售部	6月11日—8月30日

（三）调整组织结构

结构必须同企业战略相一致，必须同企业本身的特点和环境相适应，不同战略的企业，需要构建不同的组织结构。因为企业的正式组织在市场营销执行过程中作为主导者，需要将战略任务分配给具体的部门和人员，规定明确的职权界限和信息沟通渠道，从而协调企业内部的各项决策和行动。

组织结构具有两大职能。一是提供明确的分工，将全部工作分解成管理的几个部分，再将它们分配给各有关部门和人员；二是发挥协调作用，通过正式的组织联系沟通网络，协调各部门和人员的行动。

（四）明确绩效考核制度

市场营销战略的实施，需要设计相应的绩效考核制度。企业对执行人员工作的绩效考核，如果以短期的经营利润为标准，则执行人员的行为必定趋于短期化，缺乏为实现长期目标而努力的积极性。因此绩效考核制度应该兼顾短期考核、中期考核和长期考核三个档次，以确保长期战略的顺利实施。如对采购部门和生产部门进行奖励，不应单单依据他们降低生产成本的行为，而应依据他们是否生产了“适销对路的产品”；对财务部进行奖励不应依据财务部注重短期的利润，而应依据他们注重企业长、短期利润的共同发展；对人事部进行奖励不应依据他们招到了人才，而应依据他们招到的人才能为公司带来多大的效率；对销售部进行奖励不应依据他们销售了多少产品，而应依据他们每年为公司增加了多大的利润。

（五）重视人才管理和开发

市场营销战备需要企业内部人员来执行，人才管理和开发显得尤为重要。企业在人员的选拔、安置、培训、任用、考核和激励等问题上需要下些工夫。在考核选拔管理人员时，要注意将具备管理能力的人才选拔到适当的岗位，做到人尽其才；企业在配置行政管理人员、业务人员和一线工人时应该考虑他们之间的适当配比问题，为了减少管理费用和提高工作效率。企业可以精简公司行政管理人员数量；为了激励员工的积极性，必须建立完善的工资、福利和奖惩制度。

应当指出的是，不同的战略要求具有不同性格和能力的执行者。“拓展型”战略要求具有创业和冒险精神的、有魄力的人员去完成；“维持型”战略要求执行人员具备组织和管理方面的才能；而“紧缩型”战略则需要寻找精打细算的人员来执行。

（六）建设企业文化

企业文化是指一个企业内部全体人员共同持有和遵循的价值标准、基本信念和行为准则。建设企业的市场营销文化需要做好如下工作：

1. 明确企业经营思想和领导风格

企业应该建立以消费者为中心的市场营销观念，公司高管应不断地向雇员、供应商、中间商强调，对消费者“保质保量”的服务理念。企业应从单纯的生产、销售企业转变成市场导向型企业。

2. 构建企业良好经营环境

创立企业品牌，对企业品牌进行严格管理，对品牌这一无形资产的价值进行维护。

3. 建立强有力的营销团队

企业副总裁负责销售部和市场部。市场部经理和销售经理都应具备一定的策划能力、销售能力和协调沟通能力。在美国企业副总裁对开发部、采购部、生产部、销售部、市场部都具备管辖职能，这样就能很好地协调销售部、市场部和其他部门的工作。

4. 加强企业内部培训

企业为了把市场营销观念、技能灌输给员工，需要对高管、部门经理、采购人员，生产人员、研发人员、市场人员、销售人员等进行全面、系统的培训。如进行物流管理、消费者心理、产品品牌战略、商业经济学和危机管理等营销知识课题的培训。

5. 建立年度市场营销评奖制度

各业务单位在年终需提交年度市场营销活动报告，通过对这些报告的评审，企业可评出最佳市场营销人员，并对其予以精神和物质的奖励。这些获奖者的事迹将作为“优秀市场营销案例”而在企业内广泛传播。

此外，需要指出的是企业文化一经形成，便相对稳定和连续，不应轻易改变。因此，企业战略的制定通常需要适应企业文化和管理风格的要求融入企业原有的文化和风格中。

（七）强调企业服务的专业化功能

寻找市场营销专家帮助解决企业经营中的问题。企业应考虑雇佣市场营销专家，尤其是在一流的市场营销企业里工作的专家。花旗银行（Citibank，N. A.）经过近两个世纪的发展、并购，已成为美国最大的银行，在全球近五十个国家及地区设有分支机构，其管理人员具备很高的管理水平和专业，因此，业界一些银行都会聘请花旗银行管理人员来帮助创建银行的市场营销文化。

2.4　营销人员应具备的执行能力（见图 11-2）

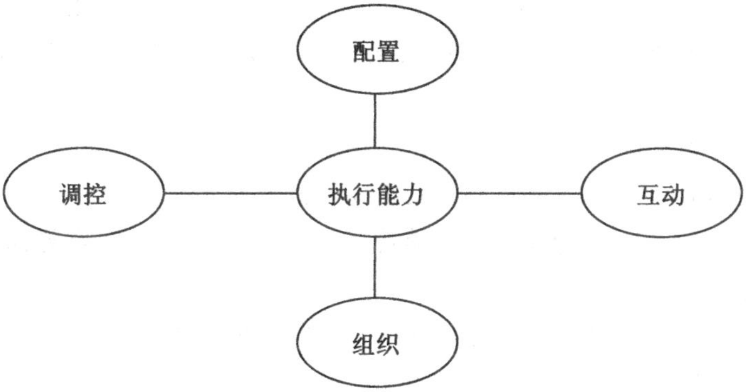

图 11-2　营销人员应具备的执行能力示意图

（一）配置能力

市场营销经理在方案、政策和职能 3 个层面上优化配置时间、资金和人员，在处理日常事务时具备团队管理能力。

（二）调控能力

市场营销组织建立和管理一个控制系统，对市场营销活动效果进行追踪。如：年度计划控制和战略控制。

（三）组织能力

市场营销人员为了有效地实现企业战略目标，能够灵活地运用各种方法，有效地协调和合理地组织各种力量，包括协调各部门关系的能力和善于用人的能力等。组织能力是一个人的知识、素质等基础条件的外在综合表现。

（四）互动能力

市场营销人员具备影响他人办好事情的能力。市场营销人员不仅必须有能力推动本企业的人员有效地执行既定的战略，还应具备推动企业外的人或企业（如市场调查公司、广告公司、中间商、公关公司等）来实施本企业的战略，即使他们的目标与本企业的目标有所不同。

【案例分析与讨论】

××补肾药品招商阶段执行方案

目标说明

经过第一阶段的品牌形象定位及市场预热，××补肾药品已具有了相当的知名度，并产生了一定的消费购买。此阶段的主要任务是在全国范围内启动的招商工作。

一、会前广告宣传

1. 电视广告：CCTV-10 中央台科教频道，20 秒档次。

2. 医学杂志：在《养身杂志》《养身文摘》上以养生保健为契机进行××补肾药品的相关报道。

3. 网络宣传：在新浪博客里与求医问药者沟通和交流。

二、现场布展招商

1. 产品的理念包装

a. 简单解释消费者难以理解的“肾虚”概念，拉进同消费者的距离；

b. 以中药产品的温补作为主要诉求，抨击速效产品的毒副作用；

c. 中医经络学说与现代医学相结合的产品机理，推荐××补肾药品。

2. 产品形象包装

产品手册、宣传单、终端海报、包装盒的设计。

3. 招商人员

a. 组织专门的宣传小组，针对有条件有意向的经销商进行跟踪式接触。

b. 选拔有谈判经验的人员，研究经销商普遍心理和关注的问题，组成谈判小组，促进招商活动快速有效的实施。

4. 招商活动

4 月 1 日厦门招商，使产品在经销商中产生初步印象，为以后招商活动打下基础。

8 月份呼和浩特招商作为重点，使产品招商在全国范围内展开。

三、招商合作模式

合作联盟：立足现有的销售渠道，建立各省、市级合作联盟。主要方式是签订正式委托书，负责产品的各地区招商、推广、终端维护、产品促销等具体市场经营活动。全国统一的价格体系，并签订目标责任书。

◎思考：

1. 在市场营销执行中企业应该关注哪些问题？

2. 分析该企业应如何推进实施招商方案？

任务三　市场营销的控制

【任务引入】

科诺公司的营销控制

武汉科诺公司是由武汉东湖高新集团、武汉东湖高新农业生物工程有限公司和湖北省植保总站于1999年5月共同组建的一家高科技企业，注册资本8000万元人民币，主要从事生物农药及其他高效、低毒、无公害农药的研发、生产、销售和推广。

截止到2000年5月，科诺公司共有员工1033名，其中有601名销售人员，这些销售人员直接分布在全国各市场片区。这充分体现出营销工作在科诺公司的重心地位，同时也反映出营销工作的成败直接影响了科诺公司的生存和发展。科诺公司的营销管理工作主要有以下几个特点：

1. 公司正处于生命周期的引入期，开拓市场、销售额最大化是公司的首要目标；

2. 公司的主要产品是生物农药，属于有形产品，销售业绩目标的可量化程度较高；

3. 销售区域分布广，销售过程透明度不高，公司总部对各片区销售人员行为的可控性较低，因此销售人员有可能“粉饰”销售业绩，并牺牲公司长期发展而获取个人短期利益；

4. 生物农药产品直接面对的是农村市场，销售人员主要是与农民消费者打交道，大多数销售人员是在当地市场直接招募的，因此综合素质不高。

因此，公司在市场部设置了督办部，设计了一种“双回路”的营销控制模式，并且这种营销控制模式对公司早期的快速成长以及规范销售人员的行为发挥了重要的作用。“双回路”营销控制模式主要是强调工作计划与督办落实两条腿走路，一方面要求销售人员做出详细的工作计划，包括具体的销售业绩目标，另一方面派出督办人员不定期地到市场一线去检查工作计划的完成情况，并及时反馈检查的结果。督办人员的工作目的不是为了“挑刺”，找出销售人员工作中的不规范行为，而是帮助销售人员解决工作中的困难，及时“纠偏”，从而顺利完成销售目标。

科诺公司的这种营销控制模式实际上是将结果控制、过程控制以及他人控制等几种类型的营销控制有机地结合起来了（见图11-3），而且在每种类型的营销控制中设计和运用的具体方法和流程之间也是相互联系，相互支撑的。因此该种整合的营销控制模式较好地弥补了单个控制模式的不足之处，并使其发挥了“1+1>2”的作用。

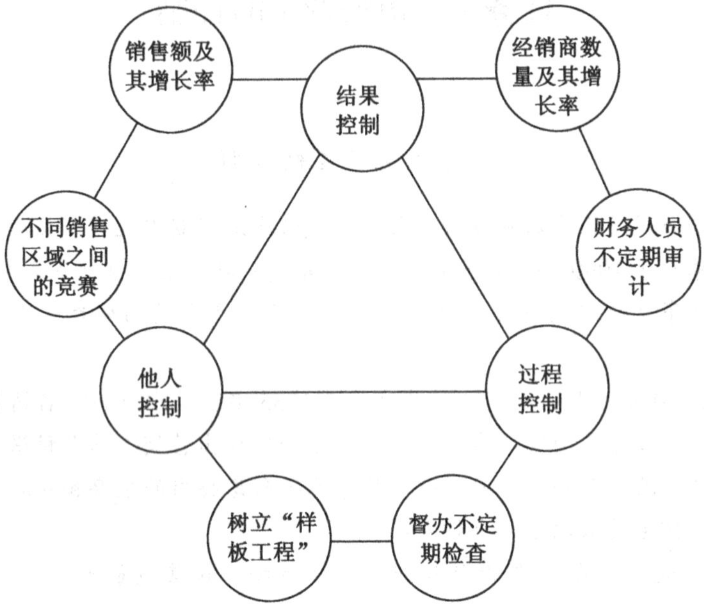

图 11-3　科诺公司营销控制模式图

任务 1：科诺公司是如何实现营销管控的？

任务 2：科诺公司营销管控的重点在哪里？

【任务分析】

市场营销控制，是指市场营销管理者衡量和评估营销战略与营销计划，找出错误原因所在，并采取相应措施和正确行动，以保证营销目标完成的过程。市场营销计划的成功与否，不仅关乎市场营销计划的执行情况，而且与市场营销控制息息相关。

【知识准备】

一般来说，市场营销控制涉及营销工作的许多方面，如计划、广告、销售人员、促销人员、营销环境、目标消费者、营销预算、营销费用等。

3.1　年度计划控制

年度计划控制是指企业根据不同年度计划采取的一系列控制措施，以检查实际绩效与年度计划的差异，在必要时采取修正的行动。

（一）年度计划控制的目的

年度控制是为了确保计划中所确定的销售、利润和其他目标的实现。年度计划控制的核心是目标管理。主要目的有以下几个：

1. 发现企业潜在问题并予以解决。
2. 以年度计划推动企业可持续发展。
3. 把控制的项目与年终绩效评价有机结合。
4. 有效推进企业高管监督力度。

（二）年度计划控制步骤（见图 11-4）

一则，管理者要确定年度计划中的日、月、季、年度目标；

二则，管理者对营销计划的实施情况进行监督；

三则，营销结果的实施是否与年度计划目标相符？管理者要对营销计划的实施结果有一个正确的评价。

再则，如果执行情况与实际情况存在偏差，应积极发现问题，考虑纠正和补救措施，以缩小计划与实际之间的差距。

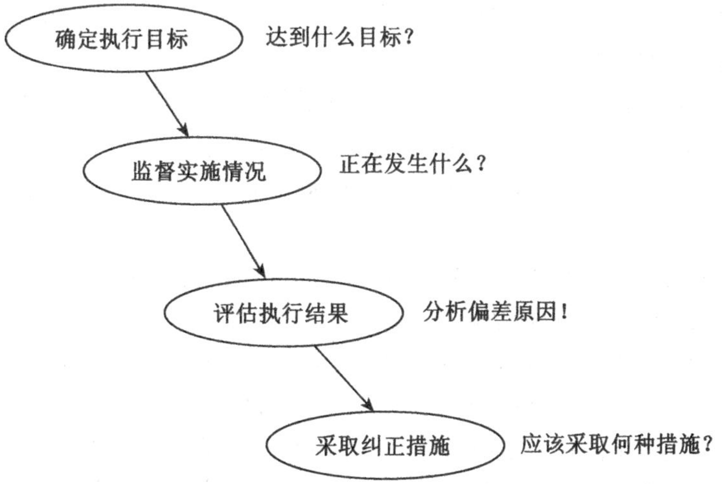

图 11-4　年度计划控制步骤示意图

（三）年度计划控制方法

1. 销售分析法

（1）销售差异分析

这种方法是用来衡量不同的因素对造成销售差异的影响。

售价下降的差距（Sp-Ap）Aq

销售减少的差距（Sq-Aq）Sp

其中：Sp：计划售价

Ap：实际售价

Sq：计划销售量

Aq：实际销售量

例题：年度计划要求二季度销售 20 元/件的产品共计 20000 件，但该季度末销售量为 16000 件，每件 17 元，试分析绩效的降低原因及差异率。

20000×20－16000×17＝128000（元）

（20－17）×16000＝48000（元）

48000÷128000×100%＝37.5%

（20000－16000）×20＝80000（元）

8000÷128000＝62.5%

综上，营销售价格下降的差异为 48000 元，价格差异率为：37.5%，因销售数量下降的差异为 80000 元，数量差异率为 62.5%。

（2）微观销售分析法

微观销售分析是指通过剖析企业产品、销售区域等因素，进而分析企业未完成预期销售目标的原因所在。

例如：某企业在 A、B、C、D、E 5 个区域销售液晶电视机，三季度总销量为 7900 台，5 地目标销量分别为 1000 台、2000 台、800 台、1500 台和 2600 台，而实际销售额则为 1200 台、1800 台、860 台、1700 台和 1450 台。请问你作为销售总监如何分析此事？

解：A 区完成目标销量的 120%；B 区完成目标销量的 90%；C 区完成目标销量的 107.5%；D 区完成目标销量的 113.3%；E 区完成目标销量的 55.7%。可见，A、C、D 区域的销售超额完成任务，B、E 区域未完成预期销售任务，那么导致 B、E 区域销售下降的原因可能如下：一是 B、E 区居民在某一段时间内更看重储蓄，导致消费支出下降；二是销售代表工作不努力，促销活动缺乏活力；三是有竞争者介入这 2 个市场；四是消费者偏好发生改变，人们更喜欢等离子彩电。你作为区域总监需要对上述 4 种情况进行分析论证，找出销量下降的真正原因，并采取相应营销措施。

2. 市场占有率分析

企业自身的销售业绩指标用来衡量“知己”，而“知彼”则需用市场占有率来衡量，它标志着企业的市场地位。目前，在欧洲市场占有率已成为年度营销计划的一项重要指标。

（1）全部市场占有率

全部市场占有率是以企业的销售额（或单位销售量）占全行业的销售额的百分比来计算的。市场占有率越高，说明企业的市场地位越强。

市场占有率=企业当期产品销售额/当期市场销售总额×100%

运用这种方法进行衡量需要正确认识行业范围，即需要明确本行业的产品和市场所在的范围。如A企业生产小型乘用车，产品即为小型乘用车，市场为小型乘用车市场，而不应包括大、中型乘用车、摩托车、拖拉机和其他产品及市场。

（2）相对市场占有率

相对市场占有率指企业的市场占有率与企业主要市场竞争者的市场占有率相比的比率。

相对市场占有率=企业本期市场占有率/∑本期主要竞争对手市场占有率/100%

运用这种方法进行衡量，需要注意的是主要竞争者可能有1个或者多个。当企业的主要竞争者有一个时，如果企业的市场占有率大于100%，则该企业为市场领导者，如果企业的市场占有率等于100%，则该企业和竞争者同为市场领导者；企业的市场占有率小于100%，则该企业不是市场领导者。当企业竞争者有多个时，企业相对市场占有率如果高于33%，一般认定该企业强势。

例题：如果某销售牛奶企业的市场占有率为30%，现有3个主要市场竞争者，他们的市场占有率分别为15%，20%，40%，则该企业的相对市场占有率为多少？该企业在同行中是否为强势？

解：30%÷（15%+20%+40%）×100%=40%

答：该企业的相对市场占有率为30%，该企业在同行相对市场占有率大于33%，因此认定该企业强势。

3.2　市场营销盈利能力

市场营销盈利能力控制是用来测定不同产品，不同销售区域、不同顾客群体、不同分销渠道以及不同促销策略对企业盈利程度的影响。管理人员可以凭借盈利能力管控所提供的信息，及时调整和优化营销策略，使之更科学地为企业服务。

（一）市场营销成本（见表11-4）

市场营销成本会直接影响产品定价，进而影响销售额和企业利润。

表11-4　**市场营销成本**

序号	项目	具体费用
1	直接销售费用	销售人员的薪酬、差旅费、培训费等

续表

序号	项目	具体费用
2	促销费用	开展广告、营业推广、推销和公共关系的促销费用
3	业务招待费	交际费
4	仓储费	包括仓库租金、维护费、折旧、包装费等
5	运输费	司机薪酬、保险费、燃料费、过路费等
6	管理费用	销售人员的行政办公费用
7	财务费用	销售产生的财务费用

（二）盈利能力指标

现代企业的目标是追求利润的最大化，盈利能力控制可以帮助企业管理层决策产品、市场或者渠道哪个地方应该进行费用缩减，哪个地方应该进行费用提升或者市场扩张，来维持企业再经营。可见，盈利能力管控在市场营销管理中占有十分重要的地位。对企业市场营销能力考察指标主要有以下5个指标。

1. 销售利润

销售利润是指企业利润与销售额之间的比率。

销售利润＝（本期利润÷本期销售额）×100%

2. 资产收益率

资产收益率是指企业创造的总利润与企业全部资产的比率。

资产收益率＝本期利润÷本期资产平均占有额×100%

本期资产占有额取年平均数，是因为年初、年中和年末资产占有额存在差异，且年初和年末余额差异较大。

3. 净资产收益率

净资产收益率是指本期利润与净资产所得的比率。净资产是指资产总额减去负债总额后的净值。

净资产收益率＝本期利润÷净资产平均余额×100%

4. 资产管理效率

（1）资产周转率。

资产周转率是指企业资产平均总额去除产品销售收入净额后得出的比率。

资产周转率＝产品销售收入净额÷资产平均占用额

资产周转率越高说明投资利用效率越高，因此西方企业普遍用资产周转率来衡量企业投资的效率。

（2）存货周转率

存货周转率是指产品销售成本与产品存货平均余额之间的比率。存货周转率用来考察存货的流动性，一般来说，存货平均余额取年初和年末余额的平均数，存货周转率次数越高，周转越快，资金使用效率越高。

(3) 资产收益率

资产收益率实际上是资产周转率和销售销售利润率的乘积，可以从资产收益率、资产周转率和销售利润的关系上表现出来。资产管理效率越高，获利能力越强。

资产收益率=（产品销售收入净额÷资产平均占用额）×
税后息前利润÷产品销售收入净额）
=资产周转率×销售利润率

(三) 效率控制

我们对企业盈利进行分析，如果发现公司在某些产品、地区或市场方面的利润获得不理想，那就需要对效率进行分析，寻找更有效方法来管理销售队伍、广告、促销和分销。

1. 销售人员效率控制

为提高销售人员的工作效率，销售经理可运用以下指标对销售队伍进行考核和管理。

(1) 每个销售人员每天平均拜访客户的次数

(2) 每次拜访所需的平均时间

(3) 每次访问的招待费用

(4) 每次访问的平均收益

(5) 每次访问的平均成本

(6) 每百次销售访问订购的比率

(7) 每月增加的新客户数

(8) 每月流失的客户数

(9) 销售成本与总销售额的比率

通过对上述指标的分析，销售经理可以发现某些营销问题。如销售人员每天的拜访时间、拜访次数是否安排合理？业务招待费是否超支？每百次销售拜访签订了多少订单，是否产生了收益？每月有多少新客户增加？有多少老顾客流失？

对销售人员的管理是高层营销管理者需要具备的技能之一，如何管理好销售人员？如何调整好市场营销？是一个大课题，需要我们在实践中不断摸索、完善。

2. 广告效率控制

在具体的营销工作中，企业通过相关信息的传递来进行市场推荐，因此需要时刻对广告宣传进行适当的监测管理。

（1）每类媒体接触每千名目标消费者需要花费的广告成本；

（2）注意、阅读广告的消费者在其受众中所占的比率；

（3）顾客对广告内容和效果的评价；

（4）顾客在广告前后对产品态度的变化；

（5）由于广告效应引发的询问次数。

营销人员可根据市场对广告进行阶段性调整，如在产品介绍期、成长期、成熟期、衰退期对广告效果进行评定后，可对媒体进行选择，对目标市场进行区分，对产品定位进行完善。

3. 营业推广效率控制

为了更好地实现促销目标，企业应注意的统计资料如下：

（1）样品试用而引起的购买率；

（2）赠券回收率；

（3）每一单位销售额中所包含的陈列成本；

（4）因示范而引起的询问次数。

4. 分销效率控制

分销效率是指企业能否有效地管理渠道，如企业能否选择到优质的渠道成员；企业在渠道中仓储、物流、配送运作是否高效等，其考核指标主要包括以下6类。

（1）渠道费用率；

（2）企业存货周转率；

（3）商品物流费用率；

（4）中间商产品销售完成率；

（5）中间商串货管理；

（6）中间商结款速度。

效率控制的目的在于提高销售人员、广告、营业推广、分销等市场营销活动的效率，营销者需要重视相关重要指标的考核，这些指标表明市场营销组合因素的有效性，对这些关键资料进行分析、执行或调整，有利于市场营销整体战略的优化。

（四）战略控制

在市场营销战略的实施过程中难免会出现战略失控的局面，企业需要对市场营销反馈信息进行正确的评估，根据既定的市场营销目标，在特定的环境下，拟订一系列的调整方案，使市场营销工作得到尽可能的修正与补充。

3.3 市场营销审计

市场营销审计是指对企业市场营销环境、目标、战略、组织方法、程序和业务等进行综合性、系统性、独立性和定期性的核查，以便确认可能存在的威胁和可能存在的机会，进而拟订可行的行动计划建议，以便改进市场营销效果。

市场营销审计的基本内容包括市场营销环境审计、市场营销战略审计、市场营销组织审计，市场营销系统审计、市场营销盈利能力审计和市场营销职能审计。需要指出的是：在一定时期内，市场营销审计对企业的市场营销活动的评价是深入的、广泛的，不仅仅限于评价某些方面，某些问题，而是涉及企业全部市场营销活动整体的效果评价。

营销审计是对一个企业或一个业务单位的营销环境、目标、战略和活动所作的全面的、系统的、独立的和定期的检查，其目的在于决定问题的范围和机会，提出行动计划，以提高企业的营销业绩。营销审计可由企业内部人员来做，也可聘请外部专家进行。

营销审计是营销战略控制的主要工具。一次完整的营销审计活动的内容是十分丰富的，概括起来包括6个大的方面：

（一）市场营销环境审计

市场营销活动的开展需要“天时、地利、人和”。因此，我们必须对市场营销环境进行审计。主要包括宏观环境如人口统计、经济、生态、技术、政治、文化；微观环境如市场、顾客、竞争者、经销商、公众等。

1. 宏观环境

人口统计。人口统计环境的发展趋势会给企业带来怎样的威胁和机会？企业存在哪些优势和劣势，应采取什么行动？

经济。收入、价格、储蓄、信贷方面的变动，哪些会对企业产生影响？企业应如何应对？

生态。企业所需要的自然资源和能源的成本如何展望？企业如何处理自身的环境污染？企业对人类共有资源应采取何种保护措施？

技术。在产品生产技术和加工技术方面出现了什么变化？企业在这些技术领域地位如何？哪些主要的同类替代品可以取代该产品？

政治。法律制度的变革对市场营销战略的影响？在污染管控、就业环境、产品安全、广告管理、价格管理等领域有哪些事件对市场营销战略产生影响？

文化。公众对企业及企业产品的态度如何？消费者的哪些生活方式和价值观会对企业产生影响？

2. 微观环境

市场审计。市场规模、市场增长率、地区分销、利润等方面正在发生哪些变化？如何进行市场细分？

顾客审计。顾客的需求及购买过程是什么？顾客及潜在顾客如何评定企业及其竞争对手的信誉、产品质量、服务、销售人员和价格？

竞争者审计。主要竞争者有哪些？主要竞争者的目标、战略、优势、规模及市场份额如何？哪些趋势将影响该产品的未来竞争力？哪些产品对该产品会产生替代作用？

中间商审计。将产品送达顾客的主要渠道有哪些？不同渠道的效力及增长渠道如何？

公众审计。不同的公众对企业会产生何种影响？企业针对每类公众应进行何种诉求？

（二）营销战略审计

企业使命审计。企业的使命是否可行？

营销目标审计。企业总目标和市场营销目标是否阐述清楚？企业的市场营销目标与企业的竞争地位、资源和机会是否相称？

策略审计。为实现市场营销目标，企业是否制定了明确的市场营销策略？是否使用了最好的市场细分方法？是否对每个目标市场进行了最有效的市场定位？是否制定了有效的市场营销组合？市场营销预算是否合理？

（三）营销组织审计

组织结构审计。市场营销组织构架是否合理？市场营销活动是否激发了顾客的购买欲望？市场营销人员对顾客购买是否产生引导作用？

功能效率审计。产品销售是否达到预期效果，市场占有率如何？利润如何？市场营销团队培训激励、评价、监督是否到位？

部门间联系效率审计。市场营销部门与生产、研发、财务、人力资源等部门是否存在问题？是否沟通适当，是否能协同促进企业发展？

（四）营销制度审计

营销信息系统审计。营销信息是否能准确地传递给消费者？反馈是否真实高效？

营销计划系统审计。营销计划是否理论联系实际？是否贯彻实施？是否存在需要改进的地方？

营销控制系统审计。对中间商的管控是否有效？对销售队伍的考核与激励是否科学？

新产品开发系统审计。新产品的开发是否与研发部、生产部沟通到位？是否符合市场需求？消费者对新产品是否存在购买能力？

（五）市场营销组合审计

产品审计。哪些产品应该增加？哪些产品应该减产或不再生产？产品线应该向上扩张还是向下收缩？消费者对企业和竞争者的产品质量、特征、样式有何新要求？消费者对企业品牌的了解程度如何？哪些产品策略需要改进？

价格审计。价格制定是否符合国家相关规定？消费者对企业产品价格的认同度如何？在于中间商的合作中价格是否能够激励中间商努力销售？

分销审计。产品分销是否有足够的市场覆盖率？中间商的渠道建设是否合理？企业品牌是否得到保护和增值？售后服务在经销商中是否得到落实？

促销审计。企业的广告、营业推广、人员推销和公共关系目标是否准确？费用是否合理？选择媒体是否恰当？是否能够促进销售。

【案例分析与讨论】

雕牌的营销控制

“雕牌”是浙江纳爱斯集团的一个知名品牌，而纳爱斯集团更是“中国500强企业”中排名221位，自1994年以来，纳爱斯集团完成各项经济指标已连续9年稳居全国行业榜首，是中国洗涤用品行业的“龙头”企业，已进入世界洗涤前八强。现有员工6000多人，是中国规模最大设备也是一流的洗涤用品综合生产基地。并且在全国大中城市设有销售公司并建有健全的市场网络。在湖南益阳、四川成都，河北正定和吉林四平建有四个子公司，在19个省市自治区的30家工厂进行贴牌生产加工，这其中包括宝洁、汉高、湖南丽臣等跨国公司的在华企业和国内的知名品牌。纳爱斯集团由于发展迅速，业绩突出，多年多次荣获“中国轻工优秀企业”、“中国轻工先进集体”、“中国企业500强”、“质量效益型企业”，以及“诚信示范企业”、“AAA级信用企业”、“A级纳税信誉单位”、“国家生态示范点”等多项殊荣和信誉称号。

“妈妈，我能帮你洗衣服了。”这句经典而令人眼圈发红的广告词，赚得了人们的眼泪，也使得雕牌肥皂和洗衣粉为人们所熟知，成为纳爱斯集团的两大支柱品牌之一。1992年5月，纳爱斯与香港丽康发展有限公司，合作成立“中外合资浙江纳爱斯日用化学有限公司”，6月雕牌超能皂问世，短短7年，浙江纳爱斯集团使它的雕牌洗衣皂的产销量从行业倒数第二跃至全国第一；仅仅一年，纳爱斯又把它的新产品——雕牌洗衣粉送上了行业“龙头”的宝座。纳爱斯从重新进入洗衣粉行业到获得该行业第一名仅仅用了2年时间。2001年它的销量达到89万吨，相当于所有在华跨国公司洗衣粉总量的5倍，超过国内前10家的总和。雕牌的快乐与亢奋就在2001年达到了极致。“在20世纪的最后一年，我们的确腾飞了”，庄启传，浙江纳爱斯集团董事长兼总经理在2001年集团的职工代表大会上自豪地说。而这一品牌是如何运作并成功地推向市场的呢？我们说雕牌在广告战略和价位上的优势是其异军突起，后来居上的重要原因，而强大的分销体系则是雕牌得以顺利走向市场的最坚实的后盾和铺开市场的重要通道。

通过20多个贴牌生产厂商，货物被直接的销售和运送到2000多家客户手中。而这些客户大部分身处当地最大的批发市场。他们利用批发市场的客源和极其低廉的成本，或者买主自提，或者空车配货的方法，把雕牌洗衣粉迅速的销售到更深入的乡镇商店内。而对比国际客户的三级分销方式和送货下乡，雕牌的渠道通路的优势是绝对的。即便是和“奇强”的办事处模式来比较，这种直运的模式显然也是更为经济和有效的。

纳爱斯集团在雕牌皂粉的分销中，采取了相当有效的铺市措施，并给予经销商以足够的优惠，如在与经销商签订合同时，都会向经销商许诺年底给予一定的返利，从经销商的角度，保证了他们在年底得到相应的回报，这在很大程度上提高了经销商的积极性，而大力度的广告宣传也给经销商对产品的大众接收程度高枕无忧。另外，促销也是雕牌给经销商的额外安慰。在低价的基础上，100箱加赠14箱是足以让经销商足够的惊喜了。

纳爱斯也将市场经营工作重心放在超市、卖场上，开创城市辐射农村的新局面。因为有了多年流通网络建设的基础和经验，又实行了保证金制度，使得雕牌在市场的开拓上有足够的优势，也让雕牌皂粉走进广大的农村市场走得游刃有余。于是雕牌开始转变市场战略，走了一条中国革命取得胜利的道路——农村包围城市，他在全国各地实行分公司建制，只做超市、商场，最终形成城市辐射农村的格局。推行网络扁平化管理，减少中转环节，降低经营成本。同时，继续推行经销商保证金制度。这是对品牌经营和品牌忠诚度的“试金石”。庄启传认为：不提高经营纳爱斯、雕牌两大品牌的门槛，限定条件，锁定网络；不能让经销商获利和消费者受惠，纳爱斯大业势必难成。如此一来，经销商成倍增加，市场大大拓展，为集团更大发展铺平了道路，采取了自建网络与经销商并行的营销策略。正是雕牌这种自上而下对渠道的重视和大力的投入，才能使得雕牌在竞争对手众多的激烈市场上脱颖而出，我们可以看一下雕牌这种对渠道的强大的后盾支持终于有了可以预见的效果。

2004年，纳爱斯集团的终端销售取得了喜人的成绩，而江苏分公司更是积极抢占制高点，合理安排促销，终端销售更是连创新高，实现了三级跳，销售额与去年同比递增超千万元。在时间上突出不同阶段的战略重点：

一季度，完善管理体系。针对江苏终端分布既相对集中在省会城市，又发散式分布在地县级城市的个性特点，江苏分公司狠下功夫完善管理制度和网络配送体系，规范价格体系，理清网络销售结构，调整人员配备，改变作业环境，为实现

"零距离面对终端"打下了较为扎实的基础。

二季度：合理安排促销。在一季度打下坚实基础的前提下，发挥具体操作的思维空间，凭借纳爱斯和雕牌企业以及产品的知名度和消费者的认可度，迎来了终端销售的旺季。通过合理安排促销，进行错位销售，扩大排面陈列，增加销售品种，分别与苏果、大润发、时代、新一佳、北京华联等超市合作，参与洗化节活动和厂商周活动，各业务人员积极选择洗化区有利地段，布置展台和端架，极大提升了我产品的形象。卖场、超市销售增长明显，同第一季度相比增长率为51.83%。

三季度：配合超市挖潜。7、8、9三个月更是捷报频传。通过与各大超市紧密配合，深挖潜力，销量不断攀升，有的超市由于来不及办理银行承兑汇票而直接打款购货。大润发超市安排的透明皂促销创下了单个产品店均销售1000箱的佳绩，有的门店在海报开档后3天内1000箱透明皂就销售一空。同时针对苏果、时代、家乐福等超市安排的促销产品也适销对路，销量提升明显，其中苏果超市与第一、二季度销售相比增长率分别为76.09%和60.88%。纳爱斯、雕牌产品受到了消费者的广泛青睐，分公司三季度终端销售与第一、二季度相比分别增长124.45%和47.83%，实现了终端销售的三级跳。

同时，随着与各超市合作的层次不断提升，渠道不断拓宽，销量大幅提升，获得了双赢，从而形成了战略伙伴关系。很多卖场、超市的采购经理通过数据分析，对我产品的市场竞争力一致看好，他们纷纷称赞我集团终端销售理念和灵活多变的操作方式适应了市场竞争环境。正如江苏一连锁超市采购总监所言："纳爱斯、雕牌产品被越来越多消费者喜欢，从纳爱斯产品的销售我们看到了民营企业的潜力所在，我们将一如既往地与纳爱斯携手共进，强强联手、实现双赢的营销理念。"

此外，委托加工，营销网络的本土化是纳爱斯集团又一个性化的分销特点，在上文中提到的包括德国汉高在内的四个洗涤剂生产厂和宝洁的两个工厂在内的遍布全国的19个省的30家企业。他们每天都在生产着雕牌的产品，也就是说这些知名企业的在华生产商同时生产着和他们竞争市场的竞争对手的产品。有报道说，徐州汉高洗涤剂有限公司，脱离了亏损4000万元的窘迫而扭亏为盈。甘肃的"兰星"从扭亏为盈创了该厂20年来的洗衣粉生产的历史记录，上海制皂厂等企业专程学习考察纳爱斯，学习雕牌等品牌做大做强的经验。不仅如此，这些委托加工企业，已经成为纳爱斯在全国的市场上迅速铺开的燎原之火，大大降低了运输的成本，而且为销售网络的本土化打下了坚实的基础。

纳爱斯集团看到了终端销售和渠道铺陈带给整体产品市场的巨大推动力，2004年10月31日至11月3日，纳爱斯集团召集各分公司经理，终端办负责人，区域经理，举行了为期四天的销售研讨会，共商2005年的销售政策。

在2004年，点对点、门对门的终端销售在不少区域取得显著效果，许多分公司、代理（分销）商尝到了网络细化的甜头，送货积极性高涨，同时也认识到这是今后发展的趋势。纳爱斯集团将进一步实行扁平化区域代理制，因地制宜，继续推广和加强点对点、门对门送货。终端在原有基础上又有很大提升，尤其铺货陈列、品牌形象大为改善。把终端分销放在了重中之重的位置上。

◎**思考：**

1. 根据案例，你认为分销体系的建立对于怎样的产品销售具有关键性的作用？
2. 你认为为什么雕牌选择终端作为主要提升品牌形象的方法？
3. 雕牌是如何实现营销控制的？

【本学习情境小结】

市场营销组织是市场营销活动的执行主体，由于市场环境瞬息万变，在设计市场营销组织时，我们应该坚持统分结合、精简、高效的原则，实现责任到人，义务和权力相结合的原则，来设计组织结构。在组织的运行方面，我们应该以消费者为中心坚持服务性原则，以企业可持续发展为目标，坚持专业化分工与协作相结合的原则。当内外部市场营销环境发生变化时，企业应结合自身条件和特点，合理配置营销资源，调整组织构架，使组织的运行始终符合企业发展的要求。市场营销组织在执行市场营销战略时应以市场为导向，关注企业文化，重视人才管理与开发。在市场细分、目标市场选择、市场定位、开展销售及促销活动时，用市场营销思维来开展工作。为了切实有效地实现营销目标，当组织在执行市场营销活动时，我们需要对营销策略的执行情况进行监测，对整个营销策略进行评价，并提出改进措施和建议，必要时对营销活动的执行进行适当修正。

【情境思考】

1. 如果你是一家药店的老总，你如何构建该机构的市场营销组织？
2. 分析娃哈哈企业是通过什么方式实现渠道管控的？

参考文献

1. 赵亚翔、顾青：《市场营销》，大连理工大学出版社 2006 年版。

2. 单凤儒：《市场营销综合实训》，科学出版社 2009 年版。

3. 林文杰：《市场营销原理与实训》，北京理工大学出版社 2009 年版。

4. 《市场与销售》，销售与市场杂志社 2003 年版。

5. 陈昀、贺远琼：《我国企业营销控制模式研究》，载《商业研究》2006 年第 8 期。

6. 晁钢令：《市场营销学》，上海财经大学出版社 2009 年版。

7. ［美］菲利普·科特勒：《营销管理》，中国人民大学出版社 2003 年版。

8. 佘伯明主编：《市场营销实务》，东北财经大学出版社 2011 年版。

9. 菲利普·科特勒，赵平等译：《市场营销原理》（第九版），清华大学出版社 2005 年版。

10. 郭国庆：《市场营销学通论》，中国人民大学出版社 2004 年版。

11. 毕思勇主编：《市场营销》，高等教育出版社 2007 年版。

12. 吴建安主编：《市场营销学》，高等教育出版社 2004 年版。

13. 李光明主编：《市场营销学》，清华大学出版社 2007 年版。

14. 中国营销传播网 www. emkt. com. cn.

15. 销售与市场 www. cmmo. com. cn.

16. 中国市场营销网 http：//www. ecm. com. cn/index. asp.

17. 菲利普·科特勒，梅汝和等译：《营销管理》，中国人民大学出版社 2001 年版。

18. 周玉泉、张继肖：《市场营销学》，清华大学出版社 2007 年版。

19. 胡德华：《市场营销理论与实务》，电子工业出版社 2009 年版。

20. 冯丽云：《现代市场营销学》，经济管理出版社 2004 年版。

21. 佘伯明：《市场营销实务》，东北财经大学出版社 2008 年版。

22. 梁慧琼、余远坤:《市场营销》，清华大学出版社 2010 年版。
23. 吴涛:《市场营销学教程》，中国发展出版社 2009 年版。
24. 那薇、曹国林:《市场营销理论与实务》，北京大学出版社 2010 年版。
25. 张卫东:《市场营销禁忌 100 例》，电子工业出版社 2009 年版。
26. 王妙:《市场营销学》，上海复旦大学出版社 2005 年版。
27. 车慈慧:《市场营销》，广东高等教育出版社。
28. 新华网 http://news.xinhuanet.com.
29. 吴国洪:《市场营销师培训教程》，化学工业出版社 2008 年版。
30. 彭石普编著:《市场营销——理论、实务、实训》，东北财经大学出版社。
31. 何毓颖:《市场营销基础》，电子科技大学出版社 2009 年版。
32. 任薇君:《柯达中国的发展》，载《中外管理》2001 年第 4 期。